# 知识技能型
# 共享经济双边参与研究

李梅芳　著

科学出版社
北　京

# 内 容 简 介

“三人行，必有我师焉”，每个人都拥有自己特有的知识、技能、创意、经验等智力资源，而全社会范围内的知识技能共享不仅有利于极大地提高整个社会智力资源的利用效率，还有利于发挥全社会的聪明才智，促进社会全面创新。本书所指的“知识技能型共享经济”是以个人或组织所拥有的知识、技能、经验和创意等为共享对象的新型经济模式。全书先分析了知识技能型共享经济的内在逻辑与核心特征，在此基础上研究了知识技能型共享经济双边参与的动机与影响因素，并进一步实证研究了知识技能型共享经济平台的活跃度影响机理，以及信任视角下知识技能型共享经济平台用户的持续参与问题，在以上研究结果的基础上提出管理启示与建议，最后进行研究总结与展望。

本书可供知识技能型共享经济平台企业的经营者、知识技能的提供方与需求方、相关政府管理机构，以及对该主题感兴趣的研究学者参考。

**图书在版编目（CIP）数据**

知识技能型共享经济双边参与研究 / 李梅芳著. --北京 ：科学出版社，2025. 8. -- ISBN 978-7-03-081938-3

Ⅰ. F062.3

中国国家版本馆 CIP 数据核字第 2025F1M579 号

责任编辑：陈会迎 / 责任校对：张亚丹

责任印制：张 伟 / 封面设计：有道文化

科 学 出 版 社 出版

北京东黄城根北街 16 号

邮政编码：100717

http://www.sciencep.com

固安县铭成印刷有限公司印刷

科学出版社发行 各地新华书店经销

*

2025 年 8 月第 一 版 开本：720×1000 1/16

2025 年 8 月第 一 次印刷 印张：14

字数：282 000

**定价：156.00 元**

（如有印装质量问题，我社负责调换）

# 目　　录

# 第1章 绪 论

## 1.1 研究背景

随着信息技术和互联网技术的快速发展，一种新的经济业态——共享经济蓬勃升起。共享经济以“使用而不占有”“不使用即浪费”为核心理念，已渗透于人们的衣、食、住、行等各个方面。“共享经济”是指依托移动互联网等现代化信息技术通过共享使用权的形式，整合社会分散资源，用不变的社会资源总量，满足更多人的生产生活需求。“共享经济”在整合资源、为人民提供便利以及促进社会发展方面都起着非常重要的作用。刘根荣形容“共享经济”是传统经济模式的颠覆者[1]。移动通信技术的不断进步与在线产品共享平台的发展，为消费者之间的产品共享提供了前所未有的便利[2]。共享经济所衍生出的各类信息、服务平台，大大地降低了交易的成本，使大量潜在的资源共享成为现实的经济活动[2]，社会资源的利用效率得到大幅度提升，拉动了出行、住宿、餐饮等行业的增长。

“共享经济”的概念于20世纪70年代被提出，并引起学界和社会的广泛关注。近年来，随着互联网和数字技术的发展，社交网络生态系统愈发成熟，“共享经济”商业模式迅速崛起并成功扩散，拉开了一切物质和人力的、有形和无形的、时间和空间的资源共享序幕。党的十九大报告明确将共享经济列为培育新增长点、形成新动能的重要领域，报告指出：“在中高端消费、创新引领、绿色低碳、共享经济、现代供应链、人力资本服务等领域培育新增长点、形成新动能”。①2017年12月国家发展和改革委员会将“知识技能”共享经济作为创新能力领域重点建设的方向之一。2018年的《政府工作报告》明确指出，要“发展平台经济、共享经济”“集众智汇众力，一定能跑出中国创新‘加速度’”②，2019年的《政府工作报告》中更进一步指出要“坚持包容审慎监管，支持新业态新模式发展，

① 《习近平：决胜全面建成小康社会 夺取新时代中国特色社会主义伟大胜利——在中国共产党第十九次全国代表大会上的报告》，https://www.gov.cn/zhuanti/2017-10/27/content_5234876.htm，2024年12月10日。

② 《政府工作报告》，https://www.gov.cn/premier/2018-03/22/content_5276608.htm，2024年11月12日。

促进平台经济、共享经济健康成长”①。促进知识技能型共享经济的发展，建设“知识型、技能型、创新型劳动者大军”，已被提高到深入实施创新驱动发展的国家战略高度。随着云计算、大数据以及移动互联网技术的突飞猛进，“共享经济”的商业模式日趋成熟，“共享经济”已经成为我国乃至全球经济发展的重要商业模式。

“共享经济”成为当今时代热点，吸引了越来越多的创业者和企业家向“共享经济”靠拢，“共享经济”的“共享”形式和内容也日趋丰富。在众多共享经济模式中，一种非实体化的共享经济模式——“知识技能型共享经济”应运而生。移动互联网等信息技术的发展促进了社交网络的迅速崛起，社交网络成为人们日常交往的主要方式之一。人们在社交网络上发布的内容可以是多种多样的，伴随着“共享经济”快速发展，人们开始把“共享”的目光转移到无形的知识上。每个人所能接触和掌握的知识有限，传统的知识传播和分享渠道已经不能适应如今快速发展和日益多样化的社会需要。社交网络具有传播速度和响应速度快、汇集专业人才多、涉猎范围广等特点，用户可以随时随地对任何问题进行提问和回答，每个用户既可以是知识技能共享经济时代下的知识提供者，也可以是知识使用者，这极大促进了知识的传播和使用，使共享标的物实现了由实体物品等“硬件”向知识技能这一“软件”的扩展，知识的非稀缺性和非消耗性特征更好地体现在人们日常生活工作中。基于互联网的知识共享模式打破了传统知识共享模式（如写作、出版、学徒、故事、节日等）所受的时间和空间束缚，大幅度提升了知识共享的效率[3]。

2019 年 2 月国家信息中心分享经济研究中心发布的《中国共享经济发展年度报告（2019）》显示，中国共享经济的商业实践近年来发展迅速。其中，2018 年中国的共享经济交易规模为 29 420 亿元，比 2017 年增长 41.6%。从各领域增长速度来看，2017～2018 年，生产能力、共享办公、知识技能三个领域的共享经济交易规模增长最快，分别增长了 97.5%、87.3%和 70.3%（表 1-1）。2018 年中国共享经济参与者人数约 7.6 亿人，其中，参与服务提供者人数 7500 万人，同比增长 7.1%，平台员工数 598 万人，同比增长 7.5%。2018 年我国共享经济领域直接融资规模约 1490 亿元，同比下降 23.2%。知识技能、交通出行和生产能力领域直接融资规模位居前列，分别为 464 亿元、419 亿元和 203 亿元。

① 《政府工作报告》，https://www.gov.cn/premier/2019-03/16/content_5374314.htm，2024 年 11 月 12 日。

**表 1-1　2017～2018 年我国共享经济发展情况**（单位：亿元）

| 领域 | 2017 年 | 2018 年 | 增长率 |
|---|---|---|---|
| 交通出行 | 2 010 | 2 478 | 23.3% |
| 共享住宿 | 120 | 165 | 37.5% |
| 知识技能 | 1 382 | 2 353 | 70.3% |
| 生活服务 | 12 924 | 15 894 | 23.0% |
| 共享医疗 | 56 | 88 | 57.1% |
| 共享办公 | 110 | 206 | 87.3% |
| 生产能力 | 4 170 | 8 236 | 97.5% |
| 总计 | 20 772 | 29 420 | 41.6% |

资料来源：《中国共享经济发展年度报告（2019）》

“三人行，必有我师焉”，每个人都拥有自己特有的知识、技能、创意、经验等智力资源，而全社会范围内的知识技能共享可以极大地提高整个社会智力资源的利用效率[4]。整合国民的空闲时间参与知识技能共享，不仅有助于高效、广泛地获取外部智力资源[5]，降低交易成本和创新风险[6]，还有利于发挥全社会的聪明才智，促进社会全面创新。知识技能共享可以实现个人智力资源的社会化使用，并在更大范围内与创新创业结合，使创新创业门槛更低、成本更小、范围更广，因此，知识技能共享也成为“大众创业、万众创新”（简称“双创”）表现活跃的领域之一。作为知识技能共享重要组成部分的众创空间、服务众包平台，也被誉为引领“双创”的天然载体，集聚了数量庞大的创新创业群体。可以说，开展知识技能共享是实现“双创”、建设创新型国家的一条有效途径，也是跨界学习和终身学习的重要渠道之一。

本书所涉及的“知识技能型共享经济”就是基于上述“共享经济”的概念，以个人所拥有的知识、技能、经验和创意等为共享对象的新型经济模式。知识技能型共享经济平台的典型代表有百度知道、百度文库、知乎、豆丁网、今日头条、喜马拉雅等。知识技能型共享经济平台可以将各行各业高水平专业人才和普通大众联系在一起，这种集万家之所长的知识共享模式迅速引起了广大网民用户的关注和喜爱，受到越来越多知识共享参与者的欢迎，这也促使大量专家学者对知识技能型共享经济平台进行深入调查研究。虽然知识技能共享备受关注，但是长期以来，一直没有找到一个可行的发展模式，直到 2016 年才有了一些突破。2016 年 4 月，问咖出现；5 月，知乎 Live 面市，得到平台上线；喜马拉雅积极布局知识类音频内容的共享截至 2016 年底，喜马拉雅激活用户已超过 3 亿；知乎拥有近 1850 万日活跃用户和 2 个受欢迎的核心付费问答服务板块；得到平台自上线以来，一个半月的访问量已突破千万人次。因此，2016 年也被称为“知识付费元年”。目前，现有知识技能型共享经济平台可大致分为以下三类：①科普性知识社区，如知乎、百度知道、Yahoo！Answer（雅虎问答）等；②休闲性虚拟社区，如快手、喜马拉雅、今日头条等；③专业虚拟社区，如猪八戒网、得到、春雨医生、丁香园、VIPKID、InnoCentive 等。国家信息中心分享经济研究中心发布的《中国共享经济发展年度报告（2019）》显示，从发展速度来看，2018 年知识技能领域的发展速度仅次于生产能力、共享办公领域，市场交易规模较 2017 年增长了 70.3%；知识技能领域的直接融资规模更是高达 464 亿元，位居各类共享经济领域榜首。

随着共享经济的深度发展，知识技能型共享经济平台层出不穷，所涉及专业领域日益拓宽，已成为互联网用户分享专业信息与知识技能的重要渠道。但目前，由于普通大众与平台用户对平台缺乏信任、平台自身规范管理不佳等，用户的黏度与平台的活跃度均较弱。一方面，平台仍面临着用户不贡献、“逆向选择”（俗称“刷分”）[7]和“搭便车”等传统知识生产体系所面临的困难，知识贡献数量与质量的下降可能会使潜在用户对在线平台的有用性产生质疑，长期将导致平台进入毁灭性循环中[8]；另一方面，知识技能型共享经济平台出现功能趋于同质化、发展规模与规范程度参差不齐等一系列问题，使大众对平台的信赖程度不强。这些均可能导致相关平台运营的失败，一定程度上阻碍了知识技能型共享经济的发展。如何吸引大众自觉有序地持续参与到知识技能型共享经济中，提升大众共享体验感受以实现持续知识技能共享，并为大众提供高质量知识技能以满足其对知识技能的需求，实现双边用户的满足感，促进平台的活跃，都是当下各类知识技能型共享经济平台设计者、运营者和监管者所关注的焦点。因此，研究大众在参与知识技能型共享经济的知识共享行为，探求影响其参与共享的显著因素，以期加强大众对平台的黏度，使普通大众成为平台的忠诚用户，长期地提高平台活跃度。这有助于异质性知识的传播和共享经济平台的可持续发展。随着消费内容的丰富，平台规则不断完善，知识技能共享向付费趋势发展。然而，在知识技能共享发展的初始阶段，共享内容专业性低、知识技能来源不足、平台用户参与不强等问题仍然需要引起重视。一些知识技能型共享经济平台依靠“流量效应”吸引用户参与，在短期内产生了市场吸引力。但平台内容质量的降低对部分知识技能资源分享者产生了挤出效应，进而导致高质量用户逃离现象，与知识技能共享初衷相背离。知识技能型共享经济只有在更多具有专业知识群体加入的背景下才能实现可持续发展。因此，如何提高公众参与知识技能共享的积极性？如何让知识技能共享更广泛地覆盖长尾用户？如何加快拥有一技之长的普通大众的智慧释放？如何提升知识技能型共享经济平台的活跃度？以上问题是知识技能共享发展中需要思考的重要问题。

# 1.2 国内外研究现状

## 1.2.1 共享经济研究现状

1. 共享经济研究的概况

共享经济实践作为一种新的商业模式，逐渐引起了政府和企业的关注[9-10]。然而，学界对于共享经济的相关研究尚处在起步阶段[11-12]，现有理论往往与企业实践相背离[13]。为此，需要进一步丰富共享经济相关理论研究，为社会实践提供相应指导[14]。近年来，*Journal of Management Studies*（《管理研究杂志》）、*Academy of Management Discoveries*（《美国管理学会发现》）等顶级学术期刊陆续发布了“共享经济”相关主题特刊。在学术研究中，共享经济和协同消费的概念较为接近，往往被交叉使用[15-16]。因此，本书将 sharing economy（分享经济）和 collaborative consumption（协同消费）作为英文关键词进行检索分析。为厘清国内外共享经济主题文献研究现状，本书将按以下步骤进行检索：①聚焦于中文文献，将检索时间设置于 2018 年 1 月 1 日，通过中国知网检索主题为“分享经济”“共享经济”“协同消费”的文献，发现主题为“分享经济”的文献为 3098 篇，主题为“共享经济”的文献为 5280 篇，主题为“协同消费”的文献仅 165 篇。②聚焦于英文文献，将检索词设为 sharing economy 和 collaborative consumption[17]，结果表明，截至 2017 年 10 月 4 日，发表在管理学顶级期刊上的文章在 *Management Science*（《管理科学》）上 1 篇（2016 年）、*MIS Quarterly*（《管理信息系统季刊》）上 1 篇（2017 年）、*Harvard Business Review*（《哈佛商业评论》）上 3 篇（2010 年、2014 年、2016 年）、*California Management Review*（《加利福尼亚管理评论》）上 1 篇（2016 年）、*MIT Sloan Management Review*（《麻省理工斯隆管理评论》）上 2 篇（2015 年、2016 年）。进一步扩大搜索范围，通过 EBSCO 数据库搜索标题、摘要、关键词中含有 sharing economy 或 collaborative consumption 的论文，结果表明，EBSCO 数据库中含有 3252 篇相关论文（期刊论文 894 篇）。综上，共享经济相关研究仍处于起步阶段，相关研究集中发表于 2015～2017 年。相关主题仍停留在对“共享单车”“共享住宿”等细分领域，并未对共享经济进行区分，关于“知识技能型”共享经济的研究更是罕见。

2. 共享经济的相关研究

共享经济的学术研究远落后于商业实践，相关研究尚处于早期阶段，但已成为新兴的研究热点。现有研究主要集中在以下四个方面。

1）共享经济的内涵

共享经济最初由“协同消费”演化而来，最早由 Felson 和 Spaeth 提出[18]。随后，Zipcar 创始人 Chase（蔡斯）在 1990 年提出的“产能过剩+共享平台+人人参与”形象地诠释了去中介化和再中介化过程的共享经济商业模式。戎珂等认为共享经济是一个很广泛的概念，它代表一种经济形式[19]。刘奕和夏杰长则认为共享经济创造了一种新的服务需求模式，并改变了作为供给方的传统服务行业[13]。许晓敏和张立辉认为共享经济是一种基于在移动互联网时代的共享闲置商品或服务的新商业模式[20]。他们认为，这种新商业模式不仅可以提高资源利用率，还可以帮助提高经济发展的质量。

2）共享经济的类型

对共享经济分类的意见目前尚未统一，国内外不同学者从不同的角度对其进行了分类，其类型依据角度的不同而有所不同[17]。从功能不同的角度来看，共享经济可以分为三类。目前，大多数学者都接受 Botsman 和 Rogers 所阐释的共享经济的三重结构：第一，将物品的闲置能力转化为服务能力；第二，二手市场通过所有权转移达到提高闲置资源的利用效率的目的；第三，合作的生活方式（如合作消费）[21]。具体如表 1-2 所示。

**表 1-2　共享经济的分类**

| 类型 | 含义 |
|---|---|
| 产品服务 | 闲置资源的商业化，消费者暂时具有使用权 |
| 二手市场 | 将新品或者二手商品放到线上进行买卖 |
| 合作消费 | 非商主体间的资源共享 |

从共享主体不同的角度来看，可以将共享经济划分为 B2C（business-to-customer，企业对消费者）式共享、C2B（customer to business，消费者对企业）式共享、P2P（peer to peer，点对点）式共享和 G2C（government to citizen，政府对公众）式共享。还有学者依照共享经济参与者关系的不同来进行分类：第一类是指“两方市场”，即依靠平台连接买卖双方的模式；第二类是指“投资项目”，即项目的投资目标不是取得股权,而是可以有权力参与到项目经营成果的分配中；第三类是指与第一类相似的“短租企业”，其与第一类的差别是第三类的标的物是由平台企业来供应，因此，平台有权保留交易所有权[22]。

3）用户视角的研究

从用户视角展开的对共享经济的研究大多集中于消费者参与共享经济的动机与影响因素上。用户参与共享经济的动机与影响因素的研究主要聚焦在经济、社交和环保等方面。何超等[17]和 Lawson 等[23]通过研究结果发现，经济收益受到众多参与者的追求，特别是一些参与活跃度比较高的参与者；Guttentag 和 Smith 的调查显示，旅游者选择 Airbnb(爱彼迎)的重要原因是满足自己的社交需求[24]。

4）平台视角的研究

有关平台角度的研究主要从平台经济、商业模式、平台监管等方面展开。Malhotra 和 van Alstyne 指出，共享经济平台要想提升平台的知名度，必须要先完善平台内部的交易规则[25]。此外，共享经济规制需要从劳动关系与竞争法则两方面入手[26]，进一步提升平台的管理能力，建立严格的规范制度，确保交易的安全进行[27]。

### 1.2.2　知识技能共享的相关研究

根据《中国分享经济发展报告 2016》，知识技能共享指的是个人或者机构盈余的知识技能等智力资源通过互联网平台，以免费或者付费的方式共享给特定的个人或者机构。目前，学界有关知识技能共享的研究大多集中在虚拟社区知识共享、技术转移、众创与众包等研究领域，具体展开如下。

1. 虚拟社区知识共享的相关研究

国内外学者对虚拟社区知识共享领域的已有研究可以分为以下几类：①在知识共享领域内以某一类虚拟社区平台如知乎、Facebook（脸书）、猪八戒网等为例进行研究。例如，耿瑞利和申静以 Facebook Group（群组）和微信群为例进行社交网络群组用户知识共享动机的研究[28]。张生太和刘露露从社会资本角度研究用户在不同微信群的知识共享意愿[29]。Nezakati 等以旅游用户的社交网络为例进行知识共享行为研究[30]。魏莹等以“知乎”为例，运用知识扩散及回溯的方式，建立了由参与知识扩散的节点组成的知识扩散网络以及节点之间的社会关系网络[31]。张劲松等以 GitHub 为例，基于知识管理的视角进行开源社区中知识流转机制的研究[32]。②文献计量分析。采用“引文分析”“共引分析”等文献计量方法来系统梳理知识共享的相关研究。金辉等以基于中文文献的虚拟社区知识共享研究进行文献计量分析、可视化分析[33]。何晓红和张春阳以虚拟社区知识共享研究文献作为数据源，运用文献计量方法与指标，以社会网络分析技术为手段，分析其结构特征[34]。③介绍国内外知识共享研究进展与综述。如盛东方和孙建军所进行的国外虚拟社区环境下知识共享行为影响因素研究综述[35]。以相关研究文献梳理为基础，万晨曦和郭东强系统分析并总结了虚拟社区知识共享的相关研究进展，包含了虚拟社区知识共享平台、虚拟社区知识共享模式与行为、虚拟社区知识共享的参与动机与影响因素[36]，最后，总结了现有研究的不足，并对未来的研究进行了展望。张蒙等总结了虚拟社区及其知识共享的内涵，从技术接受视角结合社会学视角、心理学视角、系统论视角等多重视角梳理和述评了虚拟社区知识共享的相关研究成果，并分析比较了各视角下相关研究的优势和局限性[37]。祝琳琳等分别从数据分析、主题分析的视角，研究了开放式创新模式下知识共享的文献数量、研究分布、热点和引文问题，以及该模式下知识共享的内涵、特征、风险、运行和影响模型等问题[38]。李杰等详细梳理了现有虚拟社区知识共享的实证研究，通过文献调研法，总结了该领域内采用的四种代表性理论，并对虚拟社区知识共享的研究成果进行了较为系统的梳理和分析[39]。唐厚兴从社会网络结构对知识共享的作用、结构特征对知识共享的影响、结构形态对知识共享的影响、结构演化的影响因素四个方面，对知识共享的相关研究进行了梳理分析[40]。

2. 技术转移的相关研究

技术转移的概念有多种不同维度的解释，目前尚未统一[41]。从本质上讲，技术转移的对象是技术知识，具体表现为技术设备、实物商品或技术资料等，因而技术转移常被看作一种特定的知识转移[42]。技术转移效率的影响因素主要是传统的技术转移渠道，如技术转移中介机构的类型[43]、技术转移机构薪酬系统、产学研合作的规模与程度等。截至目前，虽然技术转移在国内外都有大量的研究，但很少有学者从系统论的思想对其进行研究和探索。基于系统论的视角，技术转移系统被认为是由科研机构、企业、政府、金融机构等参与者组成，聚焦于促进技术发展、应用和商业化[44]。技术转移系统本质是自组织，具有开放性、非平衡性、非线性和随机涨落的特征[45]。

技术转移机构是一个组织，其主要目的是促进技术的更快转让，并为其提供服务。技术转移平台是技术提供者与接受者之间的纽带，在技术转让过程中为技术供需双方提供专业的技术信息资源，进而提升技术转让的效率[46]。现有技术转移主体研究大多通过指标体系构建的方法探究技术转移的效率[42]。技术转移效率的评价对象包括区域和机构两个维度，如针对大学与企业间技术转移的研究[47]、不同地区技术转移机构的研究[48-49]。

3. 众创与众包的相关研究

（1）众创。众创是指通过各类服务平台汇集各类具有创新性质的资源，进而实现降低创新成本和风险的目的。对于接收方而言，众创降低了创新的技术要求，拓宽了用户的知识来源。对于出售方而言，平台为展示或出售创新资源提供了载体[50]。从实践来看，众创空间的设立对社会创新产生了聚集效应，是社会创新创业的主要载体[51]，是一种新型创业聚集空间，具有促进知识分享、提升跨界协作的作用[52]。从功能划分的维度来看，相较于传统孵化器，众创空间具有政策集成化、技术网络化、需求导向化、突出开放与共享的特点[53]。

（2）众包。学界关于众包的定义尚未统一，Howe 首次提出众包的概念，认为众包的本质是组织，强调将本职任务外包给其他公共网络[54]。基于不同的视角，众包的概念包括：第一，基于拓展视角，即众包是外包向大众领域的拓展；第二，基于商业模式视角，即众包创造了新的价值和经营绩效；第三，基于生产模式视角，即众包是在线分布式解决问题的模式[55]。从众包的作用来看，部分学者将众包视为开放式创新的产物，具有聚集知识要素、推动知识流动、提升知识吸收的作用[56]。然而，众包带来巨大收益的同时往往伴随着一定风险[57]，如互动和共享的效率低、解决方案的质量不稳定等。从众包的治理来看，需要进一步规范关键用户知识源和详细的任务描述[58]，同时关注社区公平感与令参与者具有创造性的环境的营造[59]。

### 1.2.3　消费者参与共享经济的动机研究

1. 提供者参与共享经济动机的相关研究

（1）经济动机。经济动机是用户参与共享经济的作用来源[23]。对于提供者而言，经济动机指的是提供者参与共享经济的主要目的是通过分享有形的资源和无形的闲置资源[12]，创造新的经济收益[60]，为其参与共享经济提供正向反馈[61]。Bardhi 和 Eckhardt 的研究表明，经济动机是用户参与 Zipcar 的重要因素之一[62]。该结论得到了 Bellotti 等的研究的进一步验证[63]。Davenport 和 Prusak 的研究表明，与市场经济相同，在知识市场中，只有当提供者感受到经济回报时，其提供意愿才能得到保证[64]。此外，虚拟社区应当完善利益分配机制和保护条例，避免经济风险，进而提高知识提供者的共享热情，帮助虚拟社区达到增加知识产出的目标[65]。

（2）非经济动机。非经济性动机主要包括社会动机[66-67]和环保动机[60，68]。从社会动机来看，参与共享经济有助于扩大自己的社交圈或提高自己的地位声誉等[67]。在经济收益的基础上提升社会声誉对于参与者而言吸引力更大[69]。Jia 等[70]与 Benoit 等[71]的研究表明，分享本领域的专业知识有助于参与者进一步提升其在本领域的地位，带来更大程度的满足感与获得感。秦敏等认为利他动机、社区信任对社区用户参与共享行为具有促进作用[72]。此外，从环保动机来看，较传统消费模式而言，共享经济模式有助于发展持续性消费，避免了资源的冗余和浪费，对环保消费者的吸引作用较强[60]。Böcker 和 Meelen 的研究表明家具领域的共享消费行为受环境友好性观念的影响[73]。

2. 使用者参与共享经济动机的相关研究

对于使用者而言，参与共享经济能够以更低成本满足其刚性需求[67]。较传统的商业模式而言，共享经济的成本更低[68]、获取效率更高[66]。值得注意的是，提供者和使用者都受经济动机的影响，但可能存在差异[73]，提供者和使用者对于价值的认知偏差造成了不对称的现象[63]。但是此现象会伴随着使用者的消费满意度而消除[74]。因此，共享经济被认为是一种“只需花更少的钱就能获得更多”的消费模式。使用者参与共享经济的动机还包括社交动机[21]、娱乐需求[61]、环境动机[73]、感知有用性[74-75]、自我效能[76]等。Guttentag 和 Smith 发现，旅游者认为 Airbnb 平台为其与房东及当地人交流提供了机会，为了解当地文化提供了有效的途径[24]。Bardhi 和 Eckhardt 指出，Zipcar 的用户倾向于与其他使用者探讨社区建设方案，从而营造良好的社区环境[62]。Tussyadiah 发现，短租民宿旅行者与房主的交流频繁，这一途径使他们获得了更加有效的信息[61]。

### 1.2.4 平台活跃度相关研究

1. 平台经济研究

平台经济研究是由双边市场理论发展而来，研究场景包括信用卡购物平台、报刊类平台等。双边市场被解释为如果抬高对一边收取的费用，那么需同时对另一边同幅度地减少收取的费用[77]。在双边市场中，价格变动能够左右交易的数量。因此，平台需要制定合理的价格，吸引提供者和使用者的参与，进而提升平台的知名度和公信力。从双边市场划分来看，已有文献通常将双边市场划分成交易中介、媒体、支付工具和软件平台。随着互联网经济的兴起，平台经济得到了重新定义。现有研究探讨了数字技术对平台型企业发展的影响，以及数字经济背景下平台的监管问题。曲创和刘洪波的研究表明，在数字技术的背景下，采取非中立性策略会使大部分消费者被迫选择平台自有厂商，从而对其他竞争性厂商产生排他性，强化了平台自有厂商的固定效应[78]。在对平台的监管研究方面，基于双重监管体系的视角，王勇和冯骅比较了私人监管与公共监管在动机和举措上的区别，认为平台企业的私人监管应当作为主要手段，政府公共监管作为辅助手段[79]。随着平台监管能力的加强，需要建立属于自己的创新体系[80]。

2. 平台活跃度影响因素研究

平台活跃度主要受平台用户间的关系、信任感、互惠、自我效能、成果期望、知识主体、平台文化、信息技术等因素影响[81]。信息通信技术和网络平台技术是知识高效转移的基础，为用户带来了更好的体验，从而提升了平台的活跃度[82]。

肖邦明等研究发现，注重社会规范所愿意构建的互惠关系，往往孕育出活跃度较高的平台[83]；而在活跃度较低的平台中，用户主要关注信息的价值与成本，避免互惠关系的形成。成员信任度和平台规范程度也是影响平台活跃度的重要因素[84]。万岩等的研究表明，平台的品牌及对隐私保护的感知将影响用户对平台的信任感知，进而影响平台用户的凝聚力与活跃度[85]。Hudson 等的研究同样表明信任感是提供者与使用者参与平台交流的重要因素[86]。王怀明和刘融认为平台关注度正向影响平台交易活跃度，而平台风险水平对交易活跃度的影响不显著[87]。Pi 等发现声誉会直接和间接地通过主观规范，影响群体成员的知识共享意愿[88]。此外，社交网络共享文化（公平性、识别性和开放性）一方面直接影响着知识共享意图，另一方面，通过主观规范和共享态度间接影响共享意愿。Forstenlechner 等指出知识提供者的专业能力将影响知识共享的质量，这是获得者最关注的因素之一[89]。Wang 和 Noe 认为平台活跃度的影响因素是多维度的，要纳入组织、人际、动机、个人特性、文化特点和团队特征等层面的因素进一步探讨平台活跃度如何提升[90]。

3. 平台生态系统构成要素研究

当前，学界关于平台生态系统成员结构按照结构、生产关系和成员角色等角度划分。从结构的角度看，平台商业生态系统由内部主体、中间主体和外部主体三部分构成[91]。其中，内部主体是平台商业生态系统的基础部分，包括平台提供方、平台需求方、物流企业、支付服务及信息技术服务商等；中间主体由营销服务商、金融机构、咨询机构等大量成员组成；政府组织、社会机构、产业组织等构成身处系统边缘的外部主体，影响系统发展的环境。从生产关系的角度看，平台商业生态系统可以分为生产商、供应商、经销商、中介机构、消费者以及其他利益相关者等[92]，系统中的各主体进行资源互补，从而获得更多价值[93]。此外，部分学者认为平台拥有者、产品或者服务提供商、各类消费者组成平台生态系统[80]。从成员角色的角度看，核心成员和互补成员构成了平台生态系统。其中，核心成员提供了关键性资源和技术，互补型成员提供了配套资源，两者优势互补，进行开放式创新，在平台生态圈互利共生[94]。

4. 平台生态系统属性研究

从价值属性来看，平台生态系统能够提供一个融合了价值创造与价值共享的平台，把替代厂商、互补厂商、核心厂商以及其他组织和政策环境纳入一个商业价值网络中，体现了价值创造和价值共享的属性。从功能角度来看，平台生态系统的主要功能包括产生价值共享和核心产品，而辅助功能体现在服务提供商和互补替代产品上[95]。江积海和李琴聚焦于平台生态系统的资源属性、关系属性、网络属性[96]，其中，资源属性由资源异质性与资源多样性构成；关系属性指不同主体间需要连接和互动关系；网络属性指平台中各节点及其互动连接的边构成了网络拓扑结构。Evans 指出，网络平台商业生态系统的特征属性包括平台核心性、复杂性、共生共存性以及统一认可的标准和规则[97]。

### 1.2.5 平台用户基于信任的持续参与研究

1. 平台用户持续参与的信任基础研究

信任是人类社会活动和经济活动开展的前提和基础，其相关研究早已成为社会学、心理学、经济学、管理学等诸多学科重点关注的主题[98]，学者从各自不同的研究视角出发对信任的概念和内涵进行了界定与分析[99]，由于各自的研究对象和侧重点不同，目前学术界还未对信任确立一个统一的定义。McEvily 和 Tortoriello 在对以往 48 年的相关文献的整理中已经发现了 129 个对信任的不同定义[100]。Mayer 等认为信任概念未能实现统一的主要原因在于：①定义信任的困难性；②信任混同于其前因和后果；③未能准确地理解信任与风险之间的关系；④将不同层次的信任概念相混合；⑤未能从信任的双方主体考虑[101]。

信任理论研究最早起源于西方国家的心理学研究领域。通过囚徒困境实验，Deutsch 对信任做出如下定义：信任是指感知某事发生所带来的结果好坏将依赖于他人的行为，而个体在存在风险的情况下仍然选择维持事件的继续发展[102]。后有学者认为信任是指在不确定的情况下，对方不会表现为机会主义的主观信念。信任关系的产生将会使施信方承担一定的风险，并对受信方产生依赖，选择信任他人就需要个体变得脆弱，并且必须要接受因无法控制受信方或事情发展而带来的风险[103]。在管理学领域，Zucker 指出信任是参与交换的各方共同期望的集合[104]。王秀为等认为：信任是施信方预期受信方将在友好动机下完成预期成果，而对其做出的资源或权力让渡[105]。Pavlou 认为信任可以定义为相信另一方将以对社会负责的方式行事，在不利用施信方脆弱性的情况下，满足其需求的期望[106]。信任在存在高度不确定性和众多潜在风险的环境中发挥着重要作用，如电子商务平台[107]组织学领域，McKnight 等以信任动机（给定的情景下，施信方愿意依赖他人）和信任信念（施信方相信他人是有能力的、善意的、诚实的）来阐述信任的内涵[108]。

上述有关信任的定义虽然有所差别，但是相关定义中普遍包含一个共同要素，即“施信方基于积极的期望而愿意承担潜在风险的意愿”。进一步分解该要素，首先，信任关系的建立必须存在施信方和受信方双方主体；其次，信任的建立必须基于风险和不确定性；最后，信任是一种对他人行为意图可信性的积极预期。

2. 信任的类型

在信任的动态研究中，McKnight依照信任的形成过程，将其分为探索阶段和承诺阶段，即初始信任和持续信任[108]。Luhmann将信任进一步划分为人际信任（人与人之间的信任）与制度信任（个体对法律规范等制度因素的信任）[109]。这种分类将信任明确地分为两个相对独立的研究领域，所以受到了其他研究者的广泛认可。

人际信任被认为是信任最主要的表现形式，许多研究者也往往直接将对人际信任的定义引申为对信任的定义。比如，Lewis和Weigert认为信任基于人际交往关系中的理性计算和情感关联[110]。Moorman 等认为信任是指人们对于自己有信心的客体所产生的自愿依赖[111]。与对方的关系状况导致的成就期望会反过来决定人们是否会率先表现出信任的行为方式。Lewis和Weigert根据信任的产生依据，将人际信任再次细分为两种不同维度：第一个维度是基于认知的信任，即认知性信任，它与个人的可用知识、责任和能力相关联；第二个维度是基于情感的信任，即情感性信任，它是基于双方之间的情感纽带，包含了对内在价值和双方关系的关心、表达和信念[110]。

制度信任是合作双方在不确定风险下均相信制度能够确保双方未来行为达到预期结果的一种心理状态。Zucker 在 1986 年首次将制度信任分为第三方认证及第三方支付托管两个维度，并认为制度信任是信任建立最重要的模式，在陌生的经济环境中，信任必须依靠制度或规范才能得以建立[104]。在 Zucker 研究的基础上，McKnight等提出了制度信任的情境规范及结构保证两个细分维度[108]。其中，情境规范是指交易的成功来源于正常的交易环节及流程的信念，结构保证则是指因为合约、规章和保证等环境保障的存在，而使信任主体产生有利结果的信念。Pavlou进一步补充了制度信任的第三个维度：促进条件[106]。促进条件是交易双方关于各自行为和目标的共有标准和共同信念，它是支撑交易顺利完成的内在自我管理机制[112]。制度信任被认为是人们生活满意度和幸福感的重要决定因素[113]，高水平的制度信任使公民能够生活在可预测、稳定和可控的环境中，这将有助于维持社会凝聚力，促进公民的合作行为[114]。

3. 经济信任的形成机制及影响因素

目前，研究者对于经济信任的研究主要从心理机制和生物基础两个方面展开。其中，心理机制主要包括了反思-冲动模型和社会偏好理论，传统经济学理论认为，个体信任的产生是基于对客体有关信息进行理性加工之后而形成的。然而心理学领域却更多地基于反思-冲动模型来分析经济信任的产生机制，在反思系统中，施信方会重点整合与权衡有关“结果-价值”的相关信息，以帮助个体做出最佳决策。在冲动系统中，几乎不需要任何认知资源的积累，而更多地遵循激活扩散原则。在经济信任相关决策过程中，两个系统同时发生、相互影响[115]。在社会偏好理论的解释中，互惠偏好和利他偏好是推动个体经济信任决策的主要力量。

个体及组织信任的形成会受到各种因素的影响和制约，且会因为信任行为涉及主体的不同而不断变化。在心理学领域的相关研究中，信任的影响因素主要包括交流、声誉、经验等。其中，主体之间的交流能够显著增强经济信任及可信赖水平，而选择交流的形式将对其造成决定性影响[116]；许多研究表明声誉以及与之有关的线索均会改变人们在信任过程中的行为决策，声誉的存在最终将使不诚信的个体数量达到最小化，并鼓励可靠和值得信赖的行为[117]；人们在过去的信任决策的经验积累将会影响其后续的经济信任水平[118]。除此之外，信任主体的性格、教育程度以及所在地区的制度、历史、特征等都将会对信任的产生造成影响[119]。

4. 互联网平台的信任研究

在现实世界中没有任何关系的人与服务之间的虚拟交互随着在线互动网站（包括社交网络）的可用性正在呈指数级增长。这些相互关联的平台呈现出多样化的功能：人们可以借助众多的社交网络平台来同他们的朋友分享自己的图片和想法，在电子商务平台上购买各类的商品及服务，以及在众包平台上分享自身的专业知识和技能……尽管这些现有的在线社区在诸多方面都存在着差异，但它们大都具有在虚拟身份下进行大量用户交互的共同特征。这些新兴的社交媒体允许用户之间建立各种明确或隐含的社会关系，并利用网络来传播和分享各类的产品、服务、信息、意见以及建议[120]。在这些虚拟媒体的场景中，网络空间所固有的匿名性、开放性将会使对有关信息可信度的评估变得极具挑战性。维持该类互联网平台可持续发展的核心便是建立用户-平台、用户-用户之间的相互信任。

缺乏信任将会成为相关平台交易的不可逾越的障碍。Arrow 将信任公正地描述为“社会交换的有效润滑剂”，因为它是降低交易成本的有效方式[121]。因此，信任一再被认为是 C2C（customer to customer，用户对用户）平台长期成功的最重要驱动因素[122]。为了理解电子商务环境中的信任，McKnight 和 Chervany 开发了一种电子商务信任类型学，它集成了多个学科的信任观点，从而使信任概念更加精细[123]。在类型上，他们区分了信任倾向、基于制度的信任、信任信念、信任意图和与信任相关的行为。在针对有关虚拟网络平台信任建立的相关研究中，董纪昌等发现社会声誉、管理能力、安全性、财务状况、技术能力均会对 P2P 网贷平台投资者的初始信任建立产生显著正向影响[124]。张新香和胡立君在 O2O（online to offline，线上线下商务）平台用户信任的相关研究中指出，平台的安全交易环境、特别保证政策和消费者对平台质量的感知会对消费者线上初始信任产生显著的正向影响[125]。

5. 共享经济的信任研究

共享经济具有“陌生人共享”的属性[126]。最初，分享者倾向于在同受信任的个人中分享，如家人、朋友和邻居，而排斥与陌生人或社交网络之外的人进行分享。“陌生人之间的信任”被认为是共享经济中成功的关键条件[127]。但陌生人之间的共享可能伴随着更高的不确定性和风险[128]。用户信任研究主要分为两方面。一是信任的影响因素研究，声誉是平台用户信任的重要因素，其中包括平台提供的声誉分数、评价和文本评论、服务提供方的声誉等指标。此外，平台网站的质量和担保机制、服务提供方验证、服务提供方的个人特征和信息、用户与服务提供方之间的互动经历、用户信任倾向等都将影响平台用户信任。二是信任的作用后效，主要关注信任对用户参与意愿、决策以及参与行为等方面的影响[74]。交易伙伴的机会主义可能会带来严重后果[129]如货物损坏或者危及人身安全,而信任是克服交易过程中机会主义的重要因素，能够降低不确定性和风险[130]。此外，信任进一步提升了用户分享意愿[74]，维系了用户、服务提供方及平台运营商三者之间的关系[131]。

6. 知识技能共享的信任研究

知识共享被视为一项涉及知识提供者风险的活动[132],因为提供者往往面临展示知识而失去竞争优势的风险。现有知识技能共享信任研究主要聚焦于实体企业组织内部以及组织之间的员工知识技能共享领域[133-134]。社会交换理论认为，信任是知识交流的基础，对于提升成员知识共享的可能性具有重要意义[135]，随着互联网技术的普及，知识技能共享的信任研究逐步向虚拟空间领域延伸[136]。黄凤和洪建中的研究表明知识分享是虚拟社区形成和持续发展的主要驱动力，而信任关系显著影响知识共享的意愿和程度[137]。当群体间信任水平较高时，参与者更加倾向参与社交互动和知识共享[138]。Wu等[139]与侯楠等[140]的研究发现，网络人际信任促进了参与主体对预期成功的感知，其知识共享意愿也随之提升，而群体间信任水平较低时，成员会对共享行为进行回避。

### 1.2.6 研究现状评述

通过对国内外共享经济、知识技能共享以及消费者参与动机的相关研究进行梳理，可以看出，目前我国在共享经济领域的研究仍处于初级阶段。大多数研究采用定性分析方法，实证研究相对较少。消费者参与共享经济的动机及影响因素是研究的热点，主要集中在信任、感知有用性和感知易用性等方面，对参与者的个体特征关注较少。现有研究多基于混合视角，未能区分服务提供者和服务使用者。在数据获取上，多以截面数据为主，缺乏对参与行为的长期跟踪研究，同时，研究方法多为定性分析，案例分析较为稀缺。

对上述相关领域国内外研究的梳理，有助于厘清现有研究的整体全貌以及未来需进一步深入研究的方向，对国内外相关研究现状及发展趋势评述如下。

（1）随着共享经济的快速发展，学术界对其商业模式的关注日益增加，但整体研究仍处于概念界定、理论解释和现状问题的探索初期。规范化的理论研究尚在起步阶段，共享经济的分类标准、不同类型的特点以及成长模式等问题仍不明确，特别是知识技能型共享经济的研究更为稀缺。鉴于推动知识技能型共享经济对于实施创新驱动发展战略、提升“双创”水平以及加快建设创新型国家的意义，迫切需要深入研究知识技能领域的共享经济，以促进其发展。

（2）众创、众包、技术转移是知识技能型共享经济的重要形式，但并不涵盖所有类型。例如，“知乎”这样的问答社区和“VIPKID”的在线培训平台，都是通过共享知识、技能、经验和创意等智慧资源来体现知识技能型共享经济的特征。因此，一方面可以借鉴已有的众创、众包、技术转移以及虚拟社区的研究和实践经验，另一方面也需要不断拓展视野，推动知识技能型共享经济的创新和发展。

（3）现有的国内外研究对共享经济的定义、基本逻辑和核心特征仍存在争议，这些问题值得进一步探讨。目前，学术界和实践界尚未就共享经济的定义达成一致。诸如“协作经济”“点对点经济”“零工经济”等术语，反映了对共享经济不同特征的理解，也体现了认识上的分歧。厘清共享经济的基本逻辑和核心特征不仅是解决其发展问题的基础，也是理论研究的前提。虽然从规模经济、交易成本、信息经济学和资源经济学等角度可以解释共享经济的一些特征，但这些解释难以全面把握共享经济，特别是为何共享经济在信息科技和互联网发展后才真正兴起。在这方面，哈耶克的知识与秩序理论提供了一个深入而全面的独特视角，有助于解释共享经济的基本逻辑和核心特征。

（4）用户的广泛参与对知识技能型共享经济平台的发展至关重要，因此，用户层面的研究已成为学术热点。许多研究者关注用户在参与共享经济中的信任建立和提升，尽管已有一些进展，但仍存在诸多局限。此外，现有文献主要集中于国外成熟平台，而我国共享经济发展仍处于起步阶段，对国内平台用户信任机制的研究相对不足。

目前有关知识技能型共享经济的研究，虽然取得了一定的进展，但现有研究还存在一些局限性，未来可以从以下几个方面展开研究。一是继续深入展开对知识技能型共享经济的理论研究，厘清知识技能型共享经济商业模式核心特征及未来发展模式，为该领域未来可持续化发展建言献策。二是继续完善对消费者参与知识技能共享动机的研究，利用心理学、经济学和管理学理论，从人口特征、人格特质、参与心理和行为习惯等视角进行分析。三是区分知识技能资源的提供者和使用者。现有研究大多未区分知识技能资源的提供者和使用者。尽管提供者有时也会成为使用者,但两者在共享和获取资源时的驱动因素和阻碍因素可能不同,因此需要分别研究,以提供更丰富和针对性指导。四是急需对知识技能型共享经济平台用户信任主题展开深入研究。现有用户信任研究主要集中在实体企业、品牌和电子商务领域。知识技能型共享经济作为新兴模式,对用户信任的依赖更强,但相关研究在深度和广度上仍显不足,对于人们为何信任并参与这一模式,了解甚少。未来可以通过信任相关理论,从人口统计特征和用户参与心理等多角度进行研究。五是从制度信任与人际信任双重角度探索用户信任建立机制。共享经济的发展依赖于信任,这已成为学者和企业的共识。进一步区分用户信任,可以更清晰地了解知识技能型共享经济平台的信任机制。这方面的研究将有助于提出更准确有效的建议,提升用户对平台的信任和参与热情。

## 1.3 研究目的与意义

随着互联网和数字技术的快速发展,知识和信息交流的效率得到了巨幅提升。然而,知识技能型共享经济平台的发展仍相对滞后。在“互联网+共享”趋势下,推动知识技能型共享经济的成长,建设知识型和技能型劳动者队伍,促进网络平台上有序的知识服务交易活动,进而提升交易活跃度和大众参与热情,具有重要意义。面对“共享经济”持续升温的现状,我们面临以下问题:知识技能型共享经济平台的核心特征是什么?如何对其进行分类?如何推动网络平台上的知识服务交易活动,并提升活跃度?因此,本书在理论和实践方面具有重要意义。

1. 理论意义

(1)从提供者与使用者的双重视角重新审视知识技能共享的参与行为。前文的文献回顾表明,现有知识技能共享的理论研究并未对参与主体进行区分,参与主体混沌不明。然而,知识技能型共享经济平台不仅仅包括使用者,还包括提供者。值得注意的是,提供者共享知识技能信息,使用者获取知识技能信息,双方资源共享的参与动机可能会存在差异,笼统地同视双方资源共享的参与动机将导致理论与实际情况脱节。因此,本书拟对双边主体(知识技能提供者与使用者)参与知识技能共享的动机开展大样本的调查研究与对比分析,这将有助于丰富和完善现有的理论研究没有区分双边参与者的笼统结论。

(2)拓展了知识技能型共享经济平台研究的背景和情境。现有研究焦点于用户参与共享经济的动机和影响因素的分析上,但是对于用户参与意愿的形成机制探讨不足[74]，且大部分的现有研究并没有区分知识属性和平台差异，研究的样本数据局限于单个企业或单个行业（以旅游业、交通运输业为主）。本书以知识技能型共享经济为研究对象，并将参与者进行了区分，拟从主观需求和客观需求等多个视角，探索知识技能型共享经济双边主体（知识技能的提供者与使用者）的参与动机，开展大样本问卷调研的实证研究，这对于知识技能型共享经济的发展及平台活跃度的提升无疑具有重要的理论价值。

（3）明晰了知识技能型共享经济平台参与行为的生成机制。以往研究缺乏对行为产生的逻辑分析，以至于无法厘清知识技能型共享经济平台参与者行为的机理。本书遵循“动机-意愿-行为”的逻辑勾勒出知识技能型共享经济平台参与行为的生成机制，从多个环节归纳影响参与行为的因素，将提升学界对参与行为生成的理解水平和知识技能型共享经济平台的用户黏性,具有重要的实践指导价值。

（4）将共享经济的分享主体由实物拓展至知识资产。本书聚焦于知识技能型共享经济，虽植根于广义共享经济框架，但细化了资源类型，即从有形资产转向无形智慧资源。相比实物共享，知识技能共享展现出独特性，如服务导向、非标准化、个性化需求显著及购买决策的高度理性化，这些特性增大了研究的复杂性和挑战性。鉴于此，本书旨在厘清共享经济相关概念，界定并分类知识技能型共享经济及其平台，明确知识技能的供需双方角色，深入剖析其核心特性及影响平台活跃度的关键因素。此举不仅填补了知识技能型共享经济研究的空白，还丰富了知识共享理论体系，为共享经济理论的发展提供了新视角与实证支持。

### 2. 实践意义

1）本书宏观层面的实践意义

（1）有助于调动全社会的创新激情及知识技能共享交易的积极性。本书的研究结论有助于提升知识技能型共享经济平台用户的黏性和积极性，进而促进社会的知识流动。通过促进知识技能共享交易，不仅连接了高校、科研机构的专家与企业的需求，还激活了全民智慧，涵盖普通大众的贡献与互动，有效激发社会创新热情，营造浓厚的创新氛围，助力社会整体创新能力的提升。

（2）为政府出台共享经济平台制度提供理论依据。基于对提升知识技能型共享经济平台活跃度的研究，本书为政府提供了加强产学研合作网络、技术转移服务平台监管的策略建议，旨在促进共享经济健康持续发展，共同构建诚信、和谐的数字社会生态。

（3）有助于丰富“互联网+万众创新”的实现渠道。本书聚焦于构建知识技能型共享经济平台理论模型，借鉴国内外成功案例，提出运营优化策略，旨在拓宽“互联网+万众创新”的实践路径，加速虚拟知识社区的发展，为新时代背景下的创新浪潮提供有力支撑与启示。

2）本书微观层面的实践意义

（1）从区分知识技能提供者与使用者层面有针对性地提供参考依据。通过对现有文献的梳理发现，大部分有关知识技能共享的理论研究并不是区分知识技能提供者与使用者，而是基于一个混合视角。然而在实际情况中，提供者本身也可能是使用者，即产消者，双方资源共享的参与动机可能会存在差异。未从提供者与使用者的角度制定平台制度将导致“制度失灵”，本书拟对双边主体（知识技能提供者与使用者）参与知识技能共享的动机开展大样本的调查研究与对比分析，将有助于丰富和完善没有区分双边参与者的笼统结论，为平台发展建言献策。

（2）为提升知识技能型共享经济平台的活跃度提供依据。现有研究对于人们为什么愿意参与或者不愿意参与共享经济依然了解甚少[74]。本书以知识技能型共享经济为研究对象，将参与者进行了区分，拟从主观需求和客观需求等多个视角，探索知识技能型共享经济双边主体（知识技能的提供者与使用者）的参与动机，开展大样本问卷调研的实证研究，为平台提升用户活跃度提供了制度导向。

（3）对提升知识技能型共享经济平台中的用户黏性具有借鉴意义。实践中知识技能型共享经济平台用户流动性大、用户黏性低等突出问题，这都是在吸引用户、留住用户问题上对其参与动机的认识不深造成的。本书拟展开的知识技能型共享经济双边主体（知识技能提供者和使用者）参与动机研究，将对提升知识技能型共享经济平台的用户黏性具有重要的实践指导价值。

（4）在对知识技能型共享经济平台活跃度的理论研究基础上，从平台生态系统的结构与功能优化、平台企业内部管控对策、政府监管与治理建议三大层面提出相应的对策与建议。具体来看，对提供方而言，本书助力其将知识、创意、技能转化为实践价值，并构建交流平台，促进智慧碰撞与灵感激发。对需求方而言，本书则能高效为其获取创新解决方案，增强知识储备与创新能力，实现知识与技术的持续更新与升级。

综上所述，本书不仅顺应了我国的“知识付费”“共享经济”“万众创新”“中国智造”“互联网+创新”的宏观态势，还有助于促进知识技能型共享经济平台的长远健康发展，帮助知识、创意、技能共享主体各取所需，推进知识共享服务平台的蓬勃发展，富有深刻的实践指导意义。

## 1.4　研究内容与方法

### 1.4.1　研究内容

知识和技术需要以更快的速度、向更广的范围传播，从而助力“双创”。本书主要围绕“知识技能型共享经济双边参与行为”展开，主要回答用户参与知识技能共享的动机是什么？影响用户参与知识技能型共享经济平台的因素有哪些？影响知识技能型共享经济平台活跃度的因素有哪些？如何保持平台用户的持续参与？本书主要包含四个部分：第一部分，绪论。首先，梳理知识技能型共享经济研究的现实背景，通过查阅相关文献，明晰知识技能型共享经济的研究现状，归纳现有研究的理论缺口。其次，介绍本书的研究目的以及研究意义、研究内容与研究方法，并给出具体的研究内容与逻辑。第二部分，研究主体。本书的主体研究内容主要包含四大板块：①讨论用户参与知识技能共享的动机；②讨论影响用户参与知识技能型共享经济平台的因素；③讨论影响知识技能型共享经济平台活跃度的因素；④研究如何保持平台用户的持续参与。第三部分，管理启示与建议。通过对前述研究的分析，识别现状中的不足，并结合理论知识和个人见解，提出改进措施和建议，为解决当前问题提供有效的对策，并为实际应用提供参考。第四部分，总结与展望。对研究分析的结果进行总结，清晰描述研究结论，明确本书的主要成果，同时，指出研究中的创新之处及存在的不足，期望为未来的深入研究提供有价值的参考和启示。本书的研究内容与逻辑如图 1-1 所示。

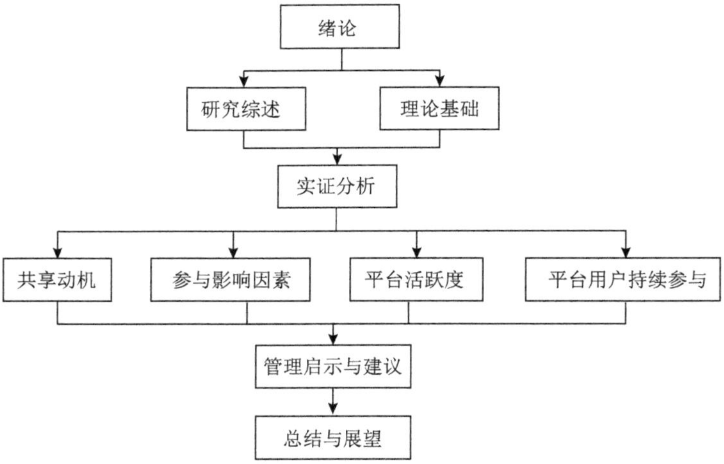


图 1-1　研究内容与逻辑

### 1.4.2　研究方法

本书结合理论分析与实证分析，探讨知识技能型共享经济中双边参与动机、影响因素，平台活跃度的关键驱动因素，用户持续参与行为，以及双边参与行为的影响效应，具体采用以下研究方法。

1. 文献分析法

通过广泛检索、查阅、收集与整理国内外关于知识技能型共享经济的相关研究成果，重点关注双边参与动机、影响因素、平台活跃度及用户持续参与行为等领域的最新研究进展。借此深入了解当前的研究现状和趋势，掌握并参考已有的研究思路与方法。对现有文献从不同维度进行分类与分析，归纳总结其研究侧重点。基于此，结合深度访谈的资料，借鉴现有成熟的量表，对研究变量进行定义与测量。在此基础上，提出研究假设并构建概念模型，为后续的问卷设计和实证分析提供坚实的理论支持。

2. 深度访谈与问卷调查相结合的方法

深度访谈与问卷调查为本书的数据收集提供了有效方法，也是后续进行探索性案例分析和计量分析的关键基础。研究团队通过与线下各类知识技能共享参与者进行深度访谈，涵盖不同职业、年龄和教育背景的个体，以及课题组的老师和同学，分别从提供者和使用者的角度，确定参与动机及其影响因素，进而定义并测量相关研究变量。同时，研究团队还在猪八戒网、在行、知乎、新浪爱问和经管之家等知识技能型共享经济平台及其用户交流群内，发起了大规模的有偿问卷调查，以获取丰富的数据。最终，对所收集的数据进行整理和汇总，为后续的数据处理和统计分析做好充分准备。

3. 探索性案例分析法

探索性案例分析有助于在前人较少涉足的新领域构建新理论，通过案例抽象出的理论模型具有较强的理论含义，同时与已有研究的联系紧密。本书在探讨知识技能型共享经济平台活跃度的关键影响因素时，辅以探索性案例分析法。

4. 计量分析法

本书将采用计量分析法分析知识技能型共享经济双边参与动机及影响因素、平台活跃度的关键影响因素等核心内容，主要体现在本书的第4章～第7章。具体而言运用 SPSS 21.0 对数据进行整体的统计性描述分析、信度分析、探索性因子分析，然后用 AMOS 21.0 进行验证性因子分析，并对结构方程模型进行验证，来检验研究假设。

# 第 2 章　知识技能型共享经济的内在逻辑与核心特征分析

## 2.1　共享经济的内涵与特征

1. 共享经济的内涵

共享经济的概念是在协同消费的基础上演化而来。Felson 和 Spaeth 认为，协同消费是“与一人或多人共同消费经济产品或服务”[18]。目前，“共享经济”的概念尚未统一，界定很模糊，存在着诸如“协作经济”、“点对点经济”、“零工经济”、“平台经济”、“网格经济”和“使用权经济”等一系列术语性表达[6, 141]。上述概念对共享经济来说，显得过于宽泛[142]。随着对共享经济研究的深入，共享经济的概念也随之改变。

Botsman 和 Rogers 认为共享经济是基于未充分利用的资产进行共享的一种新的商业模式，其共享对象包括空间、技能和各类材料等[21]。基于经济回报的角度，Belk 认为相较于共享，共享经济更加追求经济回报，是为了金钱或其他收益进行资源获取和分配[143]。基于所有权的角度，Stephany 认为共享经济是通过整合闲置资源，产生额外的商业价值，进而减少人们对资产所有权的需求[144]。在此基础上，部分学者认为所有权的转移是暂时的，并不是永久性的[145]。“利用网络这一便捷平台让社区使用未充分利用的资产”是 Stephany 和 Braesemann 对共享经济的理解[146]。戎珂等认为共享经济是一种经济形式，将社会中各类零散且闲置的资源采取协调、分配或者集中等形式，满足其他人群对闲置资源的合理需求，进而使闲置资源产生新价值[19]。何超等从共享和经济这两个维度对共享经济进行了定义[17]。其中，“共享”强调将产品短时让渡给其他人使用，产品的所有者依然拥有该产品的未来价值，包括它的使用价值及剩余价值；而“经济”指的是市场交易行为，分享闲置资源的目的是获得收益，该收益可以是货币形式或者非货币形式。综合二者，其认为“共享经济”可以被定义为基于互联网平台，个人或组织将闲置资源短时出租，从而获得收益的一种经济模式。梁晓蓓和江江认为共享经济是参与者共享产品的使用权代替拥有权的一种经济模式[147]。

2. 共享经济的特征

通过将共享经济与传统经济进行对比，得出以下特征：第一，交易存在各种形式的赔偿；第二，共享经济的交易核心存在于市场场域；第三，二次分配资源和重新获取资源是交易的重点；第四，个人是交易对象；第五，使用数字平台来交易[141]。唐亚汇和李凌认为，共享经济具有信息技术驱动的基础特征、资本高效利用的组织特征，以及按需服务的目标特征[148]。何超等指出，共享经济往往与互联网技术相结合，具有以下特点，第一，共享扩展到了陌生人；第二，共享是非互惠导向的；第三，需要互联网平台的支持[17]。Belk 比较了共享与共享经济在概念上的区别，其中包括以闲置的资源为基础，以互联网平台为支撑，以短时让渡使用权限为方式，以获取收益为目的[143]。

## 2.2　知识技能型共享经济及其平台释义

本节聚焦的“知识技能型共享经济”属于 Felländer 等界定的“无形资产型共享经济”范畴，特指以知识技能为交易对象的营利性共享平台。据《中国共享经济发展年度报告（2019）》数据，2018 年中国共享经济交易总额达到 29 420 亿元，同比增长 41.6%，其中知识技能领域以 70.3%的增速位列第三，且在融资方面以 464 亿元居首，彰显了其强劲的发展势头。2016 年，知识技能型共享经济平台如问咖、分答、知乎 Live、得到及喜马拉雅等纷纷涌现，标志着“知识付费”与“知识变现”时代的到来。这一年，喜马拉雅的“123 知识节”单日销售额突破 5000 万元大关，知乎用户规模突破 200 万，而分答则在极短时间内吸引了超千万次用户访问，进一步巩固了“知识付费元年”的地位。本节对知识技能型共享经济的定义与上述报告保持一致，即利用互联网聚合个人及机构的知识技能资源，以高效、低成本的方式满足社会生产与生活服务需求，实现无偿或有偿的资源共享，并据此获取相应回报。根据应用领域的不同，知识技能共享可细分为研发创意型、知识内容型、生活服务型等多个类别。

## 2.3　知识技能型共享经济的逻辑与特征

当前共享经济的定义和特征仍存在争议，部分学者归纳了共享经济的核心特征，如戴克清等[149]与刘利等[150]总结出共享经济的基本特征，包括短期的使用权转移、有偿经济行为、参与共享的主体多样、基于平台介质的直接交易等特征。谢志刚基于知识与秩序理论，通过构建一个社会经济交往的合作与创新的认知分析框架，认为“共享”并不是“共享经济”的核心特征，过分强调“共享”实际上是对大众的误导，认为“共享经济”是生产知识的部门才最为贴切[7]。

本节认为探讨知识技能型共享经济的交互过程逻辑与核心特征，不能忽视其本质上是一种知识经济的观点[7]。哈耶克强调知识分工为经济学核心议题，因个体知识有限，需通过市场机制协调多元知识背景以实现均衡。他提出的“交易经济”概念，描绘了一个自愿合作驱动的自组织平台，与知识技能型共享经济中的知识付费交易理念相契合。在此平台上，市场机制促进不同知识、技能和创意主体的紧密联结以及知识流动与协同，供需双方有效互动，以实现各自需求。自发秩序理论进一步指出，个体间的协同行动维系了社会秩序，即知识协调使人们能高效运用知识并预见合作成果。知识技能型共享经济正是这一“合作”精神的体现，平台用户间的知识技能交换蕴含了知识协调过程，要求双方基于相互理解和共识进行合作。自发秩序理论还区分了“人造”秩序与“生长”秩序，前者依赖组织规制，后者则源自自发。对于知识技能型共享经济而言，理想状态是依赖于自发秩序而不是外部强加的组织约束，以实现更加灵活、高效的资源配置与合作创新。

基于迈克尔·波兰尼的显隐性知识分类（显性知识以书面形式表达，隐性知识则难以言传，蕴含于行动中），结合哈耶克的知识与秩序理论，本节为知识技能型共享经济构建了一个探讨合作与创新的社会经济认知分析框架。此框架将融合 Nooteboom 的认知聚焦模型，并引入“认知距离”与“吸收能力”概念，将其拓展为广义的知识交互模型，以深入分析知识技能型共享经济中的知识传递与创造过程。新构建的知识交互模型不仅涵盖了显性知识的直接传播，还特别强调了隐性知识向显性知识的转化与共享，这一过程在知识技能型共享经济平台上尤为显著，它作为桥梁连接了知识的不同形态，促进了普通大众之间的显隐性知识交互与合作。在模型构建中，本节定义了多层次的知识结构，既包含个体层面的隐性与显性知识库存，也考虑了社会整体的知识体系。通过考察两个或多个个体间的交往互动，模型分析了不同知识结构如何影响认知距离的远近以及吸收能力的强弱，进而揭示了知识技能型共享经济中知识交流、整合与创新的内在机制。这一框架为深入理解知识技能型共享经济在促进社会经济合作与创新方面的作用提供了有利的分析工具。

模型的收益函数如图 2-1 所示为倒“U”形曲线，最优解为 $R^*_{ij}$。这意味着两个个体进行知识交往活动时，如果知识结构的差异或者认知异质性正好为 $\delta^*_{ij}$，那么此时最大收益为 $R^*_{ij}$。个体的交往活动本身在于改变个体知识结构，包括将隐性知识显性化，转为共有知识，减少异质性，增加合作收益，同时异质性的减少也会导致创新收益减少。此分析框架考察经济社会之中的两个个体之间的交往互动，包括交易、协作、竞争、对抗、创新等一般意义上的经济活动。根据上述的模型，我们能够清楚地了解到知识技能型共享经济最为核心的特征实际是“合作”。两个个体具备不同的知识技能，经过知识技能型共享经济平台的中介作用，将其知识技能进行交流。这一过程被称为“知识协调”，其中包括了最为核心的合作行为。最理想的情况是，在无须外部组织干预的前提下，自发地开展知识合作，并借助市场调节机制，实现大众智慧的共享愿景。

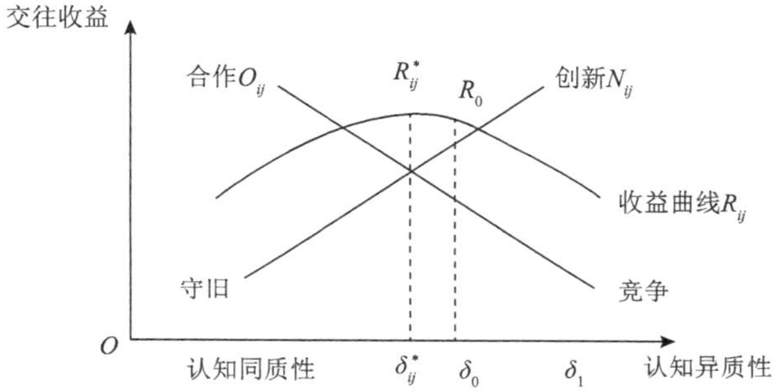


图 2-1　两个个体间的社会经济交往活动中的认知模型与收益

# 第 3 章　研究的基础理论

## 3.1　技术接受模型理论

技术接受模型最早是由 Davis 在 1989 年提出，其在研究用户对技术接受的影响因素方面发挥着重要的作用[151]。Davis 认为，用户对信息技术的感知易用性和感知有用性在一定的程度上决定了他们使用信息技术的意愿。感知有用性和感知易用性是技术接受理论中最常用的认知信念。其中，感知有用性是指用户相信这类平台是有用的、便利的；感知易用性是指用户对平台使用容易程度的感知[150]。其中感知易用性和感知有用性受外部变量（用户特征、系统环境等）影响，并且感知易用性还作用于感知有用性。因此，用户是否愿意使用系统受到感知易用性、感知有用性、外部变量、行为态度和行为意向的影响[152]。技术接受模型（图 3-1）最主要的理论框架来源于理性行为理论[153]，技术接受模型的主要观点是：外部变量、感知有用性和感知易用性会对用户的使用态度产生一定程度的影响，而用户的使用态度会影响其行为意向，进而影响用户的实际使用行为。

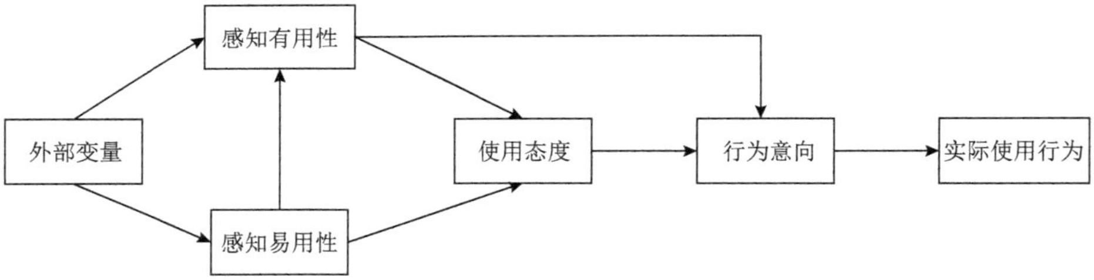


图 3-1　技术接受模型

技术接受模型被广泛应用于各领域的用户参与行为的研究上，尤其是在信息系统领域[151]，它使用感知有用性和感知易用性作为核心变量，重点研究其对用户的使用态度和使用意愿的影响。许多学者在继承传统技术接受模型框架的基础上，引入了感知成本、感知快乐等新的外部变量。也有学者认为，现代信息技术飞速发展，传统互联网的影响因素已经不能准确解释用户行为，应结合移动互联网背景下的情境因素和用户技术接受的感知行为因素加以研究[154]。

目前，已经有大量的国内外的相关研究表明，感知有用性和感知易用性在用户对信息的采纳意愿方面具有明显的正向推动作用[155]。Marangunić 和 Granić 对技术接受模型进行了系统化的梳理与回顾[156]，Schepers 和 Wetzels 用多元分析的方法研究了主观规范这一因素在技术接受过程中的影响[157]。Burton-Jones 和 Hubona 则对技术接受模型理论中的外部变量的调节作用进行了研究，他们均认同感知有用性和感知易用性会影响用户的使用意愿这一观点[158]。还有学者围绕一些特定的领域结合技术转移模型展开研究，边鹏主要是围绕一些重点的技术转移展开研究，从而对技术转移模型的动态演化进行了一系列的研究梳理和总结[159]。张培则是利用文献计量的方法，总结分析与技术接受模型理论相关的论文的学科分布、重要作者和研究热点等[160]。

## 3.2　社会认知理论

心理学家 Bandura 于 1986 年率先提出社会认知理论，他指出行为、个体和环境三者之间存在三元互惠的交互关系[161]。根据社会认知理论，社会化信息搜寻活动就是搜寻主体、搜寻环境和个体搜寻行为的三元交互，个体的自我效能和结果预期对社会化信息搜寻行为可能存在影响[162]。这种三元互动不仅会对人类的实际行为产生直接的影响，而且会通过与其他元素一起作用，对实际行为产生一些间接的影响。社会认知理论提供了两个核心构念：自我效能和期望收益。其中，自我效能指的是人类对于自己将要做的某件事，认为自己有能力去完成，而期望收益指的是人类对自己采取一定的行为后，未来可能从这次行为中获取的报酬有多少[163]，也就是说未来的可能收益。因为自我效能和期望收益在一定程度上解释了人类产生的对自己某些特定行为的期望及对自己能力的评估，所以可以用社会认知理论来对个体参与共享的行为进行解释[163]，社会认知理论模型如图 3-2 所示。

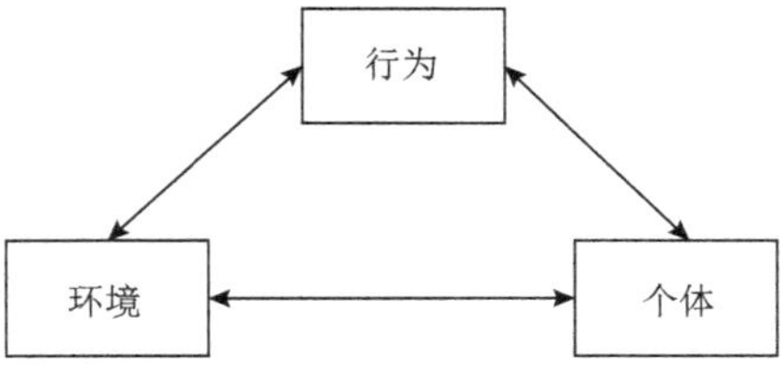


图 3-2　社会认知理论模型

在社会认知理论模型中，外部环境和个体认知活动都会对行为产生影响。同时，社会认知理论又强调个体的社会认知因素对行为的调节控制作用，通过个体社会认知因素对环境的感知、预期和判断可以影响、调节和预言个体的行为[164]。

目前在大多数的研究中社会认知理论都被用于验证人类行为，其强调的是个体的认知因素对行为的影响[165]，更聚焦于如自我效能感等此类自我评估概念，强调主体认知的作用[166]。胡玮玮等基于社会认知理论来探究不同类型的个性化契约如何通过组织自尊对知识共享行为发生作用，研究发现：任务性与发展性个性化契约会对知识共享行为产生直接的正向影响，也会通过组织自尊这一中介变量对知识共享行为产生间接的正向影响[167]。屠兴勇等依托社会认知理论，研究知识工作者的内生动机与创造力之间的关系，研究结果表明知识工作者的内生动机对其创造力具有显著的正向影响，而知识共享意愿在知识工作者内生动机与创造力的作用机制中起到了中介效应[168]。

## 3.3 理性行为理论

Fishbein（菲什拜因）等于 1975 年首次提出了理性行为理论，并指出一个人的行为意向是其实际行为是否发生的决定性影响因素，而一个人的行为意向则是由其对接下来所要采取的实际行为的态度，以及自己对实际行动的主观规范所决定的，如图 3-3 所示。理性行为理论是被广泛应用于解释和预测个体的行为意图或行为的著名理论[169]，该理论认为一个人的个体行为意愿会对其行为产生直接的重要影响[170]。行为意愿所反映的是某种特定的行为将会发生的可能性。然而，在我们的现实生活中，人们并不能完全控制自己的行为，其行为的发生也无法仅仅只是依靠意愿来进行控制[171]。个体采取行动的可能性与其行为意向具有同方向变动的关系；行为态度是个体执行特定的行为时开心或者不开心的一种心理感受，它是个体对行为执行结果的一种信念；主观规范是一个人在执行某项特定的任务时所面对的压力，而这种压力的大小则是由其对规范的信念的遵从程度所决定和支配的；知觉行为控制反映个人过去经验和未来预期的阻碍，当其拥有的资源或者机会越多且所预期的阻碍越少时，他的知觉行为控制就越强[172]。此外，行为态度和主观规范不仅会被个人的一些私人因素影响，也会被教育水平、文化背景等社会文化因素间接影响，从而影响个体的行为意向和行为[173]。

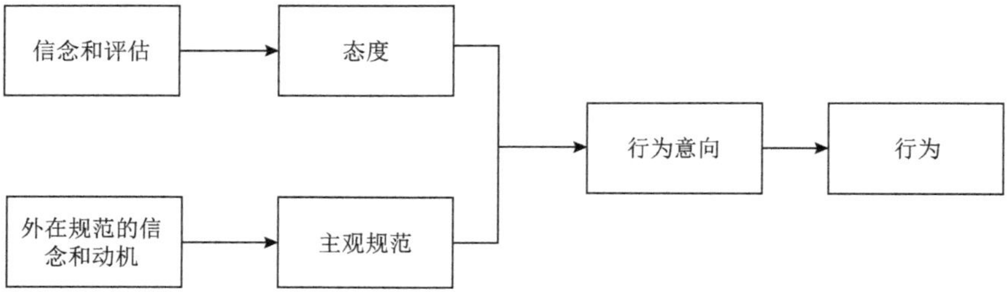


图 3-3 理性行为理论

唐厚兴通过理性行为理论来构建知识共享博弈三阶段模型，用此模型来探索“市场竞争结构要素”与“市场技术战略”之间的关系，研究结果表明市场竞争结构要素会对企业的市场技术战略产生重要的影响[174]。李钢等通过结合理性行为理论和感知价值理论，来构建用户知识付费行为模型[175]，结果发现：付费行为受到付费意愿的直接影响。刘宏等根据理性行为理论来探索社交网络中用户营销信息分享的动机，结果表明，用户在社交网络中共享营销信息的意愿对共享行为产生了积极的影响[176]。Hsu 和 Lin 认为一个人的行为意图会激发其行为的产生，并受到其态度、主观规范的影响，而其对行为结果的评价又会影响到他的态度[177]。

理性行为理论由 Beck 和 Ajzen[178]引入知觉行为控制变量后发展成计划行为理论，其主要思想是行为意向除了由态度和主观准则决定之外，还存在着感知行为控制来对个体的行为意愿产生一定程度的影响[179]。行为最重要的因素是行为意向，与此同时，行为意向又主要受到态度和主观规范的影响[180]。Ajzen 认为一个人的行为态度、知觉行为控制和主观规范对其行为意愿的作用最大，如果一个人的态度越积极、知觉行为控制越强，则他的行为意向就越强烈，反之就越微弱[181]。

## 3.4　社会资本理论

社会资本是指个人在一种组织结构中所处的位置的价值。对群体而言，社会资本是指群体中使成员之间互相支持的那些行为和准则的积蓄。20 世纪 70 年代，经济学、社会学、行为组织理论以及政治学等多个学科都不约而同地开始关注“社会资本”。到了 20 世纪 90 年代，社会资本理论逐渐成为学界关注的前沿和焦点问题，社会学、政治学等许多学科都从学科的角度对社会资本进行了研究，以解释经济增长和社会发展。社会资本甚至被西方国家的决策圈看成解决社会矛盾的新思路，即“第三条道路”。

关于社会资本理论，许多学者都进行了研究。布迪厄是第一位在社会学领域对社会资本进行初步分析的学者，他在其关系主义方法论的基础上率先提出“场域”和“资本”的概念。布迪厄认为场域作为各种要素形成的关系网，是个动态变化的过程，变化的动力是社会资本。布迪厄把资本划分为三种类型——经济资本、文化资本和社会资本，集中研究了资本之间的区分及相互作用，认为资本之间可以相互转换，社会资本以关系网络的形式存在。詹姆斯·科尔曼（James Coleman）以微观和宏观的联结为切入点对社会资本做了较系统的研究。他认为社会资本研究的目的就在于通过对社会资本的研究来研究社会结构。林南通过对社会网的研究提出了社会资源理论，并在此基础上提出了社会资本理论。罗伯特·帕特南（Robert Putnam）在詹姆斯·科尔曼的基础上，将社会资本从个人层面上升到集体层面，并把其引入政治学研究中，从自愿群体的参与程度角度来研究社会资本。

在运用社会资本理论研究知识共享的过程中，社会资本的维度问题一直是人们关注的焦点。金辉提出社会资本应当包括三个维度：结构维度（反映双方的社会互动状况）、关系维度（反映双方的社会关系质量）和认知维度（反映个体对所处群体的认知，包括共同的价值观、共同的语言等），其中结构维度与关系维度的区别在于结构维度描述了社会资本的客观结构，代表了人际交往频度；关系维度反映了交往过程的情感特征，人际情感和信任代表了深层次的网络质量[33]。社会资本变量与知识共享影响因素的对应关系结构框架，如图 3-4 所示。

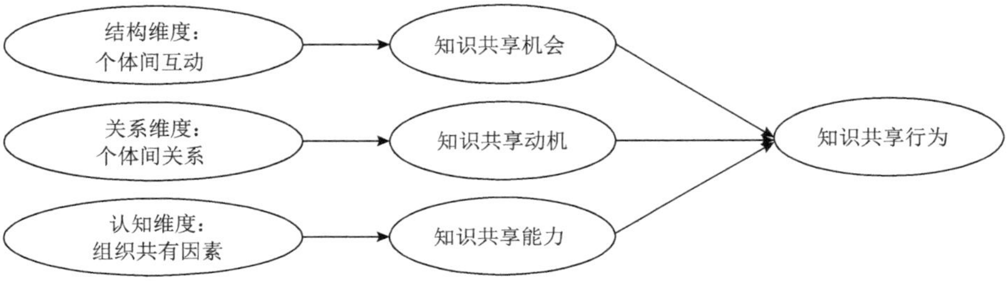


图 3-4　社会资本变量与知识共享影响因素的对应关系结构框架

## 3.5　社会交换理论

社会交换理论对社会交往中的报酬和代价进行分析，提出那些能够给我们提供最多报酬的人是对我们吸引力最大的人，而且我们总是尽量使自己的社会交往给自己提供最大报酬。为了得到报酬，我们也要付出报酬。报酬可以分为六类：爱、钱、地位、信息、物、服务。因为人类社会的原则是互相帮助，别人给了你好处，你要回报，因此社会交往过程可以说是一个交换过程。社会交换理论是以古典经济学、人类学和行为心理学为基础，把人的行为看成一种计算得失的理性行为，认为人的一切互动行为都是为了追求自身最大利益满足而发生的交换。

社会学家霍曼斯的“社会交换理论”认为：任何人际关系本质上就是交换关系。只有这种人与人之间精神和物质的交换过程达到互惠平衡时，人际关系才能和谐，而且只有在互惠平衡的条件下，人际关系才能维持。Blau 在社会交换理论中指出社会交换是人际互动的基础，目的是获得有价值的资源[182]。Blau 主要探讨了基本交换过程如何影响社会结构的形成和发展，以及社会结构又是如何制约交换过程，因此，他的理论也被称为“结构主义交换理论”。他认为影响社会交换的最基本的社会规范是“互惠”和“公平”。知识共享在某种程度上体现了以知识为客体的人际交换互动。在实践中不难发现，此类交换行为往往会伴随着资源、价值等的置换，使知识共享者丧失其特有价值，因此，从其他方面对其予以补偿才是高效、可持续发展的知识共享。用社会交换理论能够很好地解释知识共享，尤其是个体持续性知识共享行为[183]。

## 3.6 动机理论

林崇德等编著的《心理学大辞典》对动机的解释是“激发和维持有机体的行动，并将使行动导向某一目标的心理倾向或内部驱力”①，动机在心理现象中属于心理状态。动机具有三方面功能：①激发功能，激发个体产生某种行为；②指向功能，使个体的行为指向一定目标；③维持和调节功能，使个体的行为维持一定的时间，并调节行为的强度和方向。依据引起动机的原因，可分为内在动机和外在动机。前者由有机体自身的内部动因（如激素、中枢神经的唤起状态、理想、愿望等）所致；后者则由有机体的外部诱因（如异性、食物、金钱、奖惩等）所致。动机是在需要的基础上产生的。当人的某种需要没有得到满足时，它会推动人去寻找满足需要的对象，从而产生活动的动机。目标是个体努力要达到的具体成绩标准或结果，是个体期望的未来状态。动机必须有目标，目标引导个体行为的方向，并且提供原动力。

动机理论是指关于动机的产生、机制以及动机与需要、行为和目标关系的理论。其主要表现为追求某种目标的主观愿望或意向，是人们为追求某种预期目的的自觉意识。动机是由需要产生的，当需要达到一定的强度，并且存在着满足需要的对象时，需要才能够转化为动机。动机理论由 Calder（考尔德）和 Staw（斯托）于 1975 年提出，用来解释个体采取某一特定行为的驱动力。当代的动机理论包括以下七种：自我决定理论、工作投入理论、目标设置理论、自我效能理论、强化理论、公正理论、期望理论。斯蒂芬·罗宾斯和蒂莫西·贾奇认为这些理论没有一种是单独行之有效的，而是相辅相成的，他们将这些理论进行了整合，见图 3-5。在知识共享的交互过程中，无论是知识共享者还是知识接受者，若没有一定的驱动力均不会参与其中，此驱动力可以是内部驱动，也可以是外部驱动[183]。

① 资料来源：《心理学大辞典》2003 年 12 月（第一版）上卷第 238 页。

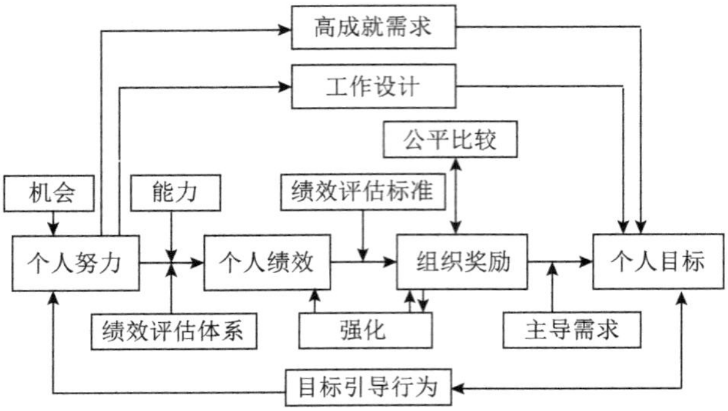


图 3-5　整合的动机理论

## 3.7　本 章 小 结

本章探讨的是知识技能型共享经济，其核心特征在于“共享”，知识技能型共享经济平台则属于开放式创新的产物，既是众创和众包的特别形式，又构成了虚拟知识社区。其通过激发全国网络用户的分享欲来运作。同时，本章所阐述的分享并不是无偿的，而是目前互联网中盛行的知识付费服务。网络平台中主要存在两大主体：一是知识、创意和技能提供方，二是知识、创意和技能需求方，即智慧提供者和使用者。这类知识技能型共享经济平台能高效利用网络用户的碎片时间及专业知识，帮助企业由外部力量获取知识，降低创新风险和成本。这种网络平台颠覆了过去的传统组织形态，为资源在企业和大众之间的最优配置提供了新的有效路径。通过对双边用户参与知识技能型共享经济的动机及影响因素、平台活跃度影响因素的相关分析，探索如何更好地提高用户的参与水平与参与程度以及更好地促进知识技能的传播，为产学研的发展提供更为丰富、宽广的平台。

# 第 4 章　知识技能型共享经济双边参与动机研究

## 4.1　实证研究设计

### 4.1.1　研究假设

根据前面对共享经济、知识技能共享、用户参与共享经济动机相关研究的梳理并结合与技术接受模型理论、社会认知理论和理性行为理论有关的研究内容，本节从区分提供者和使用者的视角分别提出相应的研究假设，具体展开如下。

1. 提供者的知识技能共享动机对共享行为的影响

1）经济动机

大多数研究者都发现经济动机是人们参与共享经济的主要动机[23]。对于提供者而言，经济动机指的是提供者参与共享经济的主要目的是通过共享自己拥有的闲置资源，其中包括有形的资源或者是无形的服务等，来获得一定的经济收入[12]。对资源的所有者来说，通过将自身掌握的闲置资源与他人共享来获取额外收益，是促使其共享这类资源的重要动机之一[61]。对于知识技能提供者而言，经济动机就是通过向他人共享自己所拥有的知识、技能、经验、创意、想法等来收取一定的经济报酬。然而，现实中所存在的知识市场遵循着一般市场的运行机制和规律。那么对知识拥有者来说，如果他选择去市场共享自己的知识，那么他一定认为这种共享行为可以让他在将来获取一定的经济报酬。在“双创”的时代号召下，许多人的创业激情被充分调动起来，而在当今的“互联网+共享”时代，共享经济平台为他们提供了创业自由。他们可以通过共享经济平台自由地将他们拥有的闲置物品、资产或技能共享给他人，以此来收取一定的经济报酬。刘征驰等认为经济动机是促使提供者参与共享经济的重要动机，但提供者通过共享经济平台向平台中的其他用户共享自己的知识技能时，存在一定的风险[65]。因此，建议虚拟社区设立按劳取酬的规则制度，来帮助知识技能提供者降低共享自己知识技能的风险，这样成员在该社区内共享知识的预期收益自然会提高，长期来看，对于提高用户黏性具有很大的帮助。由此，本节提出如下假设。

H4.1：经济动机对提供者的知识技能共享行为具有正向影响。

2）非经济性动机

通过对相关研究的梳理发现，提供者参与知识技能型共享经济的非经济性动机主要包括社会动机和利他动机[66]、社交需求和地位需求[21]。

不少学者认为利他动机是提供者参与知识技能共享的主要动机之一。Prasarnphanich 和 Wagner 通过对不同的人类特质进行研究对比分析后发现，一个人的乐于助人的意愿越强烈，那么其越愿意向其他人来共享自己的知识技能，希望通过帮助别人解决问题，使自己具有愉悦感[184]。耿瑞利和申静以 Facebook Group 和微信群为例，研究社交网络群组用户参与知识共享的动机，研究结果显示，利他动机和社交需求是最主要的知识共享动机[28]。赵亮等通过对企业虚拟社区用户知识共享的动机进行研究发现，利他动机对用户的持续共享行为具有重要的推动作用[185]。Ma 和 Chan 的研究也认为，利他动机才是影响用户持续参与共享的最主要动机[186]。

也有学者认为社交需求和地位需求也是提供者参与知识技能共享的重要驱动因素。社交需求指的是人们通过共享经济平台共享自己的知识技能的目的是扩大自己的社交圈，提高自己的地位或者声誉[67]。但同时有相关研究表明，社交动机在人们参与共享经济方面的影响并不是非常明显，其主要目的还是获取一定的经济收益[69]。然而，基于互联网时代，线下的社交网有时已经不能满足大部分人的社交需求，同时因为网络媒体具有传播速度快、传播范围广的特点，可以在一夜之间帮助聚集大量的粉丝，不少人将扩大自己社交网的需求寄希望于网络平台。Jia 等通过对博客中的用户进行调研后发现，地位需求或者说为了提高在自己领域内的知名度，会促使很多的博主去共享与自己领域相关的知识技能信息[70]。对知识技能的提供者来说，可以依靠在共享经济平台内共享自己储备的知识、技能、创意、经验等来帮助自己吸引粉丝，或者与其他用户进行互动交流，帮助自己认识更多的人。一方面，可以达到扩大自己社交网的目的，另一方面可以提高自己的知名度、荣誉或者地位。由此，本部分提出如下假设。

H4.2：利他动机对提供者的知识技能共享行为具有正向影响。

H4.3：社交需求对提供者的知识技能共享行为具有正向影响。

H4.4：地位需求对提供者的知识技能共享行为具有正向影响。

2. 使用者的知识技能获取动机对获取行为的影响

目前，有关使用者参与知识技能共享动机的研究并没有提供者的那么多，但现有研究中大部分学者以感知有用性作为主要动机。感知有用性指的是用户使用某一网络平台和网络系统将会对自己解决问题或者完成任务等带来一定程度的帮助[187]，这一理论已经被部分学者在用户早期是否愿意使用阶段和后续的持续参与行为阶段验证是合理的。

大部分的研究结果都发现，当用户对网络系统的感知有用性越高时，往往越愿意使用该系统。也有学者认为，感知有用性是指使用者通过共享经济平台获取别人共享的知识信息，进而帮助自己解决问题、完成任务、丰富知识储备、提高自己的工作绩效等[188]，感知有用性对用户长久的持续性参与行为具有显著的影响。有学者以韩国社交网站“Cyworld”（赛我网）为研究对象，对网站中用户的持续使用意愿和持续使用行为进行研究，结果表明，操作系统或软件的感知有用性对用户的满足感具有显著的正向影响，而满足感又来源于用户使用该操作系统或者软件能够高效地帮助其解决问题或者提高工作绩效。有时还会有超出预期的效果，这时用户的满足感是最大的。一旦用户有了这种超乎预期的使用体验，将会激发用户的持续使用意愿，进而这种持续使用意愿又转化为长期的持续参与行为[189]。赵亮等通过对企业虚拟社区用户知识共享的动机进行研究发现，用户初始共享动机主要是问题解决动机，如帮助完成任务或者满足学习需求，但享乐动机却对用户的持续共享行为具有重要的推动作用[185]。

社交需求和娱乐需求也是使用者参与知识技能型共享经济不可忽视的动机，特别是对于一些带有趣味性话题的共享经济平台。娱乐性动机是指网络平台中的用户通过浏览平台中他人共享的知识技能信息，从而获得放松和愉悦的目的。如今，一些明星加入知乎、新浪爱问之类的网站加强了网络社区的娱乐性和休闲性，同时，诸如创意牛（Creative COW）、今日头条之类的非交易类网站的娱乐性相比其他交易类网站的娱乐性更高。有学者通过对博客用户进行调研发现，创新兴趣和好奇心对用户参与博客活动的积极性具有明显的正向推动作用，还指出博客的感知愉悦性和娱乐性对用户进行创作以及知识共享具有显著的正向影响[177]。“感知愉悦”指的是人类的一种主观感觉，是用户使用某个系统后的心理感受[190]。当用户觉得使用某信息系统能够带来愉悦感和乐趣时，会产生一种精神激励，激发用户持续使用该信息系统，并向其提供个人信息[191]。赵亮等通过对企业虚拟社区用户知识共享的动机进行研究发现，享乐动机对用户的持续共享行为具有重要的推动作用[185]。与此同时，相比较以往，当代人的生活、工作、学习等压力都较大。对众多的“手机族”来说，大多数人放松的方式就是在工作或者学习的闲暇之余，通过网络平台，在自己感兴趣的话题下面与其他用户进行交流互动，或者浏览一些自己感兴趣的、有意思的话题等。相比其他群体来说，这类人在网络平台中对快乐和社交的寻求往往更加渴望，也更加喜欢在共享经济平台上结交新的朋友。因此，娱乐需求和社交需求也慢慢地变成了公众参与知识技能型共享经济的动机。据此，本部分提出以下假设。

H4.5：任务需求对使用者的知识技能获取行为具有正向影响。

H4.6：学习需求对使用者的知识技能获取行为具有正向影响。

H4.7：社交需求对使用者的知识技能获取行为具有正向影响。

H4.8：娱乐需求对使用者的知识技能获取行为具有正向影响。

3. 提供者的知识技能共享动机对共享意愿的影响

1）经济动机

有关经济动机对知识技能共享意愿的影响，通过对现有文献的梳理发现，经济奖励主要包括：金钱奖励、礼品奖励、晋升奖励、奖状等[192]。在知识共享领域，经济奖励作为个体知识技能共享的一种补偿收益[193]有许多划分方式。冯竹青和葛岩根据个人参与和任务绩效情况以及知识共享活动的特点，将知识共享中的物质奖励划分为签到奖、参加任务奖、完成任务奖和绩效奖四种类型[194]。

基于经济交换理论，知识提供者把拥有的知识拿到市场去共享是出于有利可图。收益最大化和成本最小化是人类进行一切交换的准则[195]，由于知识技能共享过程总是伴随着诸如时间和精力等一系列成本与风险，只有当个体感知知识技能共享行为的预期收益大于成本时，个体才会成为潜在的知识技能提供者。

目前，大部分的研究都认为经济奖励对知识共享意愿具有积极影响，具有代表性的有：Shaari 等在研究虚拟社区知识共享影响因素时发现，经济奖励能通过互惠对知识共享意愿产生积极影响[196]；龚立群和方洁认为外在奖励是根据知识共享的绩效支付货币或非货币报酬的激励措施，并通过实证分析结果，建议虚拟团队建立多元化的知识共享奖励机制，以此提高知识共享的意愿[197]。知识是一种社会分层资源，知识共享涉及价值交换，需以一定的外在激励提供行为动力，促进个体将私有知识进行共享，而经济奖励则恰好能发挥此激励作用。由此，本部分提出如下假设。

H4.9：经济动机对提供者的知识技能共享意愿具有正向影响。

2）非经济性动机

根据对现有文献的梳理，当前对知识技能共享意愿或共享态度的非经济性动机的研究，主要聚焦在以下几个动机的识别与测量：利他、声誉、信任、互惠、自我提升、愉悦、社交参与、社会地位、形象等[198]。

相关领域的众多研究表明，利他是对人们在虚拟网络上进行知识共享意愿最有影响力的内在动机[28]，能够使个体更倾向于共享知识，拥有利他动机的提供者共享知识是为了帮助他人，并不是获得报酬。

在虚拟社区中，社交需求会影响社区参与者的态度或意愿[199]，主要表现为通过沟通、交流，结交更多的朋友，促使个体自身融入虚拟社区中。在知识技能共享中，社交需求主要体现为信任、承诺、互惠、知名度提升、社交参与等方面。耿瑞利和申静认为社交参与动机越高，用户就越积极渴望参与社交群组的各种活动，其知识共享意愿也会越强烈[28]。

个人声望、个人声誉、社会地位、形象主要体现为个体的地位需求。李贺等[200]通过实证分析发现声望对开放式创新社区中创客的知识共享意愿的影响作用较强，说明创客希望通过知识共享活动在社区中赢得较高的地位，以求实现其自我价值；个人声誉对用户知识共享意愿具有显著影响，且不受虚拟社区类型的限制。由此，本部分提出如下假设。

H4.10：利他动机对提供者的知识技能共享意愿具有正向影响。

H4.11：社交需求对提供者的知识技能共享意愿具有正向影响。

H4.12：地位需求对提供者的知识技能共享意愿具有正向影响。

4. 使用者的知识技能获取动机对获取意愿的影响

动机指的是人类的一种内在的原动力，这种动力可以刺激人类为了某个特定的目标而激发出想要做某件事情的意愿，所以说，动机是行为意愿产生的基础[201]。在对动机进行分类时，大多数学者都依照自我决定理论，将动机分为内在动机和外在动机两类。大部分学者认为任务动机是外在动机，对个人而言，每个人所能了解和掌握的知识技能是有限的，当自身的知识储备不足以支撑其完成工作或学习任务时，他就会倾向于获取别人共享的知识技能信息来帮助自己完成任务。有学者指出，感知有用性会激发人们的获取意愿。感知有用性是指使用者通过网络平台获取别人共享的知识信息，进而帮助自己解决问题、完成任务、丰富知识储备、提高自己的工作绩效等[188]。还有学者通过对网站中用户的持续使用意愿和持续使用行为进行研究发现，操作系统或软件的感知有用性对用户的满足感具有显著的正向影响，而满足感又来源于用户使用该操作系统或者软件能够高效地帮助其解决问题或者提高工作绩效，有时还会有超出预期的结果，这时用户的满足感是最大的。一旦用户有了这种超乎预期的使用体验之后，将会激发用户的持续使用意愿[189]。用户所能够获取的知识越有用，其参与知识共享的意愿就越强烈。因此，可以认为学习需求和任务需求也是使用者参与知识技能型共享经济的重要驱动因素。

也有研究发现，结果预期会影响人们的获取意愿。结果期望是个人预期某种行为能否对其产生积极和有价值的结果，期望越高，人们越愿意参与这种行为。知识共享的结果预望分为社交性期望和物质性期望[202]，在网络平台的知识共享中，用户对社交需求的期望是其参与知识共享的重要动机[203]，其对社交需求的期望越高，其参与意愿越强烈。部分学者认为娱乐需求是使用者参与知识技能共享的重要内在动机[190]，当人们在获取、浏览网络平台中别人共享的知识、技能、创意、想法、经验时，能够感受到乐趣和轻松感。随着人们生活、工作的压力逐渐增加，越来越多的人倾向于在社交媒体上寻找乐趣。在知乎、今日头条等网络平台的用户中，相当一部分的用户表示更愿意关注一些具有娱乐性的话题，并希望能够参与到互动当中，从而通过这种方式给自己带来一些愉悦感，使自己在繁忙之余放松心情。因此，对于知识技能型共享经济的使用者而言，他们能够感受到的愉悦感越强，其参与知识共享的意愿就越强烈。由此，本部分提出如下假设。

H4.13：任务需求对使用者的知识技能获取意愿具有正向影响。

H4.14：学习需求对使用者的知识技能获取意愿具有正向影响。

H4.15：社交需求对使用者的知识技能获取意愿具有正向影响。

H4.16：娱乐需求对使用者的知识技能获取意愿具有正向影响。

5. 意愿对行为的影响

意愿是一个人对某个事物或某件事情的看法或想法，是人类的一种主观性思维的体现。其中，意指心意；愿指动力；意愿是指人们根据自己的心意，想要去完成某一个心愿，并且为之付出努力和实践。行为是指人类的举止行动或活动，是受到人类内心的心理活动的控制而外化的活动。意愿强调的是人类的心理活动，而行为则是其外化后的活动体现。有学者指出，行为意愿是促使行为发生的最强大的推动力，因为人们总是喜欢做一些自己愿意去做的事情[76]。

目前，有关意愿与行为关系的研究，大部分的学者多从计划行为理论与理性行为理论入手。理性行为理论和计划行为理论不仅指出组织内个体的行为意愿是行为态度、主观规范和知觉行为控制的函数，且个体行为是由其意愿决定的，一个人对某件事的行为意愿越强烈，就越有可能转化为行为。同时，理性行为理论和计划行为理论强调个体的意愿会直接影响其行为，因此，可以认为行为意愿是人类特定行为的最有效的前置推动力之一[204]。对用户的参与行为进行预测最有效的一个指标便是参与意愿，当一个人对某件事的参与意愿越强烈时，就越有可能转化为参与行为[201]。目前，很多研究均表明用户的知识共享意愿对其参与行为具有显著的正向影响[205]。Pi 等以 Facebook 用户为研究对象，探索知识共享意愿与其共享行为之间的关系，通过进一步研究发现，用户的知识共享意愿对其共享行为具有显著的正向影响[206]。李钢等基于计划行为理论等构建了用户知识付费行为模型，结果发现：付费行为受到付费意愿的直接影响[175]。据此，本部分提出如下假设。

H4.17：提供者的知识技能共享意愿对共享行为具有正向影响。

H4.18：使用者的知识技能获取意愿对获取行为具有正向影响。

6. 参与意愿的中介作用

由上述分析可知，人们的参与动机对其参与意愿具有正向影响，并且其个人的行为意愿是行为发生的最直接的推动剂。在动机、意愿、行为之间关系的有关研究中，屠兴勇等在研究知识工作者内生动机、知识共享意愿与创造力时，根据社会认知理论，构建了一个以知识共享意愿为中介的调节效应模型，通过进一步研究发现，知识工作者的内生动机对其创造力具有显著的正向影响，并且知识共享意愿在其中起到了部分中介效应，但使用“自我效能感”作为调节变量对该中介作用予以调节后发现，知识共享意愿在知识工作者的内生动机与创造力的正向影响中，起到了完全的中介作用[168]。耿瑞利和申静在以 Facebook 和微信群的用户为调查对象来研究他们的知识共享动机时，依据计划行为理论将知识共享意愿作为知识共享动机与知识共享行为之间的中介变量，来构建用户的知识共享动机的模型，研究结果显示，知识共享意愿是知识共享行为最直接的前因，且知识共享意愿通过了其在用户的参与动机与共享行为关系的中介效应检验[28]。

通过对以上文献的分析，并结合前文对 H4.1～H4.18 各个变量关系的论述，本部分内容将根据温忠麟等提出的中介变量的验证原理来对知识技能型共享经济双边参与意愿在参与动机和行为的关系中的中介作用进行论述[207]。

作为知识技能的提供者，其参与知识技能共享的动机如经济动机、利他动机等越强烈时，就越会激发知识技能共享意愿，而这种共享意愿越是强烈就越有可能促使其共享行为的发生。对知识技能的使用者来说也是如此，其任务需求、学习需求等越是紧迫，就越会激发其获取知识技能的意愿，进而转化为知识技能获取行为。前文的 H4.1～H4.8 论证了知识技能型共享经济双边参与动机对参与行为具有正向影响，H4.9～H4.16 论证了知识技能型共享经济双边参与动机对参与意愿具有正向影响，H4.17～H4.18 论证了参与意愿对参与行为具有正向影响，根据温忠麟等提出的中介变量的逐步检验法的验证原理，可以认为知识技能型共享经济的双边参与意愿，在其双边参与动机与行为的关系中起中介作用[207]。据此，本部分提出如下假设。

H4.19：提供者的共享意愿在经济动机与共享行为的关系中起中介作用。

H4.20：提供者的共享意愿在利他动机与共享行为的关系中起中介作用。

H4.21：提供者的共享意愿在社交需求与共享行为的关系中起中介作用。

H4.22：提供者的共享意愿在地位需求与共享行为的关系中起中介作用。

H4.23：使用者的获取意愿在任务需求与获取行为的关系中起中介作用。

H4.24：使用者的获取意愿在学习需求与获取行为的关系中起中介作用。

H4.25：使用者的获取意愿在社交需求与获取行为的关系中起中介作用。

H4.26：使用者的获取意愿在娱乐需求与获取行为的关系中起中介作用。

7. 理论模型与研究假设汇总

根据上述的理论分析与研究假设分析，整理出本部分的研究假设，如表 4-1 所示，理论模型如图 4-1、图 4-2 所示。

**表 4-1　研究假设汇总**

| 关系 | 假设内容 |
|---|---|
| 提供者的共享动机对共享行为的影响 | H4.1：经济动机对提供者的知识技能共享行为具有正向影响 |
| | H4.2：利他动机对提供者的知识技能共享行为具有正向影响 |
| | H4.3：社交需求对提供者的知识技能共享行为具有正向影响 |
| | H4.4：地位需求对提供者的知识技能共享行为具有正向影响 |
| 使用者的获取动机对获取行为的影响 | H4.5：任务需求对使用者的知识技能获取行为具有正向影响 |
| | H4.6：学习需求对使用者的知识技能获取行为具有正向影响 |
| | H4.7：社交需求对使用者的知识技能获取行为具有正向影响 |
| | H4.8：娱乐需求对使用者的知识技能获取行为具有正向影响 |
| 提供者的共享动机对共享意愿的影响 | H4.9：经济动机对提供者的知识技能共享意愿具有正向影响 |
| | H4.10：利他动机对提供者的知识技能共享意愿具有正向影响 |
| | H4.11：社交需求对提供者的知识技能共享意愿具有正向影响 |
| | H4.12：地位需求对提供者的知识技能共享意愿具有正向影响 |
| 使用者的获取动机对获取意愿的影响 | H4.13：任务需求对使用者的知识技能获取意愿具有正向影响 |
| | H4.14：学习需求对使用者的知识技能获取意愿具有正向影响 |
| | H4.15：社交需求对使用者的知识技能获取意愿具有正向影响 |
| | H4.16：娱乐需求对使用者的知识技能获取意愿具有正向影响 |
| 提供者的共享意愿对共享行为的影响 | H4.17：提供者的知识技能共享意愿对共享行为具有正向影响 |
| 使用者的获取意愿对获取行为的影响 | H4.18：使用者的知识技能获取意愿对获取行为具有正向影响 |
| 提供者的共享意愿的中介作用 | H4.19：提供者的共享意愿在经济动机与共享行为的关系中起中介作用 |
| | H4.20：提供者的共享意愿在利他动机与共享行为的关系中起中介作用 |
| | H4.21：提供者的共享意愿在社交需求与共享行为的关系中起中介作用 |
| | H4.22：提供者的共享意愿在地位需求与共享行为的关系中起中介作用 |
| 使用者的获取意愿的中介作用 | H4.23：使用者的获取意愿在任务需求与获取行为的关系中起中介作用 |
| | H4.24：使用者的获取意愿在学习需求与获取行为的关系中起中介作用 |
| | H4.25：使用者的获取意愿在社交需求与获取行为的关系中起中介作用 |
| | H4.26：使用者的获取意愿在娱乐需求与获取行为的关系中起中介作用 |

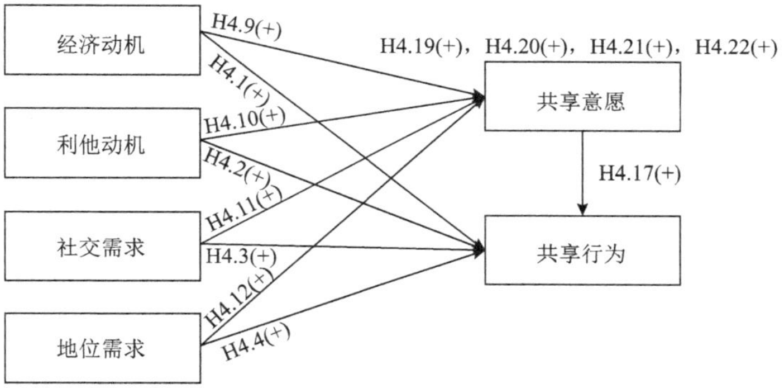


图 4-1　提供者参与知识技能型共享经济动机的研究模型

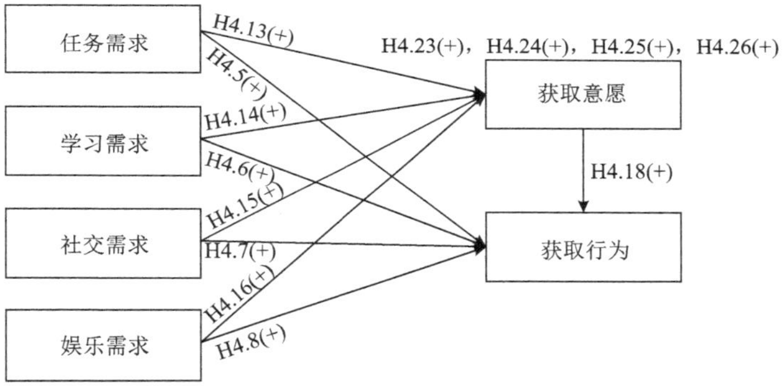


图 4-2　使用者参与知识技能型共享经济动机的研究模型

### 4.1.2　研究变量的定义与测量

1. 研究变量的定义

根据前面对与共享经济、知识技能共享、消费者参与共享经济动机相关的研究的梳理以及对技术接受模型理论、社会认知理论、理性行为理论的分析，并结合与线下不同职业类型、不同年龄、不同教育程度等的知识技能共享参与者和课题组老师、同学进行的深度访谈，来确定知识技能型共享经济双边参与动机的具体研究变量及其测量维度和问项的设计。本部分的深度访谈一共历时六周，主要分为两个部分。一部分是与 25 名知识技能提供者进行深度访谈，主要了解他们通过知识技能型共享经济平台共享知识技能的频率，以及其共享行为的驱动因素和阻碍因素等内容，一共包含 6 个题项。另一部分是与 25 名知识技能使用者进行深度访谈，主要了解他们通过知识技能型共享经济平台获取知识技能信息的驱动因素和阻碍因素，以及其较少共享自己的知识技能的阻碍因素等内容，一共包含 7

个题项。

通过上述工作，提取出提供者参与知识技能型共享经济动机的四个维度为经济动机、利他动机、社交需求、地位需求，并认为提供者的知识技能共享动机对其共享意愿和共享行为均具有正向影响。同理，提取出使用者参与知识技能型共享经济动机的四个维度为任务需求、学习需求、社交需求、娱乐需求，并认为使用者的知识技能获取动机对其获取意愿和获取行为均具有正向影响。为了确保本部分的准确性和有效性，现对本部分中的各潜在变量进行定义，并列出其参考来源，如表 4-2 所示。

**表 4-2 潜在变量的定义及参考来源**

| 潜在变量 | 变量定义 | 参考来源 |
| --- | --- | --- |
| 经济动机（ECO） | 获得经济收入或金币等虚拟财产 | Schor 和 Fitzmaurice[12]；Bucher 等[69] |
| 利他动机（ALT） | 不求回报地帮助他人 | 赵亮等[185]；耿瑞利和申静[201] |
| 社交需求（SOC） | 扩大自己的社交网络或维持社交互动 | 耿瑞利和申静[201] |
| 地位需求（STA） | 提高自己的地位等级或满足荣誉需求 | Jia 等[70] |
| 共享意愿（SW） | 愿意共享自己拥有的知识技能 | Pi 等[206]；赵杨等[208] |
| 共享行为（SB） | 经常或主动共享自己拥有的知识技能 | Ajzen 和 Fishbein[170]；刘琦和杜荣[188] |
| 任务需求（TAS） | 完成自己的任务或解决问题 | 陈为东等[151]；Choi 和 Kim[209] |
| 学习需求（LEA） | 学到新的知识或扩大知识储备 | Schor 和 Fitzmaurice[12]；刘琦和杜荣[188] |
| 社交需求（SOC） | 扩大自己的社交网络或维持社交互动 | Schor 和 Fitzmaurice[12]；访谈 |
| 娱乐需求（ENT） | 娱乐消遣、打发时间 | 刘琦和杜荣[188]；Liu 等[190] |
| 获取意愿（AW） | 愿意搜寻自己所需的知识技能 | 赵杨等[208] |
| 获取行为（AB） | 经常或主动获取自己所需的知识技能 | Choi 和 Kim[209] |

2. 研究变量的测量

本部分采用发放问卷的方式来获取数据，问卷的有效性很大程度上取决于量表设计的质量。通过查阅大量的国内外文献，并借鉴已有的相关文章中用户参与知识共享动机的研究量表，并结合深度访谈资料，再经过与课题组老师、同学研究讨论后，得到初始版量表。接着，将初始的纸质版量表发放给身边参与过知识技能型共享经济的朋友，进行试调研，并收集他们的意见。然后，根据他们的意见进行多次研究探讨及修改，前后历时 10 周确定了本部分的最终量表。

问卷中的各个潜在变量的观测变量均采用利克特量表 5 点计分法。其中：1

表示完全不同意，2 表示不同意，3 表示中立，4 表示同意，5 表示完全同意。被调查者根据自己参与知识技能型共享经济的实际体验和感受，通过打分来表现自己对各个变量的认同程度。量表各变量测量题项及参考来源如表 4-3 和表 4-4 所示。

**表 4-3 提供者量表各变量测量题项及参考来源**

| 潜在变量 | 观测变量 | | 参考来源 |
|---|---|---|---|
| 经济动机（ECO） | ECO1 | 我共享我的知识技能是为了获取一定的金钱报酬 | Bucher 等[69] |
| | ECO2 | 我共享我的知识技能是为了增加自己的收入 | |
| | ECO3 | 我共享我的知识技能是为了在平台中获取更多的金币 | |
| | ECO4 | 我共享我的知识技能是为了获得一些货币等价物 | |
| 利他动机（ALT） | ALT1 | 我喜欢通过共享我的知识技能去帮助别人 | 赵亮等[185] |
| | ALT2 | 如果我共享的知识技能可以帮助到别人，我会觉得很棒 | |
| | ALT3 | 如果我共享的知识技能能够帮助别人解决问题，我会很开心 | |
| | ALT4 | 我希望我共享的知识技能可以帮助别人 | |
| 社交需求（SOC） | SOC1 | 我共享我的知识技能是为了维持社交互动 | 耿瑞利和申静[201]；访谈 |
| | SOC2 | 我共享我的知识技能是为了认识更多的人 | |
| | SOC3 | 我共享我的知识技能是为了结交到新的朋友 | |
| 地位需求（STA） | STA1 | 我共享我的知识技能是为了得到更多人的尊敬 | Pi 等[206] |
| | STA2 | 我共享我的知识技能是为了得到更多人的认可 | |
| | STA3 | 我共享我的知识技能是为了得到更多人的支持 | |
| 共享意愿（SW） | SW1 | 我愿意在网络平台中共享我的知识技能 | 耿瑞利和申静[201]；Pi 等[206] |
| | SW2 | 我经常在网络平台中共享我的知识技能 | |
| | SW3 | 我喜欢在网络平台中共享我的知识技能 | |
| | SW4 | 我愿意共享我的知识技能来回答网络平台中其他用户提出的问题 | |
| 共享行为（SB） | SB1 | 我会主动将自己的知识技能共享给他人 | Ajzen 和 Fishbein[170] |
| | SB2 | 我会常常共享自己的知识技能给他人 | |
| | SB3 | 我会主动回答别人在平台中提出的问题 | |
| | SB4 | 我会主动转发我认为有价值的信息给其他用户 | |

**表 4-4 使用者量表各变量测量题项及参考来源**

| 潜在变量 | 观测变量 | | 参考来源 |
|---|---|---|---|
| 任务需求（TAS） | TAS1 | 通过获取别人共享的知识技能来帮我解决工作中的问题 | 刘琦和杜荣[188] |
| | TAS2 | 遇到困难时，通过获取别人共享的知识技能可以寻求建议 | |
| | TAS3 | 通过获取别人共享的知识技能能给我的工作带来帮助 | |
| | TAS4 | 通过获取别人共享的知识技能寻求完成某项任务的方法 | |
| 学习需求（LEA） | LEA1 | 通过获取别人共享的知识技能有助于我学习 | 刘琦和杜荣[188] |
| | LEA2 | 通过获取别人共享的知识技能来丰富我的知识储备 | |
| | LEA3 | 通过获取别人共享的知识技能有助于整理我的思想观点 | |
| | LEA4 | 通过获取别人共享的知识技能帮助我学到很多新的东西 | |
| 社交需求（SOC） | SOC1 | 我点赞/下载别人共享的知识技能是为了维持社交互动 | 耿瑞利和申静[201]；访谈 |
| | SOC2 | 我评论别人共享的知识技能是为了与他人建立或保持关系 | |
| | SOC3 | 我点赞/评论别人共享的知识技能是为了结交到新的朋友 | |
| 娱乐需求（ENT） | ENT1 | 我搜寻别人共享的知识技能是为了寻找乐趣 | 赵杨等[208]；访谈 |
| | ENT2 | 我搜寻别人共享的知识技能是为了好玩 | |
| | ENT3 | 平台中其他用户共享的信息让我觉得很有趣 | |
| | ENT4 | 我搜寻别人共享的知识技能是为了打发时间 | |
| 获取意愿（AW） | AW1 | 我愿意通过共享经济平台来获取别人的知识技能信息 | Pi 等[206]；访谈 |
| | AW2 | 相比向现实中的人寻求帮助我更喜欢自己动手在网络上获取帮助 | |
| | AW3 | 即使需要付费我也愿意在网络上获取知识技能信息 | |
| | AW4 | 遇到困难时我会想要在网络上提出问题寻求帮助 | |
| 获取行为（AB） | AB1 | 我经常在网络上获取别人共享的知识技能信息 | Choi 和 Kim[209]；访谈 |
| | AB2 | 我会主动在网络上搜寻别人共享的知识技能信息 | |
| | AB3 | 我经常在网络平台提出问题等待别人帮我解决 | |
| | AB4 | 我会主动收藏/下载我认为有价值的别人共享的知识技能信息 | |

由表 4-3 可知，在提供者参与知识技能型共享经济动机的研究量表中，一共有经济动机、利他动机、社交需求、地位需求、共享意愿、共享行为六个潜在变量。其中，提供者的经济动机、利他动机、社交需求、地位需求为自变量，共享意愿为中介变量，共享行为为因变量。每一个潜在变量又根据前人的相关研究和

访谈资料，设置了 3 个或 4 个观测变量来对其进行观测。①经济动机会影响提供者的共享意愿及共享行为，如“我共享我的知识技能是为了获取一定的金钱报酬”“我共享我的知识技能是为了增加自己的收入”“我共享我的知识技能是为了在平台中获取更多的金币”“我共享我的知识技能是为了获得一些货币等价物”。②利他动机会影响提供者的共享意愿及共享行为，如“我喜欢通过共享我的知识技能去帮助别人”“如果我共享的知识技能可以帮助到别人，我会觉得很棒”“如果我共享的知识技能能够帮助别人解决问题，我会很开心”“我希望我共享的知识技能可以帮助别人”。③社交需求会影响提供者的共享意愿及共享行为，如“我共享我的知识技能是为了维持社交互动”“我共享我的知识技能是为了认识更多的人”“我共享我的知识技能是为了结交到新的朋友”。④地位需求会影响提供者的共享意愿及共享行为，如“我共享我的知识技能是为了得到更多人的尊敬”“我共享我的知识技能是为了得到更多人的认可”“我共享我的知识技能是为了得到更多人的支持”。

由表 4-4 可知，在使用者参与知识技能型共享经济动机的研究量表中，也一共有任务需求、学习需求、社交需求、娱乐需求、获取意愿、获取行为六个潜在变量。其中，使用者的任务需求、学习需求、社交需求、娱乐需求为自变量，获取意愿为中介变量，获取行为为因变量。每一个潜在变量又根据前人的相关研究和访谈资料设置了 3 个或 4 个观测变量来对其进行观测。①任务需求会影响使用者的获取意愿及获取行为，如“通过获取别人共享的知识技能来帮我解决工作中的问题”“遇到困难时，通过获取别人共享的知识技能可以寻求建议”“通过获取别人共享的知识技能能给我的工作带来帮助”“通过获取别人共享的知识技能寻求完成某项任务的方法”。②学习需求会影响使用者的获取意愿及获取行为。如“通过获取别人共享的知识技能有助于我学习”“通过获取别人共享的知识技能来丰富我的知识储备”“通过获取别人共享的知识技能有助于整理我的思想观点”“通过获取别人共享的知识技能帮助我学到很多新的东西”。③社交需求会影响使用者的获取意愿及获取行为，如“我点赞/下载别人共享的知识技能是为了维持社交互动”“我评论别人共享的知识技能是为了与他人建立或保持关系”“我点赞/评论别人共享的知识技能是为了结交到新的朋友”。④娱乐需求会影响使用者的获取意愿及获取行为，如“我搜寻别人共享的知识技能是为了寻找乐趣”“我搜寻别人共享的知识技能是为了好玩”“平台中其他用户共享的信息让我觉得很有趣”“我搜寻别人共享的知识技能是为了打发时间”。

3. 问卷设计与数据收集

本部分通过问卷调查的方式来收集数据。在最终版问卷形成之前主要做了如下工作：第一阶段，大量阅读国内外有关知识技能型共享经济参与动机的相关文献，发现大多数研究并没有区分提供者与使用者，课题组商讨从区分提供者和使用者这一创新点切入；第二阶段，对技术接受模型理论、社会认知理论、理性行为理论及与知识技能型共享经济双边参与动机相关的文献进行研究梳理，并结合深度访谈资料，分别确定提供者参与知识技能型共享经济动机的四个维度和使用者参与知识技能型共享经济动机的四个维度；第三阶段，课题组通过多次头脑风暴并结合深度访谈资料，确定提供者和使用者参与动机的各潜变量的具体观测变量及题项设计；第四阶段，初步形成调查问卷的初稿，小范围地邀请身边参与过知识技能型共享经济的朋友进行填写，并请他们对问卷中存在歧义、表达不准确、意思不明白的地方进行批注，通过与他们进行讨论后，对有批注的地方进行修改。修改之后，再次邀请他们进行研讨，确保所有题项都能准确表达含义后，形成最终版调查问卷。

最终版调查问卷一共分为四个部分。第一部分主要是用来收集被调查者的基本信息及使用知识技能型共享经济平台的情况，一共包含七个观测变量。具体信息包括：性别、年龄、学历、职业类型、性格、所使用过的知识技能型共享经济平台有哪些？问卷第七题“对于知识技能型共享经济平台，您的使用状况如何”，是想了解被调查者在知识技能型共享经济平台中的使用情况。

接下来的问卷又根据对第七题的不同回答分为三个部分：对于选择“从来没有使用过”这一选项的被调查者，问卷会自动跳转至答题结束界面，提示被调查者答题结束，谢谢参与并提交答卷。此类问卷在后续分析中被判为无效问卷。对于选择“大部分时间作为知识技能信息提供者使用”这一选项的被调查者，其问卷会自动跳转至相对应的从提供者视角出发设计的提供者参与知识技能型共享经济动机的研究这一问卷（提供者卷）；对于选择“大部分时间作为知识技能信息使用者使用”这一选项的被调查者，其问卷会自动跳转至相对应的从使用者视角出发设计的使用者参与知识技能型共享经济动机的研究这一问卷（使用者卷）；对于选择“作为知识技能信息提供者和使用者的时间差不多”这一选项的被调查者，其问卷会自动跳转至相对应的既包含从提供者视角出发设计的提供者参与知识技能型共享经济动机的研究的问卷，又包含从使用者视角出发设计的使用者参与知识技能型共享经济动机的研究的问卷，也就是提供者卷和使用者卷的综合版（综合卷）。

其中，提供者卷包括研究提供者参与知识技能型共享经济动机的经济动机、利他动机、社交需求、地位需求、共享意愿、共享行为六个潜在变量的 22 个观测变量；使用者卷包括研究使用者参与知识技能型共享经济动机的任务需求、学习需求、娱乐需求、社交需求、获取意愿、获取行为六个潜在变量的 23 个观测变量。同理，综合卷的这一部分包括上述一共 45 个观测变量。

问卷的总发放时长约 4 个月，主要发放对象为一些知识技能型共享经济平台的用户，如知乎、猪八戒网、腾讯课堂、百度知道等的用户群体。问卷的发放途径有：一是在猪八戒网、知乎、新浪爱问、经管之家论坛上在线发放有偿作答问卷；二是在知乎 QQ 交流群、知乎微信交流群、百度知道 QQ 交流群、腾讯课堂 QQ 交流群等群内发布有偿作答问卷；三是邀请身边参与过知识技能共享的朋友进行有偿填写。此项“参与动机”专项研究，共发放问卷 685 份，剔除第七题选择“从来没有使用过”选项的无效问卷和答案重复的问卷外，共收集有效问卷 616 份。问卷的有效回收率约 90%，其中，提供者视角的有效问卷为 312 份（提供者卷 170 份和综合卷 142 份）；使用者视角的有效问卷为 446 份（使用者卷 304 份和综合卷 142 份）。

本部分的实证分析首先是对研究数据进行描述性统计分析、信效度检验，其次运用结构方程模型检验双边参与者（提供者与使用者）的参与动机和参与行为、参与意愿的关系，参与意愿和参与行为的关系，以及参与意愿在参与动机和参与行为关系间的中介作用。

本部分的中介效应检验采用逐步检验法。逐步检验法是检验中介效应的方法中被运用最多的方法[210]，主要包括以下三个步骤：第一步，因变量对自变量做回归，检验方程（$Y = cX + e_1$）的回归系数 $c$ 是否显著；第二步，中介变量对自变量做回归，检验方程（$M = aX + e_2$）的回归系数 $a$ 是否显著；第三步，因变量同时对中介变量和自变量做回归，检验方程（$Y = c'X + bM + e_3$）的中介变量回归系数 $b$ 是否显著和自变量的回归系数 $c'$ 是否显著[207]。其判断准则为：①当回归系数 $c$、$a$、$b$、$c'$ 均显著时，说明中介变量起部分中介作用；②当回归系数 $c$、$a$、$b$ 均显著，同时回归系数 $c'$ 不显著时，说明中介变量起完全中介作用[207]。

## 4.2　知识技能型共享经济双边参与动机实证研究

### 4.2.1　样本的描述性统计分析

本次调查采用问卷调查的形式，以在知识技能型共享经济平台中参与知识共享的用户群体为调查对象，问卷分为知识提供者和知识使用者两个版本。此次调查共回收有效问卷 616 份，其中，提供者问卷 312 份，使用者问卷 446 份。需说明的是，在参与知识技能共享经济平台知识共享的用户中，有 142 名用户既是知识提供者，也是知识使用者。

本节运用 SPSS 21.0 对有效问卷的基本信息进行描述性统计分析，具体分析见表 4-5。

**表 4-5　样本结构分析**

| 问题 | 选项 | 数量 | 占比 | 问题 | 选项 | 数量 | 占比 |
|---|---|---|---|---|---|---|---|
| 性别 | 男 | 291 | 47.24% | 所使用过的知识技能型共享经济平台 | 猪八戒网 | 74 | 12.01% |
| | 女 | 325 | 52.76% | | 知乎 | 559 | 90.75% |
| 年龄 | 18 岁及以下 | 14 | 2.27% | | 创意牛 | 32 | 5.19% |
| | 19～27 岁 | 395 | 64.12% | | 百度知道 | 596 | 96.75% |
| | 28～35 岁 | 140 | 22.73% | | 豆丁网 | 298 | 48.38% |
| | 36～45 岁 | 44 | 7.14% | | 春雨医生 | 117 | 18.99% |
| | 45 岁以上 | 23 | 3.73% | | 分答 | 112 | 18.18% |
| 学历 | 高中及以下 | 56 | 9.09% | | 丁香园 | 137 | 22.24% |
| | 大专或本科 | 314 | 50.97% | | 大众菜谱网 | 46 | 7.47% |
| | 硕博研究生 | 246 | 39.94% | | 蜻蜓 FM | 224 | 36.36% |
| 职业类型 | 教育咨询类从业人员 | 56 | 9.09% | | 得到 | 96 | 15.58% |
| | 经济管理类从业人员 | 72 | 11.69% | | 喜马拉雅 | 306 | 49.68% |
| | 餐饮类从业人员 | 45 | 7.31% | | 今日头条 | 363 | 58.93% |
| | 信息传输、计算机服务和软件类从业人员 | 20 | 3.25% | | 经管之家 | 103 | 16.72% |
| | 医疗类从业人员 | 20 | 3.25% | | 百度文库 | 544 | 88.31% |
| | 土木建筑类从业人员 | 33 | 5.36% | | 新浪爱问 | 114 | 18.51% |
| | 制造业从业人员 | 17 | 2.76% | | 上述之外的其他 | 14 | 2.27% |
| | 电力、燃气及水的生产和供应业从业人员 | 16 | 2.60% | 性格 | 内向 | 218 | 35.39% |
| | 交通运输、物流和邮政业从业人员 | 17 | 2.76% | | 外向 | 184 | 29.87% |
| | 农林牧渔业从业人员 | 30 | 4.87% | | 有时内向有时外向 | 214 | 34.74% |
| | 在校本科生 | 151 | 24.51% | 对于知识技能型共享经济平台，您的使用状况如何 | 大部分时间作为知识技能信息使用者使用 | 304 | 49.35% |
| | 在校硕博生 | 119 | 19.32% | | 大部分时间作为知识技能信息提供者使用 | 170 | 27.60% |
| | 上述之外的其他 | 20 | 3.25% | | 作为知识技能信息提供者和使用者的时间差不多 | 142 | 23.05% |

由表 4-5 可知，从性别构成来看，所调查的对象中男性占比 47.24%，女性占比 52.76%，男女比例相差不大；从年龄构成来看，所调查的对象中年龄分布主要集中在 19～27 岁，占比 64.12%；从受教育程度来看，所调查对象的学历层次是高中及以下占比 9.09%、大专或本科占比 50.97%、硕博研究生占比 39.94%。所调查的对象的职业分布中在校本科生和在校硕博生居多，分别占比 24.51%和 19.32%，另外经济管理类从业人员占比 11.69%、教育咨询类从业人员占比 9.09%、餐饮类从业人员占比 7.31%、土木建筑类从业人员占比 5.36%、农林牧渔业从业人员占比 4.87%，医疗类、计算机类、制造业类、交通运输类、电力燃气类、上述之外的其他类占比相差不大，均在 3%左右；所调查的对象中大部分人熟知的知识技能型共享经济平台为百度知道、知乎、百度文库、今日头条、喜马拉雅、豆丁网等；在性格方面，所调查对象的各种性格占比差异不大。由此可知，此次问卷的调查对象分布范围广泛，具有一定的普适性。

根据用户在参与知识技能型共享经济平台知识共享过程中所扮演的角色的不同，我们可以将用户的参与行为大致划分为知识技能信息提供者和知识技能信息使用者两类。调查发现，参与问卷调查的 616 名用户无一例外，均参与到社交网络的知识共享过程中。通过表 4-5 可以看出，用户在参与知识技能型共享经济平台知识共享的过程中，“大部分时间作为知识技能信息使用者使用”的占比最高（49.35%），“大部分时间作为知识技能信息提供者使用”的比例次之（27.60%），“作为知识技能信息提供者和使用者的时间差不多”的用户最少（23.05%）。综上，用户在参与社交网络知识共享中，扮演提供者角色的用户占 50.65%，扮演使用者角色的用户则占 72.40%，而既扮演提供者又扮演使用者的用户仅占 23.05%。

### 4.2.2　信度与效度分析

为了评估本次调查样本的可靠程度，需要对样本数据进行信度检验和效度检验，只有通过信效度检验的数据才能进行结构方程模型的构建与分析，且由此得出的结果才是真实可靠的。

1. 信度分析

信度用来衡量样本数据的可靠性、稳定性和一致性[211]。在对数据进行后面的实证分析之前，先要检验问卷的信度，信度越高，则认为数据的稳定性和一致性越好。目前，学界广泛采用 Cronbach's $\alpha$ 信度系数进行信度分析。一般而言，潜变量的 Cronbach's $\alpha$ 系数越接近 1，说明其信度越高。学界公认以 0.7 作为评价标准，当 Cronbach's $\alpha$ 系数大于 0.7 时，认为该潜变量的观测题项是可以被接受的，并且一般还要满足校正的项总计相关系数（corrected item-total correlation，CITC）

大于 0.35，才认为此时数据是稳定的、可靠的和一致的。本部分运用 SPSS 21.0 对数据进行信度分析，分析结果如表 4-6 和表 4-7 所示。

**表 4-6　提供者量表各测量题项信度分析统计结果**

| 潜变量 | 观测变量 | CITC | 删除该题项后的 Cronbach's $\alpha$ 值 | Cronbach's $\alpha$ 值 |
|---|---|---|---|---|
| 经济动机（ECO） | ECO1 | 0.677 | 0.816 | 0.851 |
| | ECO2 | 0.645 | 0.829 | |
| | ECO3 | 0.781 | 0.770 | |
| | ECO4 | 0.660 | 0.823 | |
| 利他动机（ALT） | ALT1 | 0.632 | 0.831 | 0.847 |
| | ALT2 | 0.753 | 0.776 | |
| | ALT3 | 0.718 | 0.793 | |
| | ALT4 | 0.644 | 0.823 | |
| 社交需求（SOC） | SOC1 | 0.636 | 0.794 | 0.819 |
| | SOC2 | 0.721 | 0.710 | |
| | SOC3 | 0.670 | 0.752 | |
| 地位需求（STA） | STA1 | 0.687 | 0.838 | 0.857 |
| | STA2 | 0.786 | 0.745 | |
| | STA3 | 0.718 | 0.811 | |
| 共享意愿（SW） | SW1 | 0.728 | 0.838 | 0.873 |
| | SW2 | 0.729 | 0.838 | |
| | SW3 | 0.673 | 0.859 | |
| | SW4 | 0.786 | 0.814 | |
| 共享行为（SB） | SB1 | 0.865 | 0.862 | 0.912 |
| | SB2 | 0.781 | 0.893 | |
| | SB3 | 0.747 | 0.904 | |
| | SB4 | 0.809 | 0.883 | |

**表 4-7　使用者量表各测量题项信度分析统计结果**

| 潜变量 | 观测变量 | CITC | 删除该题项后的 Cronbach's $\alpha$ 值 | Cronbach's $\alpha$ 值 |
|---|---|---|---|---|
| 任务需求（TAS） | TAS1 | 0.697 | 0.831 | 0.863 |
| | TAS2 | 0.706 | 0.828 | |
| | TAS3 | 0.786 | 0.794 | |
| | TAS4 | 0.657 | 0.846 | |

续表

| 潜变量 | 观测变量 | CITC | 删除该题项后的 Cronbach's $\alpha$ 值 | Cronbach's $\alpha$ 值 |
|---|---|---|---|---|
| 学习需求（LEA） | LEA1 | 0.629 | 0.813 | 0.838 |
| | LEA2 | 0.781 | 0.744 | |
| | LEA3 | 0.656 | 0.802 | |
| | LEA4 | 0.620 | 0.817 | |
| 社交需求（SOC） | SOC1 | 0.662 | 0.735 | 0.809 |
| | SOC2 | 0.603 | 0.803 | |
| | SOC3 | 0.718 | 0.779 | |
| 娱乐需求（ENT） | ENT1 | 0.750 | 0.822 | 0.868 |
| | ENT2 | 0.662 | 0.854 | |
| | ENT3 | 0.802 | 0.797 | |
| | ENT4 | 0.680 | 0.851 | |
| 获取意愿（AW） | AW1 | 0.757 | 0.856 | 0.888 |
| | AW2 | 0.794 | 0.841 | |
| | AW3 | 0.739 | 0.862 | |
| | AW4 | 0.734 | 0.865 | |
| 获取行为（AB） | AB1 | 0.794 | 0.920 | 0.929 |
| | AB2 | 0.848 | 0.902 | |
| | AB3 | 0.820 | 0.912 | |
| | AB4 | 0.873 | 0.894 | |

从表 4-6 中的数据可以看出，本部分中经济动机、利他动机、社交需求、地位需求、共享意愿、共享行为各变量的 Cronbach's $\alpha$ 信度系数均在 0.7 以上，且其 CITC 均在 0.6 以上，满足信度检验的要求，说明测量模型的各变量都具有较高的信度，不需要删除相关变量的题项，具有较高的内部可靠性、一致性和稳定性[201]。

从表 4-7 中的数据可以看出，本部分中任务需求、学习需求、社交需求、娱乐需求、获取意愿、获取行为各变量的 Cronbach's $\alpha$ 信度系数均在 0.7 以上，且其 CITC 均在 0.6 以上，满足信度检验的要求，说明测量模型的各变量都具有较高的信度，不需要删除相关变量的题项。

2. 效度分析

效度是指测量指标能够真正有效地测量出所要衡量的事物的程度，可以从内容效度和构建效度两个指标来进行评价。

内容效度是一个主观的评价指标，用来衡量量表内容是否能够充分有效地涵盖研究所需。在本部分的最终版问卷形成之前，我们阅读参考了大量国内外文献，参考相关研究的成熟量表，多次与导师、课题组成员进行探讨，并结合深度访谈资料形成初稿后，小范围邀请身边参与过知识技能型共享经济的朋友进行填写。请他们对初稿问卷中存在歧义、表达不准确、意思不明白的地方进行批注，通过与他们进行讨论后，对有批注的地方进行修改或调整。修整之后，再次邀请他们进行试填并研讨，确保所有题项都能准确表达含义后，形成最终版调查问卷。因此，可以认定本问卷的内容效度符合要求。

构建效度是用来衡量所设计的量表是否能够准确地反映潜在变量的程度，主要通过区分效度和聚合效度来检验。构建效度的检验主要包括探索性因子分析（exploratory factor analysis，EFA）、验证性因子分析（confirmatory factor analysis，CFA）和区分效度检验。本部分采用 SPSS 21.0 和 AMOS 21.0 分别对样本数据进行EFA和CFA，并结合各潜变量的平均方差抽取（average variance extracted，AVE）值和组合信度（composite reliability，CR）来进行效度检验。本部分的区分效度检验运用 AVE 法，通过比较 AVE 值的平方根与相关系数的大小进行判定，当每一个潜在变量的 AVE 值的平方根均大于其与其他潜在变量的相关系数时，认为各潜变量区分效度较好。

1）EFA

EFA 用来检验各个测度题项之间的相关程度，以及其是否可以合并为一个因子。本部分采用 SPSS 21.0 来进行 EFA，主要包括：先对数据进行 KMO（Kaiser-Meyer-Olkin）检验和 Bartlett 球形检验，当其 KMO 值大于 0.7 时，再通过主成分分析法，按照特征值大于 1 抽取因子数目，并按最大方差法进行旋转，生成旋转后的因子载荷矩阵。

A. 提供者参与知识技能型共享经济动机的 EFA

提供者参与知识技能型共享经济动机的 EFA 结果如表 4-8～表 4-10 所示。

**表 4-8　KMO 检验和 Bartlett 球形检验（一）**

| 检验 | | 测度值 |
|---|---|---|
| KMO 检验 | | 0.895 |
| Bartlett 球形检验 | 近似卡方 | 4410.172 |
| | df（自由度） | 231 |
| | Sig.（显著性水平） | 0.000 |

**表 4-9　解释的总方差（一）**

| 成分 | 初始特征值 | | | 提取平方和载入 | | | 旋转平方和载入 | | |
|---|---|---|---|---|---|---|---|---|---|
| | 合计 | 方差贡献率 | 累计贡献率 | 合计 | 方差贡献率 | 累计贡献率 | 合计 | 方差贡献率 | 累计贡献率 |
| 1 | 8.990 | 40.863% | 40.863% | 8.990 | 40.863% | 40.863% | 3.118 | 14.173% | 14.173% |
| 2 | 2.346 | 10.664% | 51.527% | 2.346 | 10.664% | 51.527% | 2.938 | 13.357% | 27.529% |
| 3 | 1.607 | 7.305% | 58.831% | 1.607 | 7.305% | 58.831% | 2.838 | 12.901% | 40.430% |
| 4 | 1.305 | 5.930% | 64.761% | 1.305 | 5.930% | 64.761% | 2.661 | 12.094% | 52.524% |
| 5 | 1.229 | 5.587% | 70.348% | 1.229 | 5.587% | 70.348% | 2.503 | 11.377% | 63.902% |
| 6 | 0.970 | 4.411% | 74.759% | 0.970 | 4.411% | 74.759% | 2.389 | 10.857% | 74.759% |
| 7 | 0.634 | 2.883% | 77.641% | | | | | | |
| 8 | 0.585 | 2.657% | 80.299% | | | | | | |
| 9 | 0.530 | 2.409% | 82.708% | | | | | | |
| 10 | 0.485 | 2.203% | 84.911% | | | | | | |
| 11 | 0.461 | 2.096% | 87.007% | | | | | | |
| 12 | 0.441 | 2.002% | 89.009% | | | | | | |
| 13 | 0.384 | 1.744% | 90.753% | | | | | | |
| 14 | 0.323 | 1.468% | 92.221% | | | | | | |
| 15 | 0.275 | 1.252% | 93.472% | | | | | | |
| 16 | 0.262 | 1.192% | 94.665% | | | | | | |
| 17 | 0.256 | 1.162% | 95.827% | | | | | | |
| 18 | 0.206 | 0.936% | 96.763% | | | | | | |
| 19 | 0.198 | 0.900% | 97.663% | | | | | | |
| 20 | 0.193 | 0.876% | 98.539% | | | | | | |
| 21 | 0.164 | 0.747% | 99.285% | | | | | | |
| 22 | 0.157 | 0.715% | 100% | | | | | | |

注：提取方法是主成分分析法

**表 4-10　旋转成分矩阵 *a*（一）**

| 变量 | 因子 | 成分 | | | | | |
|---|---|---|---|---|---|---|---|
| | | 1 | 2 | 3 | 4 | 5 | 6 |
| ECO | ECO1 | 0.203 | 0.083 | **0.807** | 0.084 | 0.030 | 0.174 |
| | ECO2 | 0.143 | 0.174 | **0.700** | 0.246 | 0.286 | 0.018 |
| | ECO3 | 0.291 | 0.028 | **0.764** | 0.231 | 0.171 | 0.206 |
| | ECO4 | 0.138 | 0.107 | **0.706** | 0.264 | 0.055 | 0.234 |
| SOC | SOC1 | 0.143 | −0.041 | 0.177 | 0.202 | 0.121 | **0.769** |
| | SOC2 | 0.201 | 0.028 | 0.260 | 0.221 | 0.149 | **0.771** |
| | SOC3 | 0.132 | 0.143 | 0.100 | 0.140 | 0.017 | **0.835** |
| STA | STA1 | 0.137 | 0.105 | 0.162 | 0.078 | **0.817** | 0.183 |
| | STA2 | 0.143 | 0.095 | 0.088 | 0.265 | **0.848** | 0.126 |
| | STA3 | 0.264 | 0.205 | 0.136 | 0.183 | **0.773** | −0.035 |
| ALT | ALT1 | 0.159 | **0.741** | 0.063 | 0.152 | 0.137 | −0.016 |
| | ALT2 | 0.082 | **0.856** | 0.012 | 0.065 | 0.225 | −0.015 |
| | ALT3 | 0.156 | **0.845** | 0.119 | 0.061 | −0.055 | 0.084 |
| | ALT4 | 0.152 | **0.750** | 0.128 | 0.110 | 0.095 | 0.105 |
| SW | SW1 | 0.215 | 0.089 | 0.262 | **0.678** | 0.266 | 0.263 |
| | SW2 | 0.305 | 0.214 | 0.294 | **0.663** | 0.115 | 0.197 |
| | SW3 | 0.224 | 0.196 | 0.185 | **0.651** | 0.207 | 0.275 |
| | SW4 | 0.200 | 0.091 | 0.211 | **0.843** | 0.156 | 0.135 |
| SB | SB1 | **0.833** | 0.205 | 0.191 | 0.187 | 0.185 | 0.143 |
| | SB2 | **0.774** | 0.229 | 0.205 | 0.200 | 0.175 | 0.139 |
| | SB3 | **0.740** | 0.116 | 0.146 | 0.219 | 0.253 | 0.210 |
| | SB4 | **0.785** | 0.190 | 0.293 | 0.224 | 0.079 | 0.145 |

注：提取方法为主成分分析法；加粗文字表示识别出的六个因子的因子载荷大于 0.5 的数值

表 4-8 的检验结果显示，提供者参与知识技能型共享经济动机的问卷的量表 KMO 检验值为 0.895，大于学界公认的 0.7 的评价标准，且 Bartlett 球形检验显著性水平为 0.000，拒绝原假设，说明了样本数据之间不是相互独立的，故认为该量表适合做因子分析。

由表 4-9 的数据可知，累计方差贡献率为 74.759%，大于 60%评价标准，故可以认为从提供者参与知识技能型共享经济动机的量表中提取的六个因子信息比较充分，整体效果较好。另外，提供者参与知识技能型共享经济动机的各测度指标的旋转成分矩阵 $a$ 如表 4-10 所示，识别出的六个因子的因子载荷均大于 0.5 的最低标准，说明其观测变量能够较好地解释其潜在变量。

B. 使用者参与知识技能型共享经济动机的 EFA

由表 4-11 的检验结果可以看出，使用者参与知识技能型共享经济动机的问卷量表的 KMO 检验值为 0.902，大于学术界公认的 0.7 的评价标准，且 Bartlett 球形检验拒绝原假设（显著性水平为 0.000），说明了样本数据之间不是相互独立的，故认为该量表适合做因子分析。

**表 4-11　KMO 检验和 Bartlett 球形检验（二）**

| 检验 | | 测度值 |
|---|---|---|
| KMO 检验 | | 0.902 |
| Bartlett 球形检验 | 近似卡方 | 6598.726 |
| | df（自由度） | 253 |
| | Sig.（显著性水平） | 0.000 |

另外，由表 4-12 和表 4-13 可知，使用者参与知识技能共享型经济动机的各测度指标的旋转成分矩阵 $a$，一共识别出六个因子，且其因子载荷均大于 0.5 的最低标准。累计方差贡献率为 74.296%，大于 60%评价标准，故可以认为使用者参与知识技能共享型经济动机的量表中提取的六个因子信息比较充分，且其观测变量能够较好地解释其潜在变量，整体效果较好。

**表 4-12　解释的总方差（二）**

| 成分 | 初始特征值 | | | 提取平方和载入 | | | 旋转平方和载入 | | |
|---|---|---|---|---|---|---|---|---|---|
| | 合计 | 方差贡献率 | 累计贡献率 | 合计 | 方差贡献率 | 累计贡献率 | 合计 | 方差贡献率 | 累计贡献率 |
| 1 | 8.859 | 38.516% | 38.516% | 8.859 | 38.516% | 38.516% | 3.282 | 14.271% | 14.271% |
| 2 | 2.578 | 11.207% | 49.723% | 2.578 | 11.207% | 49.723% | 3.072 | 13.355% | 27.626% |
| 3 | 1.897 | 8.249% | 57.972% | 1.897 | 8.249% | 57.972% | 3.022 | 13.138% | 40.764% |
| 4 | 1.475 | 6.412% | 64.384% | 1.475 | 6.412% | 64.384% | 2.797 | 12.160% | 52.924% |
| 5 | 1.274 | 5.538% | 69.922% | 1.274 | 5.538% | 69.922% | 2.675 | 11.629% | 64.553% |
| 6 | 1.006 | 4.375% | 74.296% | 1.006 | 4.375% | 74.296% | 2.241 | 9.744% | 74.296% |
| 7 | 0.683 | 2.969% | 77.265% | | | | | | |

续表

| 成分 | 初始特征值 | | | 提取平方和载入 | | | 旋转平方和载入 | | |
|---|---|---|---|---|---|---|---|---|---|
| | 合计 | 方差贡献率 | 累计贡献率 | 合计 | 方差贡献率 | 累计贡献率 | 合计 | 方差贡献率 | 累计贡献率 |
| 8 | 0.591 | 2.571% | 79.836% | | | | | | |
| 9 | 0.497 | 2.162% | 81.998% | | | | | | |
| 10 | 0.463 | 2.015% | 84.013% | | | | | | |
| 11 | 0.441 | 1.917% | 85.930% | | | | | | |
| 12 | 0.427 | 1.856% | 87.786% | | | | | | |
| 13 | 0.401 | 1.745% | 89.531% | | | | | | |
| 14 | 0.353 | 1.536% | 91.067% | | | | | | |
| 15 | 0.324 | 1.410% | 92.476% | | | | | | |
| 16 | 0.294 | 1.277% | 93.753% | | | | | | |
| 17 | 0.254 | 1.103% | 94.855% | | | | | | |
| 18 | 0.234 | 1.018% | 95.873% | | | | | | |
| 19 | 0.221 | 0.962% | 96.836% | | | | | | |
| 20 | 0.199 | 0.866% | 97.702% | | | | | | |
| 21 | 0.197 | 0.858% | 98.559% | | | | | | |
| 22 | 0.18 | 0.785% | 99.344% | | | | | | |
| 23 | 0.151 | 0.656% | 100% | | | | | | |

注：提取方法是主成分分析法

**表 4-13　旋转成分矩阵 *a*（二）**

| 变量 | 因子 | 成分 | | | | | |
|---|---|---|---|---|---|---|---|
| | | 1 | 2 | 3 | 4 | 5 | 6 |
| TAS | TAS1 | 0.189 | 0.010 | **0.782** | 0.217 | 0.051 | 0.075 |
| | TAS2 | 0.154 | 0.060 | **0.814** | 0.111 | 0.092 | 0.087 |
| | TAS3 | 0.196 | 0.043 | **0.815** | 0.200 | 0.215 | 0.061 |
| | TAS4 | 0.147 | 0.102 | **0.744** | 0.121 | 0.233 | 0.027 |
| LEA | LEA1 | 0.286 | 0.166 | 0.166 | 0.211 | **0.660** | 0.084 |
| | LEA2 | 0.308 | 0.094 | 0.231 | 0.216 | **0.758** | 0.102 |
| | LEA3 | 0.173 | 0.178 | 0.102 | 0.117 | **0.794** | 0.063 |
| | LEA4 | 0.102 | −0.014 | 0.184 | 0.397 | **0.669** | 0.076 |

续表

| 变量 | 因子 | 成分 | | | | | |
|---|---|---|---|---|---|---|---|
| | | 1 | 2 | 3 | 4 | 5 | 6 |
| ENT | ENT1 | 0.112 | **0.838** | 0.056 | 0.092 | 0.143 | −0.023 |
| | ENT2 | 0.147 | **0.786** | 0.092 | 0.082 | 0.110 | 0.048 |
| | ENT3 | 0.113 | **0.884** | 0.012 | 0.141 | 0.039 | −0.011 |
| | ENT4 | 0.129 | **0.776** | 0.039 | 0.207 | 0.064 | −0.032 |
| SOC | SOC1 | 0.011 | 0.043 | −0.064 | 0.131 | 0.046 | **0.818** |
| | SOC2 | 0.058 | −0.031 | 0.152 | 0.070 | 0.068 | **0.869** |
| | SOC3 | 0.120 | −0.034 | 0.125 | 0.045 | 0.104 | **0.832** |
| AW | AW1 | 0.247 | 0.235 | 0.203 | **0.757** | 0.185 | 0.074 |
| | AW2 | 0.243 | 0.201 | 0.238 | **0.769** | 0.208 | 0.092 |
| | AW3 | 0.287 | 0.232 | 0.208 | **0.655** | 0.271 | 0.184 |
| | AW4 | 0.225 | 0.123 | 0.185 | **0.725** | 0.289 | 0.088 |
| AB | AB1 | **0.778** | 0.123 | 0.249 | 0.210 | 0.205 | 0.080 |
| | AB2 | **0.815** | 0.149 | 0.204 | 0.238 | 0.236 | 0.058 |
| | AB3 | **0.785** | 0.214 | 0.203 | 0.224 | 0.220 | 0.076 |
| | AB4 | **0.851** | 0.178 | 0.171 | 0.217 | 0.194 | 0.064 |

注：提取方法为主成分分析法；加粗文字表示识别出的六个因子的因子载荷大于 0.5 的数值

2）CFA

本部分采用 AMOS 21.0 来对各个潜在变量的测度题项进行 CFA，并结合潜在变量的 CR 和 AVE 值来进行测度。评判标准为各因素的因子载荷大于 0.5 且小于 0.95，同时 CR 大于 0.7 且 AVE 值大于 0.5，此时，则说明测度题项具有较好的收敛度。进行 CFA，先需要构建 CFA 模型，根据各拟合指标来验证其收敛效度。借鉴目前学界比较认可的标准，本部分所采用的评价模型拟合度的检验指标及检验标准如表 4-14 所示。

**表 4-14　模型拟合度检验指标及检验标准值**

| 类型 | 模型拟合统计值 | 适配的标准或临界值 |
|---|---|---|
| 简约拟合指数 | 卡方与自由度的比值（$\chi^2$/df） | 小于 3 优良；小于 5 可接受 |
| 绝对拟合指数 | 拟合优度指数（GFI） | 大于 0.8 可接受；大于 0.9 优良 |
| | 调整的拟合优度指数（AGFI） | 大于 0.8 可接受；大于 0.9 优良 |

续表

| 类型 | 模型拟合统计值 | 适配的标准或临界值 |
|---|---|---|
| 绝对拟合指数 | 残差均方根（RMR） | 小于 0.05 优良；小于 0.08 可接受 |
| | 近似误差均方根（RMSEA） | 小于 0.08 良好；小于 0.1 可接受 |
| 相对拟合指数 | 规范拟合指数（NFI） | 大于等于 0.9 |
| | 比较拟合指数（CFI） | 大于 0.8 可接受；大于 0.9 优良 |
| | 增值拟合指数（IFI） | 大于 0.9 |

注：GFI 的全称为 goodness-of-fit index；AGFI 的全称为 adjusted goodness-of-fit index；RMR 的全称为 root mean square residual；RMSEA 的全称为 root mean square error of approximation；NFI 的全称为 normed fit index；CFI 的全称为 comparative fit index；IFI 的全称为 incremental fit index

A. 提供者的知识技能共享动机的 CFA

对提供者参与知识技能型共享经济共享动机进行划分，分为经济动机（ECO）、利他动机（ALT）、社交需求（SOC）、地位需求（STA）四个维度，每个维度用 3 个或 4 个题项来进行测度，如图 4-3 所示。执行 CFA 后，由表 4-15 和表 4-16 可以看出，提供者共享动机的所有测项在对应潜在变量的因子载荷上均大于 0.5 且小于 0.95；CR 均大于 0.7，AVE 值均大于 0.5；$\chi^2$/df 为 3.188；GFI 为 0.908；AGFI 为 0.864；CFI 为 0.928；RMR 为 0.026；RMSEA 为 0.084；NFI 为 0.900；IFI 为 0.929，符合各项拟合指标要求。以上分析说明本部分的提供者共享动机的测量模型结构效度较为合理。

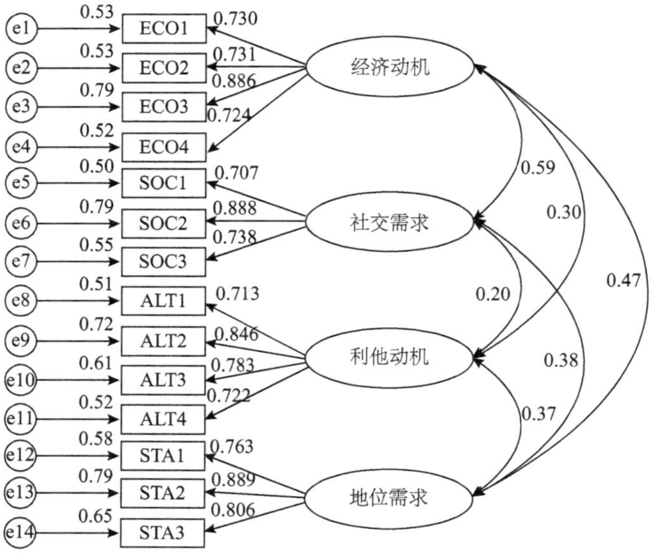


图 4-3　CFA 模型——提供者的知识技能共享动机

**表 4-15　CFA 模型拟合指标——提供者的知识技能共享动机**

| 指标 | $\chi^2$/df | GFI | AGFI | CFI | RMR | RMSEA | NFI | IFI |
|---|---|---|---|---|---|---|---|---|
| 结果 | 3.188 | 0.908 | 0.864 | 0.928 | 0.026 | 0.084 | 0.900 | 0.929 |

**表 4-16　CFA 结果——提供者的知识技能共享动机**

| 观测变量 | 路径 | 潜变量 | 标准化估计值 | 非标准化估计值 | 标准误差 | C.R.（$t$ 值） | $p$ | CR | AVE |
|---|---|---|---|---|---|---|---|---|---|
| ECO1 | ← | 经济动机 | 0.730 | 0.825 | 0.057 | 14.361 | *** | 0.813 | 0.618 |
| ECO2 | ← | 经济动机 | 0.731 | 0.804 | 0.056 | 14.393 | *** | | |
| ECO3 | ← | 经济动机 | 0.886 | 1.000 | | | | | |
| ECO4 | ← | 经济动机 | 0.724 | 0.804 | 0.057 | 14.216 | *** | | |
| SOC1 | ← | 社交需求 | 0.707 | 1.000 | | | | 0.824 | 0.611 |
| SOC2 | ← | 社交需求 | 0.888 | 1.072 | 0.085 | 12.623 | *** | | |
| SOC3 | ← | 社交需求 | 0.738 | 0.967 | 0.083 | 11.709 | *** | | |
| ALT1 | ← | 利他动机 | 0.713 | 0.874 | 0.067 | 13.084 | *** | 0.851 | 0.613 |
| ALT2 | ← | 利他动机 | 0.846 | 1.000 | | | | | |
| ALT3 | ← | 利他动机 | 0.783 | 0.864 | 0.059 | 14.528 | *** | | |
| ALT4 | ← | 利他动机 | 0.722 | 0.820 | 0.062 | 13.270 | *** | | |
| STA1 | ← | 地位需求 | 0.763 | 1.000 | | | | 0.861 | 0.674 |
| STA2 | ← | 地位需求 | 0.889 | 1.173 | 0.079 | 14.840 | *** | | |
| STA3 | ← | 地位需求 | 0.806 | 1.073 | 0.076 | 14.102 | *** | | |

注：C.R.（critical ratio）指临界比

***表示 $p$<0.001

B. 提供者的知识技能共享意愿的 CFA

提供者的知识技能共享意愿的 CFA 模型如图 4-4 所示，各拟合指标结果如表 4-17 所示，其中，$\chi^2$/df 为 3.575；GFI 为 0.989；AGFI 为 0.974；CFI 为 0.992；RMR 为 0.007；RMSEA 为 0.091；NFI 为 0.989；IFI 为 0.992。另外，如表 4-18 所示，提供者的知识技能共享意愿的各题项的因子载荷值均为 0.5～0.95，符合要求，CFA 模型的组成信度 CR 值为 0.875，大于 0.7；AVE 值为 0.597，大于 0.5，说明提供者的知识技能共享意愿测量模型具有良好的结构效度。

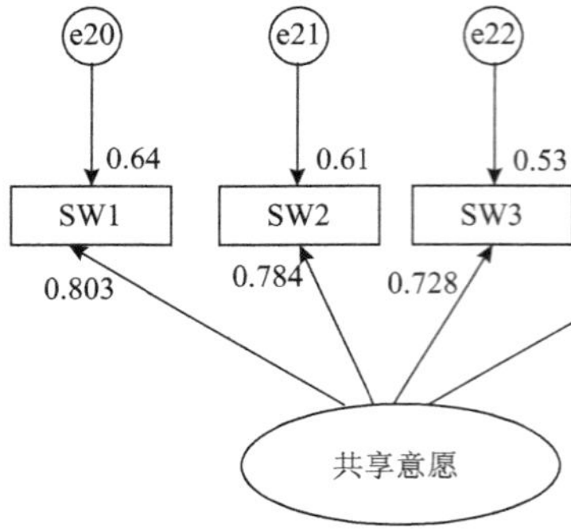


图 4-4　CFA 模型——提供者的知识技能共享意愿

**表 4-17　CFA 模型拟合指标——提供者的知识技能共享意愿**

| 指标 | $\chi^2$/df | GFI | AGFI | CFI | RMR | RMSEA | NFI | IFI |
|---|---|---|---|---|---|---|---|---|
| 结果 | 3.575 | 0.989 | 0.974 | 0.992 | 0.007 | 0.091 | 0.989 | 0.992 |

**表 4-18　CFA 结果——提供者的知识技能共享意愿**

| 观测变量 | 路径 | 潜变量 | 标准化估计值 | 非标准化估计值 | 标准误差 | C.R.（$t$ 值） | $p$ | CR | AVE |
|---|---|---|---|---|---|---|---|---|---|
| SW1 | ← | 共享意愿 | 0.803 | 1.000 | | | | 0.875 | 0.597 |
| SW2 | ← | 共享意愿 | 0.784 | 1.018 | 0.070 | 14.603 | *** | | |
| SW3 | ← | 共享意愿 | 0.728 | 0.940 | 0.070 | 13.359 | *** | | |
| SW4 | ← | 共享意愿 | 0.869 | 1.177 | 0.073 | 16.168 | *** | | |

***表示 $p<0.001$

C. 提供者的知识技能共享行为的 CFA

提供者的知识技能共享行为的 CFA 模型如图 4-5 所示，各拟合指标结果如表 4-19 所示，其中，$\chi^2$/df 为 1.575；GFI 为 0.998；AGFI 为 0.990；CFI 为 1.000；RMR 为 0.002；RMSEA 为 0.005；NFI 为 0.999；IFI 为 1.000。另外，如表 4-20 所示，提供者的知识技能共享行为的各题项的因子载荷值均为 0.5～0.95，符合要求，CFA 模型的组成信度 CR 值为 0.923，大于 0.7；AVE 值为 0.742，大于 0.5，说明提供者参与知识技能型共享经济的共享行为测量模型具有良好的结构效度。

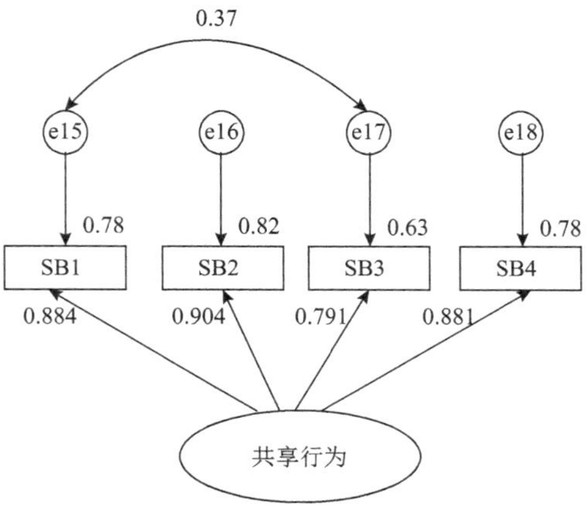


图 4-5　CFA 模型——提供者的知识技能共享行为

**表 4-19　CFA 模型拟合指标——提供者的知识技能共享行为**

| 指标 | $\chi^2$/df | GFI | AGFI | CFI | RMR | RMSEA | NFI | IFI |
|---|---|---|---|---|---|---|---|---|
| 结果 | 1.575 | 0.998 | 0.990 | 1.000 | 0.002 | 0.005 | 0.999 | 1.000 |

**表 4-20　CFA 结果——提供者的知识技能共享行为**

| 观测变量 | 路径 | 潜变量 | 标准化估计值 | 非标准化估计值 | 标准误差 | C.R.（$t$ 值） | $p$ | CR | AVE |
|---|---|---|---|---|---|---|---|---|---|
| SB1 | ← | 共享行为 | 0.884 | 1.000 | | | | 0.923 | 0.742 |
| SB2 | ← | 共享行为 | 0.904 | 0.985 | 0.045 | 22.041 | *** | | |
| SB3 | ← | 共享行为 | 0.791 | 0.864 | 0.039 | 21.968 | *** | | |
| SB4 | ← | 共享行为 | 0.881 | 0.958 | 0.045 | 21.194 | *** | | |

***表示 $p$<0.001

D. 使用者的知识技能获取动机的 CFA

对使用者参与知识技能型共享经济获取动机进行划分，分为任务需求（TAS）、学习需求（LEA）、社交需求（SOC）、娱乐需求（ENT）四个维度，每个维度用 3 个或 4 个题项来进行测度，执行 CFA 后，由表 4-21 可以看出，模型的各拟合指标结果为：$\chi^2$/df 为 2.875；GFI 为 0.931；AGFI 为 0.902；CFI 为 0.951；RMR 为 0.020；RMSEA 为 0.065；NFI 为 0.928；IFI 为 0.952。另外，由表 4-22 可知，使用者参与知识技能型共享经济动机的所有测项对应潜在变量的因子载荷均大于

0.5 且小于 0.95，CR 均大于 0.7，AVE 值均大于 0.5，符合各项拟合指标要求，说明本部分使用者的获取动机的测量模型（图 4-6）结构效度较为合理。

**表 4-21　CFA 模型拟合指标——使用者的知识技能获取动机**

| 指标 | $\chi^2$/df | GFI | AGFI | CFI | RMR | RMSEA | NFI | IFI |
|---|---|---|---|---|---|---|---|---|
| 结果 | 2.875 | 0.931 | 0.902 | 0.951 | 0.020 | 0.065 | 0.928 | 0.952 |

**表 4-22　CFA 结果——使用者的知识技能获取动机**

| 观测变量 | 路径 | 潜变量 | 标准化估计值 | 非标准化估计值 | 标准误差 | C.R.（$t$ 值） | $p$ | CR | AVE |
|---|---|---|---|---|---|---|---|---|---|
| TAS1 | ← | 任务需求 | 0.752 | 1.000 | | | | 0.864 | 0.650 |
| TAS2 | ← | 任务需求 | 0.766 | 1.055 | 0.066 | 15.934 | *** | | |
| TAS3 | ← | 任务需求 | 0.889 | 1.178 | 0.065 | 18.101 | *** | | |
| TAS4 | ← | 任务需求 | 0.722 | 0.911 | 0.061 | 14.957 | *** | | |
| LEA1 | ← | 学习需求 | 0.684 | 1.000 | | | | 0.842 | 0.600 |
| LEA2 | ← | 学习需求 | 0.900 | 1.388 | 0.088 | 15.731 | *** | | |
| LEA3 | ← | 学习需求 | 0.716 | 1.108 | 0.082 | 13.494 | *** | | |
| LEA4 | ← | 学习需求 | 0.713 | 1.076 | 0.080 | 13.447 | *** | | |
| SOC1 | ← | 社交需求 | 0.665 | 1.000 | | | | 0.817 | 0.600 |
| SOC2 | ← | 社交需求 | 0.871 | 1.163 | 0.088 | 13.263 | *** | | |
| SOC3 | ← | 社交需求 | 0.775 | 1.032 | 0.078 | 13.298 | *** | | |
| ENT1 | ← | 娱乐需求 | 0.808 | 1.000 | | | | 0.873 | 0.651 |
| ENT2 | ← | 娱乐需求 | 0.730 | 0.980 | 0.060 | 16.213 | *** | | |
| ENT3 | ← | 娱乐需求 | 0.876 | 1.212 | 0.061 | 19.752 | *** | | |
| ENT4 | ← | 娱乐需求 | 0.762 | 1.132 | 0.066 | 17.084 | *** | | |

***表示 $p$<0.001

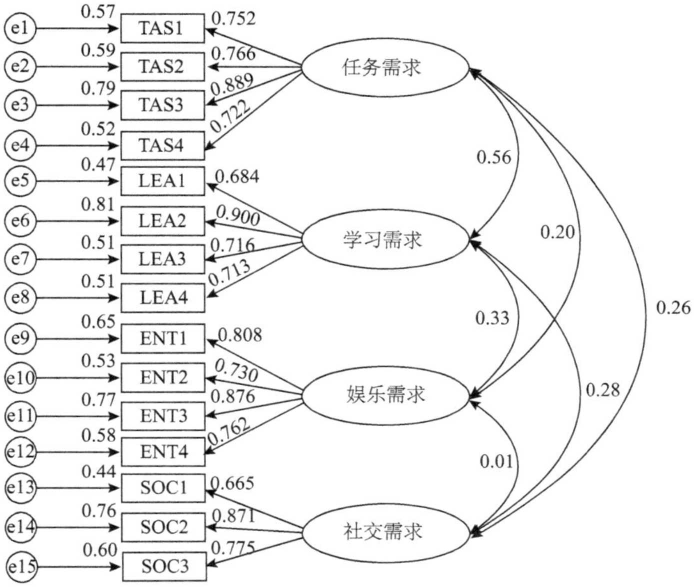


图 4-6　CFA 模型——使用者的知识技能获取动机

E. 使用者的知识技能获取意愿的 CFA

如表 4-23 所示，模型的各拟合指标均达到了要求：$\chi^2$/df 为 3.188；GFI 为 0.987；AGFI 为 0.867；CFI 为 0.989；RMR 为 0.006；RMSEA 为 0.059；NFI 为 0.988；IFI 为 0.989。由表 4-24 可知，使用者的知识技能获取意愿的各题项的因子载荷值

**表 4-23　CFA 模型拟合指标——使用者的知识技能获取意愿**

| 指标 | $\chi^2$/df | GFI | AGFI | CFI | RMR | RMSEA | NFI | IFI |
|---|---|---|---|---|---|---|---|---|
| 结果 | 3.188 | 0.987 | 0.867 | 0.989 | 0.006 | 0.059 | 0.988 | 0.989 |

**表 4-24　CFA 结果——使用者的知识技能获取意愿**

| 观测变量 | 路径 | 潜变量 | 标准化估计值 | 非标准化估计值 | 标准误差 | C.R.（$t$ 值） | $p$ | CR | AVE |
|---|---|---|---|---|---|---|---|---|---|
| AW1 | ← | 获取意愿 | 0.842 | 1.006 | 0.058 | 17.225 | *** | 0.881 | 0.689 |
| AW2 | ← | 获取意愿 | 0.896 | 1.183 | 0.067 | 17.690 | *** | | |
| AW3 | ← | 获取意愿 | 0.738 | 0.929 | 0.052 | 17.916 | *** | | |
| AW4 | ← | 获取意愿 | 0.743 | 1.000 | | | | | |

***表示 $p<0.001$

均为 0.5～0.95，符合要求，CFA 模型的组成信度 CR 值为 0.881，大于 0.7；AVE 值为 0.689，大于 0.5，说明使用者的知识技能获取意愿测量模型（图 4-7）具有良好的结构效度。

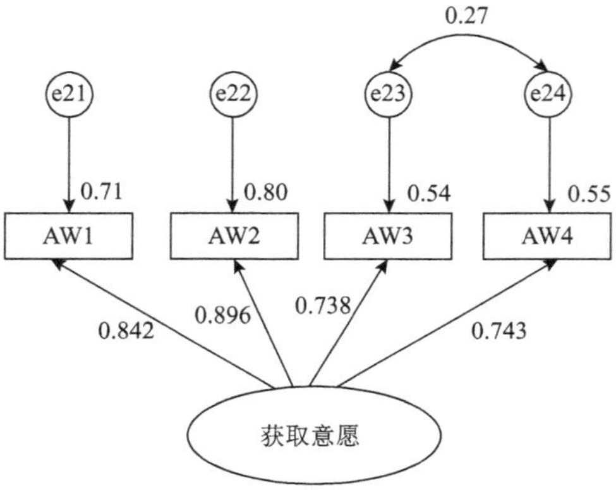


图 4-7　CFA 模型——使用者的知识技能获取意愿

F. 使用者的知识技能获取行为的 CFA

如表 4-25 所示，在使用者的知识技能获取行为模型的拟合指标结果中：$\chi^2$/df 为 0.387；GFI 为 0.999；AGFI 为 0.996；CFI 为 1.000；RMR 为 0.002；RMSEA 为 0.001；NFI 为 0.999；IFI 为 0.998，均达到理想状态。如表 4-26 所示，使用者的知识技能获取行为的各题项的因子载荷值均在 0.5 至 0.95 之间，符合要求，CFA 模型的组成信度 CR 值为 0.930，大于 0.7；AVE 值为 0.740，大于 0.5，说明使用者的知识技能获取行为测量模型（图 4-8）具有良好的结构效度。

**表 4-25　CFA 模型拟合指标——使用者的知识技能获取行为**

| 指标 | $\chi^2$/df | GFI | AGFI | CFI | RMR | RMSEA | NFI | IFI |
|---|---|---|---|---|---|---|---|---|
| 结果 | 0.387 | 0.999 | 0.996 | 1.000 | 0.002 | 0.001 | 0.999 | 0.998 |

**表 4-26　CFA 结果——使用者的知识技能获取行为**

| 观测变量 | 路径 | 潜变量 | 标准化估计值 | 非标准化估计值 | 标准误差 | C.R.（t 值） | p | CR | AVE |
|---|---|---|---|---|---|---|---|---|---|
| AB1 | ← | 获取行为 | 0.829 | 1.000 | | | | 0.930 | 0.740 |
| AB2 | ← | 获取行为 | 0.894 | 1.086 | 0.046 | 23.726 | *** | | |
| AB3 | ← | 获取行为 | 0.857 | 1.038 | 0.047 | 22.188 | *** | | |
| AB4 | ← | 获取行为 | 0.923 | 1.090 | 0.044 | 24.889 | *** | | |

***表示 $p<0.001$

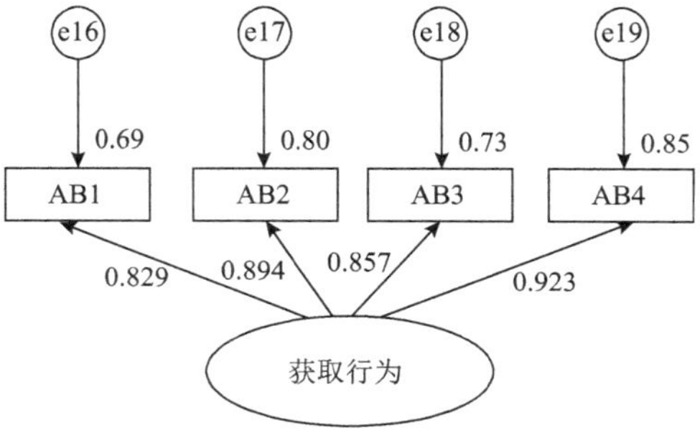


图 4-8　CFA 模型——使用者的知识技能获取行为

3）区分效度检验

区分效度指的是在应用不同方法测量不同构念时，所观测到的数值之间应该能够加以区分。本部分采用 AVE 法对各潜变量进行区分效度检验，首先是计算各潜变量的 AVE 值的平方根（表 4-27、表 4-28），其次计算标准化后各潜变量间相关系数（表 4-29、表 4-30）。如果 AVE 值的平方根大于变量间相关系数，则表明因素间具有较好的区分效度。

**表 4-27　使用者模型各潜变量 AVE 值的平方根**

| 潜变量 | 任务需求 | 学习需求 | 社交需求 | 娱乐需求 | 获取意愿 | 获取行为 |
|---|---|---|---|---|---|---|
| $\sqrt{AVE}$ | 0.806 | 0.775 | 0.775 | 0.807 | 0.830 | 0.860 |

**表 4-28　提供者模型各潜变量 AVE 值的平方根**

| 潜变量 | 经济动机 | 利他动机 | 社交需求 | 地位需求 | 共享意愿 | 共享行为 |
|---|---|---|---|---|---|---|
| $\sqrt{AVE}$ | 0.786 | 0.783 | 0.782 | 0.821 | 0.773 | 0.861 |

**表 4-29　提供者模型各潜变量的相关系数**

| 变量 | 经济动机 | 利他动机 | 社交需求 | 地位需求 | 共享意愿 | 共享行为 |
|---|---|---|---|---|---|---|
| 经济动机 | 1 | | | | | |
| 利他动机 | 0.295** | 1 | | | | |
| 社交需求 | 0.482** | 0.178** | 1 | | | |
| 地位需求 | 0.413** | 0.334** | 0.312** | 1 | | |
| 共享意愿 | 0.622** | 0.374** | 0.552** | 0.519** | 1 | |
| 共享行为 | 0.557** | 0.428** | 0.455** | 0.505** | 0.617** | 1 |

注：$N$=312；双尾检验

**表示 $p$<0.01

**表 4-30　使用者模型各潜变量的相关系数**

| 变量 | 任务需求 | 学习需求 | 社交需求 | 娱乐需求 | 获取意愿 | 获取行为 |
| --- | --- | --- | --- | --- | --- | --- |
| 任务需求 | 1 | | | | | |
| 学习需求 | 0.472** | 1 | | | | |
| 社交需求 | 0.192** | 0.312** | 1 | | | |
| 娱乐需求 | 0.517** | 0.645** | 0.431** | 1 | | |
| 获取意愿 | 0.501** | 0.591** | 0.385** | 0.631** | 1 | |
| 获取行为 | 0.195** | 0.235** | 0.028 | 0.265** | 0.200** | 1 |

注：$N$=446；双尾检验

**表示 $p$<0.01

由表 4-28 和表 4-29 可知，在提供者参与知识技能型共享经济动机的研究模型中，各潜变量的 AVE 值的平方根均大于此潜变量与其他变量的相关系数，由此可知，在提供者模型中各潜变量间具有较好的区分效度。同理，由表 4-27 和表 4-30 可知，在使用者参与知识技能型共享经济动机的研究模型中，各潜变量的 AVE 值的平方根均大于此潜变量与其他变量的相关系数，由此可知，在使用者模型中各潜变量间具有较好的区分效度。

### 4.2.3　假设检验与模型检验分析

前文已经对本部分的样本数据进行了信度分析和效度分析，并且各项指标均满足要求，可以说明本部分的样本数据具有较好的稳定性、可靠性和一致性。因此，接下来可以运用结构方程模型对 4.1.1 节提到的各项假设进行检验，本部分运用 AMOS 21.0 对样本数据进行结构方程模型分析。对于模型的拟合结果的评价标准参考表 4-14 所提出的三类指标。

在运用 AMOS 进行结构方程模型分析时，将会得到初始模型的拟合结果和模型改善的修正指标，然后根据修正指标对模型进行多次调整，最终得出与样本数据匹配度最好的模型。为了不使内容冗长单调，本部分仅给出初始模型的拟合结果和最终模型的拟合结果或者对于初始模型调整较小的直接给出最终模型。

1. *动机对参与行为的影响的验证*

1）提供者的共享动机对共享行为的影响的验证

提供者的共享动机对共享行为的影响的初始结构方程模型主要涉及经济动机（ECO）、利他动机（ALT）、社交需求（SOC）、地位需求（STA）、共享行为（SB）5 个潜在变量。由于这 5 个潜在变量是不能够直接进行测度的，因而又细化了 18 个观测变量来对其进行测度，如图 4-9 所示。初始模型的拟合结果如表 4-31 和表 4-32 所示。

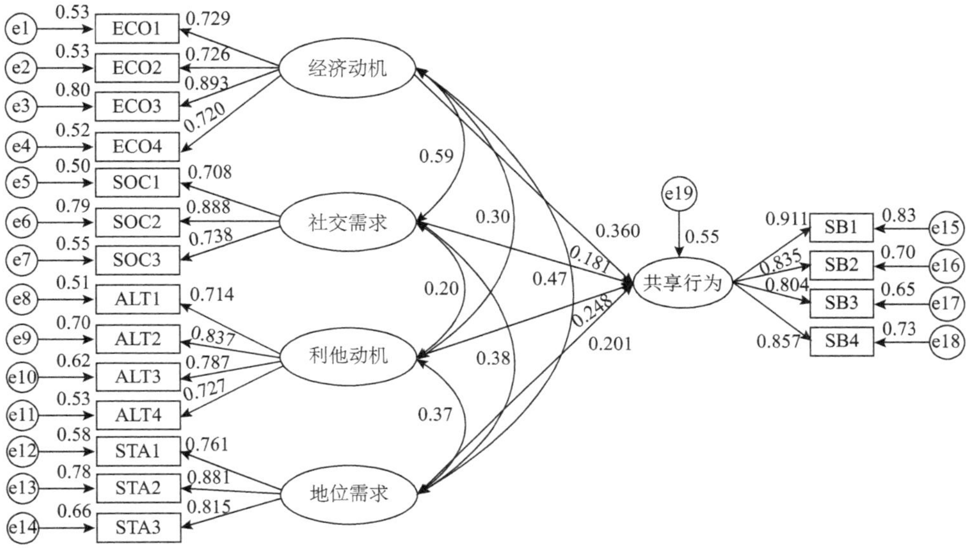


图 4-9　提供者共享动机对共享行为的影响关系初始模型

**表 4-31　提供者共享动机对共享行为的影响关系初始模型拟合指标**

| 项目 | $\chi^2$/df | GFI | AGFI | CFI | RMR | RMSEA | NFI | IFI |
|---|---|---|---|---|---|---|---|---|
| 结果 | 2.778 | 0.892 | 0.852 | 0.932 | 0.026 | 0.076 | 0.899 | 0.933 |

**表 4-32　初始测度模型中潜变量的估计参数（共享动机–共享行为）**

| 路径 | 标准化的路径系数 | 非标准化的路径系数 | 标准误差 | C.R.（$t$ 值） | $p$ |
|---|---|---|---|---|---|
| 共享行为←经济动机 | 0.360 | 0.506 | 0.096 | 5.302 | *** |
| 共享行为←社交需求 | 0.181 | 0.318 | 0.112 | 2.848 | ** |
| 共享行为←利他动机 | 0.248 | 0.343 | 0.073 | 4.675 | *** |
| 共享行为←地位需求 | 0.201 | 0.311 | 0.090 | 3.442 | *** |
| ECO1←经济动机 | 0.729 | 0.818 | 0.056 | 14.598 | *** |
| ECO2←经济动机 | 0.726 | 0.793 | 0.055 | 14.534 | *** |
| ECO3←经济动机 | 0.893 | 1.000 | | | |
| ECO4←经济动机 | 0.720 | 0.793 | 0.055 | 14.351 | *** |

续表

| 路径 | 标准化的路径系数 | 非标准化的路径系数 | 标准误差 | C.R.（$t$值） | $p$ |
|---|---|---|---|---|---|
| SOC1←社交需求 | 0.708 | 1.000 | | | |
| SOC2←社交需求 | 0.888 | 1.070 | 0.084 | 12.761 | *** |
| SOC3←社交需求 | 0.738 | 0.966 | 0.082 | 11.740 | *** |
| ALT1←利他动机 | 0.714 | 0.885 | 0.068 | 13.079 | *** |
| ALT2←利他动机 | 0.837 | 1.000 | | | |
| ALT3←利他动机 | 0.787 | 0.878 | 0.060 | 14.588 | *** |
| ALT4←利他动机 | 0.727 | 0.835 | 0.063 | 13.349 | *** |
| STA1←地位需求 | 0.761 | 1.000 | | | |
| STA2←地位需求 | 0.881 | 1.165 | 0.078 | 14.842 | *** |
| STA3←地位需求 | 0.815 | 1.087 | 0.077 | 14.198 | *** |
| SB1←共享行为 | 0.911 | 1.000 | | | |
| SB2←共享行为 | 0.835 | 0.868 | 0.043 | 20.418 | *** |
| SB3←共享行为 | 0.804 | 0.854 | 0.045 | 18.974 | *** |
| SB4←共享行为 | 0.857 | 0.890 | 0.041 | 21.480 | *** |

***表示 $p<0.001$，**表示 $p<0.01$

由表 4-31 可以看出，模型的各项拟合指标具体为 $\chi^2$/df 为 2.778；GFI 为 0.892；AGFI 为 0.852；CFI 为 0.932；RMR 为 0.026；RMSEA 为 0.076；NFI 为 0.899；IFI 为 0.933，可以看出初始模型的拟合程度一般，不太理想。

由表 4-32 可以看出，经济动机（ECO）对提供者的知识技能共享行为具有正向影响（$\beta$=0.360，$t$=5.302，$p<0.001$），利他动机（ALT）对提供者的知识技能共享行为具有正向影响（$\beta$=0.248，$t$=4.675，$p<0.001$），地位需求（STA）对提供者的知识技能共享行为具有正向影响（$\beta$=0.201，$t$=3.442，$p<0.001$），社交需求（SOC）对提供者的知识技能共享行为具有正向影响（$\beta$=0.181，$t$=2.848，$p$=0.004）。

最终模型是在初始模型的基础上，根据修改后模型产生的修正指标（modification indices，M.I.）表，来释放误差项之间的关系限制。具体做法为：按照误差项之间的 M.I.值的大小，每一次选择 M.I.值最大的进行释放，依次释放了 e6 与 e14、e16 与 e17、e5 与 e11 之间的限制关系，一共进行了三次修正后，得到最终模型结果如图 4-10 所示，各数据拟合结果如表 4-33、表 4-34 所示。

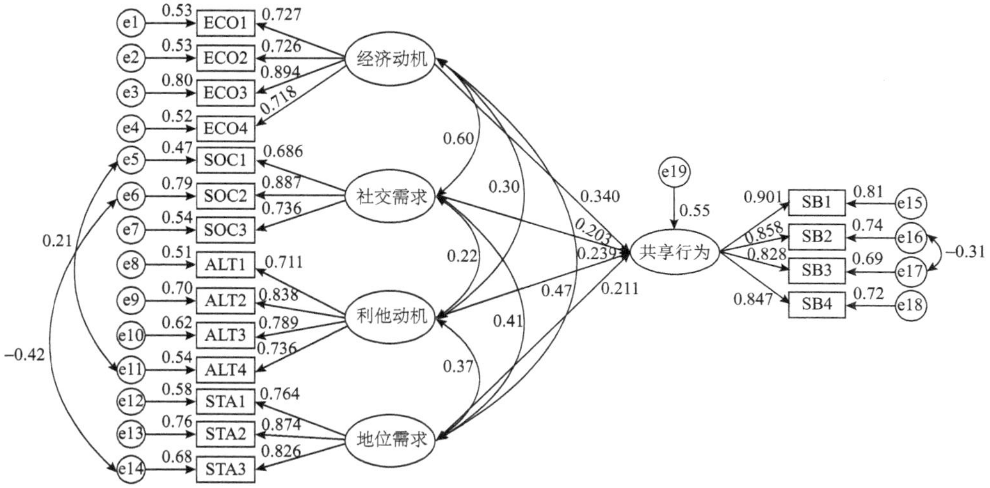

图 4-10　提供者共享动机对共享行为的影响关系最终模型

**表 4-33　提供者共享动机对共享行为的影响关系最终模型拟合指标**

| 项目 | $\chi^2$/df | GFI | AGFI | CFI | RMR | RMSEA | NFI | IFI |
|---|---|---|---|---|---|---|---|---|
| 结果 | 2.488 | 0.902 | 0.863 | 0.945 | 0.025 | 0.069 | 0.912 | 0.945 |

**表 4-34　最终测度模型中潜变量的估计参数（共享动机–共享行为）**

| 路径 | 标准化的路径系数 | 非标准化的路径系数 | 标准误差 | C.R.（$t$ 值） | $p$ |
|---|---|---|---|---|---|
| 共享行为←经济动机 | 0.340 | 0.473 | 0.092 | 5.128 | *** |
| 共享行为←社交需求 | 0.203 | 0.365 | 0.115 | 3.166 | ** |
| 共享行为←利他动机 | 0.239 | 0.326 | 0.071 | 4.608 | *** |
| 共享行为←地位需求 | 0.211 | 0.323 | 0.089 | 3.630 | *** |
| ECO1←经济动机 | 0.727 | 0.815 | 0.056 | 14.588 | *** |
| ECO2←经济动机 | 0.726 | 0.792 | 0.054 | 14.561 | *** |
| ECO3←经济动机 | 0.894 | 1.000 | | | |
| ECO4←经济动机 | 0.718 | 0.791 | 0.055 | 14.338 | *** |
| SOC1←社交需求 | 0.686 | 1.000 | | | |
| SOC2←社交需求 | 0.887 | 1.100 | 0.088 | 12.516 | *** |

续表

| 路径 | 标准化的路径系数 | 非标准化的路径系数 | 标准误差 | C.R.（*t* 值） | *p* |
|---|---|---|---|---|---|
| SOC3←社交需求 | 0.736 | 1.000 | 0.086 | 11.559 | *** |
| ALT1←利他动机 | 0.711 | 0.880 | 0.067 | 13.094 | *** |
| ALT2←利他动机 | 0.838 | 1.000 | | | |
| ALT3←利他动机 | 0.789 | 0.878 | 0.060 | 14.750 | *** |
| ALT4←利他动机 | 0.736 | 0.854 | 0.062 | 13.763 | *** |
| STA1←地位需求 | 0.764 | 1.000 | | | |
| STA2←地位需求 | 0.874 | 1.152 | 0.076 | 15.125 | *** |
| STA3←地位需求 | 0.826 | 1.110 | 0.076 | 14.568 | *** |
| SB1←共享行为 | 0.901 | 1.000 | | | |
| SB2←共享行为 | 0.858 | 0.903 | 0.043 | 20.780 | *** |
| SB3←共享行为 | 0.828 | 0.890 | 0.046 | 19.337 | *** |
| SB4←共享行为 | 0.847 | 0.890 | 0.042 | 21.067 | *** |

***表示 $p<0.001$，**表示 $p<0.01$

最终模型的各项拟合指标均达到良好水平，如表 4-33 所示，$\chi^2$/df 为 2.488；GFI 为 0.902；AGFI 为 0.863；CFI 为 0.945；RMR 为 0.025；RMSEA 为 0.069；NFI 为 0.912；IFI 为 0.945，且由表 4-34 可知，各潜在变量的 C.R.（*t* 值）都大于 1.96，标准误差均不为零，说明此时样本数据与最终模型的匹配度达到优良水平，另外，经济动机（ECO）、利他动机（ALT）、地位需求（STA）、社交需求（SOC）的标准化路径系数分别为 0.340、0.239、0.211、0.203 且均在 0.01 的水平上显著，表明经济动机、利他动机、地位需求、社交需求对提供者的共享行为均产生了显著的正向影响。因此，H4.1、H4.2、H4.3、H4.4 均得到了支持。

2）使用者的获取动机对获取行为的影响的验证

使用者获取动机对获取行为的影响的初始结构方程模型主要涉及任务需求（TAS）、学习需求（LEA）、社交需求（SOC）、娱乐需求（ENT）、获取行为（AB）5 个潜在变量。这 5 个潜在变量是不能够直接进行测度的，一共细化了 19 个观测变量来对其进行测度，如图 4-11 所示。初始模型的拟合结果如表 4-35 和表 4-36 所示。

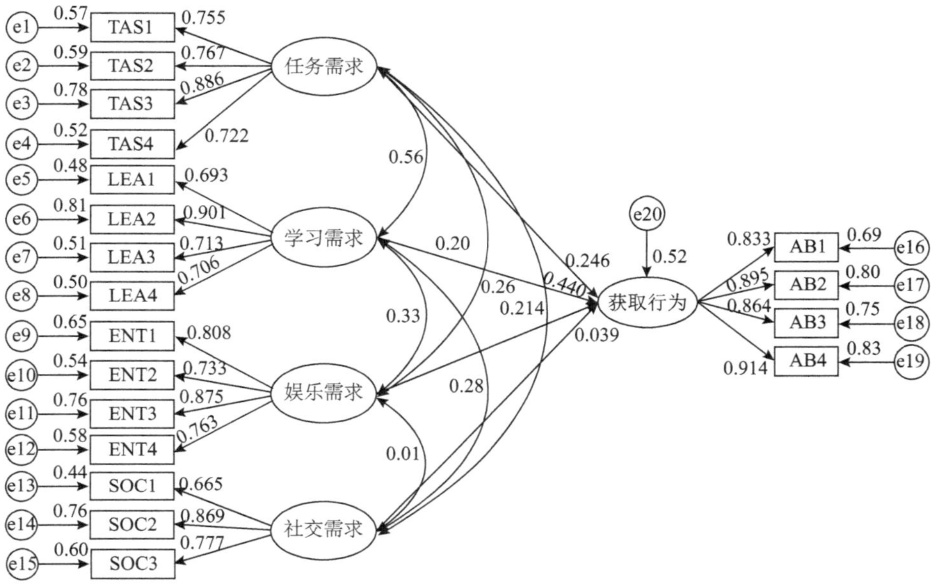


图 4-11　使用者获取动机对获取行为的影响关系初始模型

**表 4-35　使用者获取动机对获取行为的影响关系初始模型拟合指标**

| 项目 | $\chi^2$/df | GFI | AGFI | CFI | RMR | RMSEA | NFI | IFI |
|---|---|---|---|---|---|---|---|---|
| 结果 | 2.511 | 0.921 | 0.895 | 0.957 | 0.020 | 0.058 | 0.931 | 0.957 |

**表 4-36　初始测度模型中潜变量的估计参数（获取动机–获取行为）**

| 路径 | 标准化的路径系数 | 非标准化的路径系数 | 标准误差 | C.R.（$t$ 值） | $p$ |
|---|---|---|---|---|---|
| 获取行为←任务需求 | 0.246 | 0.382 | 0.080 | 4.786 | *** |
| 获取行为←学习需求 | 0.440 | 0.705 | 0.094 | 7.494 | *** |
| 获取行为←娱乐需求 | 0.214 | 0.295 | 0.059 | 4.966 | *** |
| 获取行为←社交需求 | 0.039 | 0.051 | 0.056 | 0.907 | 0.364 |
| TAS1←任务需求 | 0.755 | 1.000 | | | |
| TAS2←任务需求 | 0.767 | 1.052 | 0.066 | 16.036 | *** |
| TAS3←任务需求 | 0.886 | 1.170 | 0.064 | 18.248 | *** |
| TAS4←任务需求 | 0.722 | 0.909 | 0.060 | 15.040 | *** |
| LEA1←学习需求 | 0.693 | 1.000 | | | |
| LEA2←学习需求 | 0.901 | 1.373 | 0.084 | 16.279 | *** |
| LEA3←学习需求 | 0.713 | 1.090 | 0.080 | 13.673 | *** |
| LEA4←学习需求 | 0.706 | 1.053 | 0.078 | 13.563 | *** |

续表

| 路径 | 标准化的路径系数 | 非标准化的路径系数 | 标准误差 | C.R.（$t$ 值） | $p$ |
|---|---|---|---|---|---|
| ENT1←娱乐需求 | 0.808 | 1.000 | | | |
| ENT2←娱乐需求 | 0.733 | 0.983 | 0.060 | 16.287 | *** |
| ENT3←娱乐需求 | 0.875 | 1.210 | 0.061 | 19.794 | *** |
| ENT4←娱乐需求 | 0.763 | 1.134 | 0.066 | 17.118 | *** |
| SOC1←社交需求 | 0.665 | 1.000 | | | |
| SOC2←社交需求 | 0.869 | 1.160 | 0.087 | 13.285 | *** |
| SOC3←社交需求 | 0.777 | 1.035 | 0.078 | 13.309 | *** |
| AB1←获取行为 | 0.833 | 1.000 | | | |
| AB2←获取行为 | 0.895 | 1.083 | 0.045 | 24.085 | *** |
| AB3←获取行为 | 0.864 | 1.041 | 0.046 | 22.733 | *** |
| AB4←获取行为 | 0.914 | 1.074 | 0.043 | 24.909 | *** |

***表示 $p<0.001$

由表 4-35 可以看出，初始模型的各项拟合指标具体为 $\chi^2$/df 为 2.511；GFI 为 0.921；AGFI 为 0.895；CFI 为 0.957；RMR 为 0.020；RMSEA 为 0.058；NFI 为 0.931；IFI 为 0.957，可以看出初始模型的拟合程度很好。

由表 4-36 可以看出，在初始模型中任务需求（TAS）对使用者的知识技能获取行为具有正向影响（$\beta$=0.246，$t$=4.786，$p$<0.001），学习需求（LEA）对使用者的知识技能获取行为具有正向影响（$\beta$=0.440，$t$=7.494，$p$<0.001），娱乐需求（ENT）对使用者的知识技能获取行为具有正向影响（$\beta$=0.214，$t$=4.966，$p$<0.001），社交需求（SOC）对使用者的知识技能获取行为没有显著影响（$\beta$=0.039，$t$=0.907，$p$=0.364）。

最终模型是在初始模型的基础上，剔除从“社交需求”到“获取行为”这一路径进行修正，因为初始模型的各项拟合指标均已达到要求，故不再根据修改后模型产生的 M.I.表，来释放误差项之间的关系限制，经过修正后得到的最终模型结果如图 4-12 所示。最终模型的各项拟合指标均达到理想水平，如表 4-37 所示，$\chi^2$/df=2.780；GFI=0.928；AGFI=0.900；CFI=0.961；RMR=0.020；RMSEA=0.063；NFI=0.940；IFI=0.961，且由表 4-38 可知，测量模型中各潜在变量的 C.R.（$t$ 值）均大于 1.96，标准误差均不为 0，说明模型的拟合程度很好。其中，任务需求（TAS）、学习需求（LEA）、娱乐需求（ENT）的标准化路径系数分别为 0.252、0.449、0.210，且在 0.001 的水平上显著，表明任务需求、学习需求、娱乐需求对使用者的获取行为产生了显著的正向影响。由此，H4.5、H4.6、H4.8 均得到了支持，社交需求对获取行为的影响并不显著，H4.7 被拒绝。

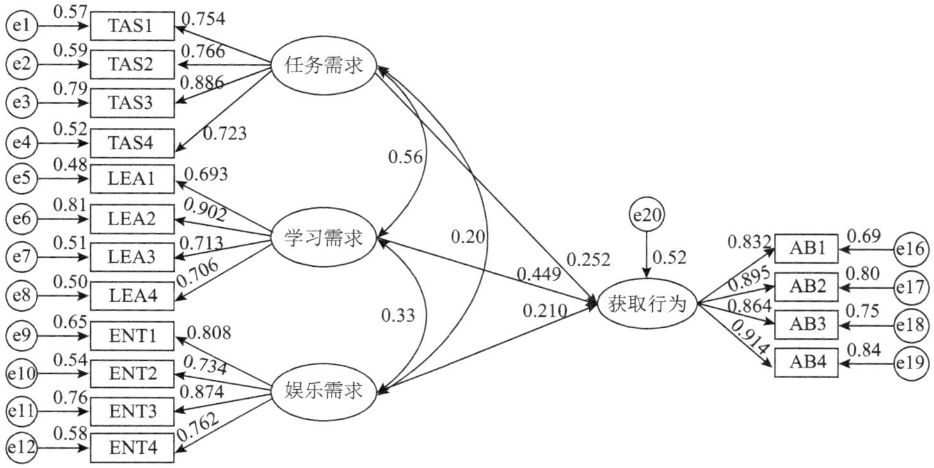


图 4-12　使用者获取动机对获取行为的影响关系最终模型

**表 4-37　使用者获取动机对获取行为的影响关系最终模型拟合指标**

| 项目 | $\chi^2$/df | GFI | AGFI | CFI | RMR | RMSEA | NFI | IFI |
|---|---|---|---|---|---|---|---|---|
| 结果 | 2.780 | 0.928 | 0.900 | 0.961 | 0.020 | 0.063 | 0.940 | 0.961 |

**表 4-38　最终测度模型中潜变量的估计参数（获取动机–获取行为）**

| 路径 | 标准化的路径系数 | 非标准化的路径系数 | 标准误差 | C.R.（$t$ 值） | $p$ |
|---|---|---|---|---|---|
| 获取行为←任务需求 | 0.252 | 0.391 | 0.079 | 4.932 | *** |
| 获取行为←学习需求 | 0.449 | 0.719 | 0.093 | 7.723 | *** |
| 获取行为←娱乐需求 | 0.210 | 0.291 | 0.059 | 4.909 | *** |
| TAS1←任务需求 | 0.754 | 1.000 | | | |
| TAS2←任务需求 | 0.766 | 1.052 | 0.066 | 16.013 | *** |
| TAS3←任务需求 | 0.886 | 1.171 | 0.064 | 18.226 | *** |
| TAS4←任务需求 | 0.723 | 0.910 | 0.060 | 15.042 | *** |
| LEA1←学习需求 | 0.693 | 1.000 | | | |
| LEA2←学习需求 | 0.902 | 1.374 | 0.085 | 16.255 | *** |
| LEA3←学习需求 | 0.713 | 1.090 | 0.080 | 13.669 | *** |
| LEA4←学习需求 | 0.706 | 1.053 | 0.078 | 13.544 | *** |

续表

| 路径 | 标准化的路径系数 | 非标准化的路径系数 | 标准误差 | C.R.（$t$ 值） | $p$ |
|---|---|---|---|---|---|
| ENT1←娱乐需求 | 0.808 | 1.000 | | | |
| ENT2←娱乐需求 | 0.734 | 0.985 | 0.060 | 16.306 | *** |
| ENT3←娱乐需求 | 0.874 | 1.210 | 0.061 | 19.773 | *** |
| ENT4←娱乐需求 | 0.762 | 1.133 | 0.066 | 17.094 | *** |
| AB1←获取行为 | 0.832 | 1.000 | | | |
| AB2←获取行为 | 0.895 | 1.083 | 0.045 | 24.079 | *** |
| AB3←获取行为 | 0.864 | 1.042 | 0.046 | 22.716 | *** |
| AB4←获取行为 | 0.914 | 1.074 | 0.043 | 24.909 | *** |

***表示 $p$<0.001

## 2. 动机对参与意愿的影响的验证

### 1）提供者的共享动机对共享意愿的影响的验证

提供者的共享动机对共享意愿的影响的初始结构方程模型主要涉及经济动机（ECO）、利他动机（ALT）、社交需求（SOC）、地位需求（STA）、共享意愿（SW）5 个潜在变量。由于这 5 个潜在变量是不能够直接进行测度的，因而又细化了 18 个观测变量来对其进行测度，按照前文提供者共享动机对共享行为的模型修正规则，根据 M.I.值的大小先后释放 e20 与 e22、e4 与 e9、e6 与 e14、e10 与 e13 之间的关系，一共进行四次修正后的最终模型结果如图 4-13 所示。最终模型的拟合结果如表 4-39 和表 4-40 所示。

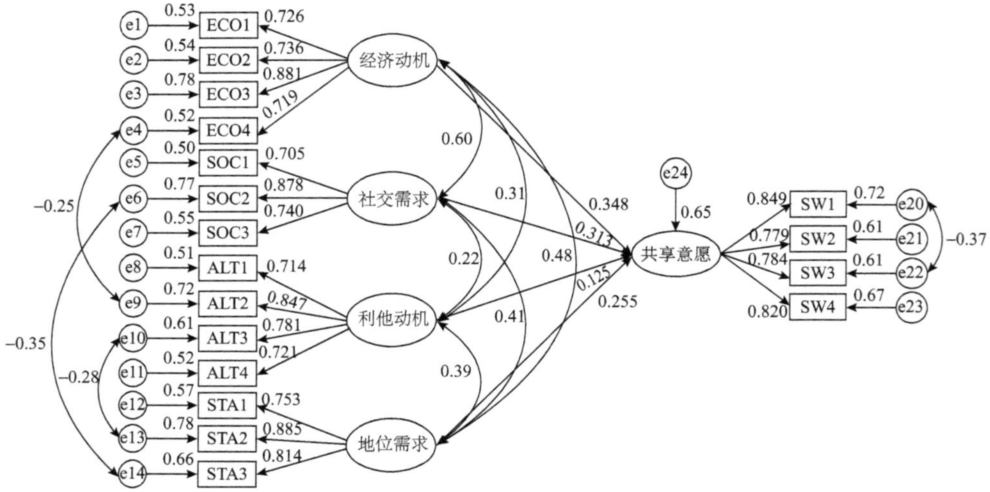

图 4-13　提供者共享动机对共享意愿的影响关系模型

**表 4-39　提供者共享动机对共享意愿的影响关系模型拟合指标**

| 项目 | $\chi^2$/df | GFI | AGFI | CFI | RMR | RMSEA | NFI | IFI |
|---|---|---|---|---|---|---|---|---|
| 结果 | 2.651 | 0.902 | 0.862 | 0.936 | 0.023 | 0.073 | 0.902 | 0.937 |

**表 4-40　测度模型中潜变量的估计参数（共享动机–共享意愿）**

| 路径 | 标准化的路径系数 | 非标准化的路径系数 | 标准误差 | C.R.（$t$ 值） | $p$ |
|---|---|---|---|---|---|
| 共享意愿←经济动机 | 0.348 | 0.315 | 0.058 | 5.450 | *** |
| 共享意愿←社交需求 | 0.313 | 0.349 | 0.070 | 4.978 | *** |
| 共享意愿←利他动机 | 0.125 | 0.107 | 0.042 | 2.571 | ** |
| 共享意愿←地位需求 | 0.255 | 0.253 | 0.056 | 4.531 | *** |
| ECO1←经济动机 | 0.726 | 0.826 | 0.057 | 14.381 | *** |
| ECO2←经济动机 | 0.736 | 0.814 | 0.056 | 14.637 | *** |
| ECO3←经济动机 | 0.881 | 1.000 | | | |
| ECO4←经济动机 | 0.719 | 0.793 | 0.055 | 14.318 | *** |
| SOC1←社交需求 | 0.705 | 1.000 | | | |
| SOC2←社交需求 | 0.878 | 1.051 | 0.082 | 12.895 | *** |
| SOC3←社交需求 | 0.740 | 0.972 | 0.083 | 11.769 | *** |
| ALT1←利他动机 | 0.714 | 0.866 | 0.065 | 13.317 | *** |
| ALT2←利他动机 | 0.847 | 1.000 | | | |
| ALT3←利他动机 | 0.781 | 0.847 | 0.057 | 14.840 | *** |
| ALT4←利他动机 | 0.721 | 0.811 | 0.060 | 13.485 | *** |
| STA1←地位需求 | 0.753 | 1.000 | | | |
| STA2←地位需求 | 0.885 | 1.170 | 0.078 | 14.992 | *** |
| STA3←地位需求 | 0.814 | 1.109 | 0.078 | 14.255 | *** |
| SW1←共享意愿 | 0.849 | 1.000 | | | |
| SW2←共享意愿 | 0.779 | 0.956 | 0.061 | 15.632 | *** |
| SW3←共享意愿 | 0.784 | 0.958 | 0.070 | 13.726 | *** |
| SW4←共享意愿 | 0.820 | 1.050 | 0.063 | 16.755 | *** |

***表示 $p<0.001$，**表示 $p<0.01$

由表 4-39 可以看出，模型的各项拟合指标具体为：$\chi^2$/df 为 2.651；GFI 为 0.902；AGFI 为 0.862；CFI 为 0.936；RMR 为 0.023；RMSEA 为 0.073；NFI 为 0.902；

IFI 为 0.937，由表 4-40 可以看出，所有参数的 C.R.（$t$ 值）都大于 1.96，且标准误差都大于 0，由此，可以认为，模型的拟合程度较好。

由表 4-40 可以看出，经济动机（ECO）对提供者的知识技能共享意愿具有正向影响（$\beta$=0.348，$t$=5.450，$p$<0.001）；社交需求（SOC）对提供者的知识技能共享意愿具有正向影响（$\beta$=0.313，$t$=4.978，$p$<0.001）；利他动机（ALT）对提供者的知识技能共享意愿具有正向影响（$\beta$=0.125，$t$=2.571，$p$<0.010）；地位需求（STA）对提供者的知识技能共享意愿具有正向影响（$\beta$=0.255，$t$=4.531，$p$<0.001），表明 H4.9、H4.10、H4.11、H4.12 均成立。

2）使用者的获取动机对获取意愿的影响的验证

使用者的获取动机对获取意愿的影响的初始结构方程模型主要涉及任务需求（TAS）、学习需求（LEA）、娱乐需求（ENT）、社交需求（SOC）、获取意愿（AW）5 个潜在变量。由于这 5 个潜在变量是不能够直接进行测度的，因而又细化了 19 个观测变量来对其进行测度，如图 4-14 所示，初始模型的拟合结果如表 4-41 和表 4-42 所示。

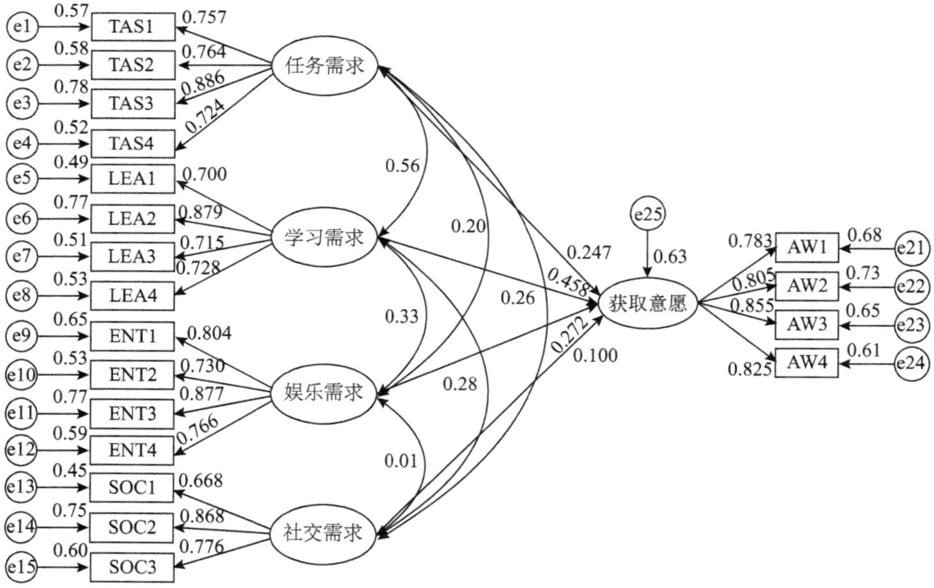


图 4-14　使用者获取动机对获取意愿的影响关系初始模型

**表 4-41　使用者获取动机对获取意愿的影响关系初始模型拟合指标**

| 项目 | $\chi^2$/df | GFI | AGFI | CFI | RMR | RMSEA | NFI | IFI |
|---|---|---|---|---|---|---|---|---|
| 结果 | 2.891 | 0.912 | 0.883 | 0.942 | 0.019 | 0.065 | 0.915 | 0.943 |

表 4-42　初始测度模型中潜变量的估计参数（获取动机–获取意愿）

| 路径 | 标准化的路径系数 | 非标准化的路径系数 | 标准误差 | C.R.（$t$ 值） | $p$ |
|---|---|---|---|---|---|
| 获取意愿←任务需求 | 0.247 | 0.282 | 0.057 | 4.966 | *** |
| 获取意愿←学习需求 | 0.458 | 0.535 | 0.068 | 7.832 | *** |
| 获取意愿←娱乐需求 | 0.272 | 0.279 | 0.044 | 6.417 | *** |
| 获取意愿←社交需求 | 0.100 | 0.101 | 0.040 | 2.530 | 0.061 |
| TAS1←任务需求 | 0.757 | 1.000 | | | |
| TAS2←任务需求 | 0.764 | 1.046 | 0.065 | 16.029 | *** |
| TAS3←任务需求 | 0.886 | 1.167 | 0.064 | 18.318 | *** |
| TAS4←任务需求 | 0.724 | 0.908 | 0.060 | 15.106 | *** |
| LEA1←学习需求 | 0.700 | 1.000 | | | |
| LEA2←学习需求 | 0.879 | 1.324 | 0.082 | 16.192 | *** |
| LEA3←学习需求 | 0.715 | 1.082 | 0.079 | 13.751 | *** |
| LEA4←学习需求 | 0.728 | 1.075 | 0.077 | 13.986 | *** |
| ENT1←娱乐需求 | 0.804 | 1.000 | | | |
| ENT2←娱乐需求 | 0.730 | 0.986 | 0.061 | 16.168 | *** |
| ENT3←娱乐需求 | 0.877 | 1.221 | 0.062 | 19.784 | *** |
| ENT4←娱乐需求 | 0.766 | 1.145 | 0.067 | 17.146 | *** |
| SOC1←社交需求 | 0.668 | 1.000 | | | |
| SOC2←社交需求 | 0.868 | 1.154 | 0.086 | 13.386 | *** |
| SOC3←社交需求 | 0.776 | 1.029 | 0.077 | 13.361 | *** |
| AW1←获取意愿 | 0.783 | 1.000 | | | |
| AW2←获取意愿 | 0.805 | 0.960 | 0.053 | 18.084 | *** |
| AW3←获取意愿 | 0.855 | 1.071 | 0.055 | 19.438 | *** |
| AW4←获取意愿 | 0.825 | 0.934 | 0.050 | 18.624 | *** |

***表示 $p<0.001$

由表 4-41 可以看出，初始模型的各项拟合指标具体为 $\chi^2$/df 为 2.891；GFI 为 0.912；AGFI 为 0.883；CFI 为 0.942；RMR 为 0.019；RMSEA 为 0.065；NFI 为

0.915；IFI 为 0.943，可以看出初始模型的拟合程度很好。

由表 4-42 可以看出，在初始模型中任务需求（TAS）对使用者的知识技能获取意愿具有正向影响（$\beta$=0.247，$t$=4.966，$p$<0.001），学习需求（LEA）对使用者的知识技能获取意愿具有正向影响（$\beta$=0.458，$t$=7.832，$p$<0.001），娱乐需求（ENT）对使用者的知识技能获取意愿具有正向影响（$\beta$=0.272，$t$=6.417，$p$ <0.001），社交需求（SOC）对使用者的知识技能获取意愿没有显著影响（$\beta$=0.100，$t$=2.530，$p$=0.061）。

最终模型是在初始模型的基础上，剔除从"社交需求"与"获取意愿"这一条路径来进行修正，因为初始模型的各项拟合指标均已达到要求，故不再根据修改后模型产生的 M.I.表，来释放误差项之间的关系限制，经过修正后得到的最终模型结果如图 4-15 所示。最终模型的各项拟合指标均达到理想水平，如表 4-43 所示，$\chi^2$/df=3.361；GFI=0.916；AGFI=0.883；CFI=0.944；RMR=0.019；RMSEA=0.073；NFI=0.922；IFI=0.944，且由表 4-44 可知，测量模型中各潜在变量的 C.R.（$t$ 值）均大于 1.96，标准误差均不为 0，说明模型的拟合程度很好。其中，任务需求（TAS）、学习需求（LEA）、娱乐需求（ENT）的标准化路径系数分别为 0.264、0.481、0.262，且在 0.001 的水平上显著，表明任务需求、学习需求、娱乐需求对使用者的获取意愿均产生了显著的正向影响。因此，H4.13、H4.14、H4.16 均得到了支持，H4.15 被拒绝。

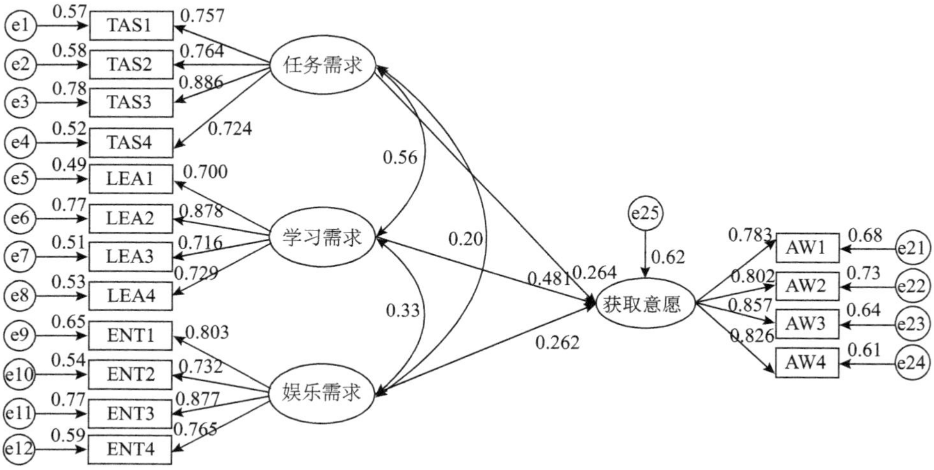


图 4-15 使用者获取动机对获取意愿的影响关系最终模型

**表 4-43 使用者获取动机对获取意愿的影响关系最终模型拟合指标**

| 项目 | $\chi^2$/df | GFI | AGFI | CFI | RMR | RMSEA | NFI | IFI |
|---|---|---|---|---|---|---|---|---|
| 结果 | 3.361 | 0.916 | 0.883 | 0.944 | 0.019 | 0.073 | 0.922 | 0.944 |

**表 4-44　最终测度模型中潜变量的估计参数（获取动机–获取意愿）**

| 路径 | 标准化的路径系数 | 非标准化的路径系数 | 标准误差 | C.R.（$t$ 值） | $p$ |
| --- | --- | --- | --- | --- | --- |
| 获取意愿←任务需求 | 0.264 | 0.301 | 0.057 | 5.249 | *** |
| 获取意愿←学习需求 | 0.481 | 0.562 | 0.069 | 8.191 | *** |
| 获取意愿←娱乐需求 | 0.262 | 0.269 | 0.044 | 6.177 | *** |
| TAS1←任务需求 | 0.757 | 1.000 | | | |
| TAS2←任务需求 | 0.764 | 1.046 | 0.065 | 16.014 | *** |
| TAS3←任务需求 | 0.886 | 1.167 | 0.064 | 18.306 | *** |
| TAS4←任务需求 | 0.724 | 0.909 | 0.060 | 15.112 | *** |
| LEA1←学习需求 | 0.700 | 1.000 | | | |
| LEA2←学习需求 | 0.878 | 1.323 | 0.082 | 16.182 | *** |
| LEA3←学习需求 | 0.716 | 1.082 | 0.079 | 13.755 | *** |
| LEA4←学习需求 | 0.729 | 1.074 | 0.077 | 13.985 | *** |
| ENT1←娱乐需求 | 0.803 | 1.000 | | | |
| ENT2←娱乐需求 | 0.732 | 0.988 | 0.061 | 16.197 | *** |
| ENT3←娱乐需求 | 0.877 | 1.220 | 0.062 | 19.755 | *** |
| ENT4←娱乐需求 | 0.765 | 1.144 | 0.067 | 17.114 | *** |
| AW1←获取意愿 | 0.783 | 1.000 | | | |
| AW2←获取意愿 | 0.802 | 0.956 | 0.053 | 17.983 | *** |
| AW3←获取意愿 | 0.857 | 1.073 | 0.055 | 19.471 | *** |
| AW4←获取意愿 | 0.826 | 0.936 | 0.050 | 18.657 | *** |

***表示 $p<0.001$

### 3. 意愿对行为的影响的验证

1）提供者的共享意愿对共享行为的影响的验证

提供者的共享意愿对共享行为的影响的结构方程模型主要涉及共享意愿（SW）和共享行为（SB）这两个潜在变量。由于这两个潜在变量是不能够直接进行测度的，因而又细化了 8 个观测变量来对其进行测度，按照前文提供者动机对共享行为的模型修正规则，根据 M.I.值先后释放 e15 与 e17、e20 与 e22 之间的关系，进行两次修正后的最终模型结果如图 4-16 所示。最终模型的拟合结果如表 4-45 和表 4-46 所示。

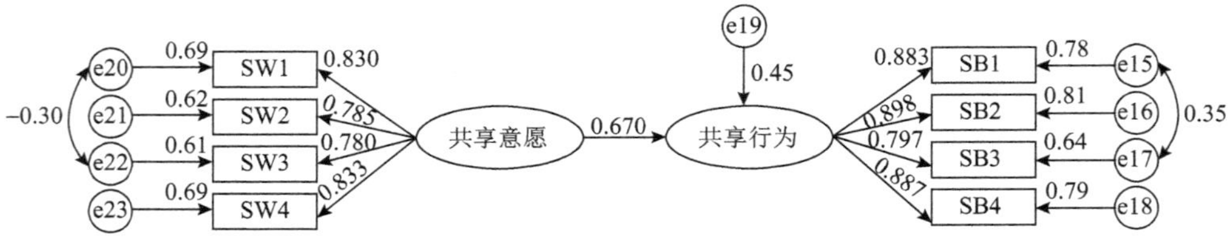


图 4-16　提供者共享意愿对共享行为的影响关系模型

**表 4-45　提供者共享意愿对共享行为的影响关系模型拟合指标**

| 项目 | $\chi^2$/df | GFI | AGFI | CFI | RMR | RMSEA | NFI | IFI |
|---|---|---|---|---|---|---|---|---|
| 结果 | 3.738 | 0.951 | 0.896 | 0.973 | 0.022 | 0.094 | 0.963 | 0.973 |

**表 4-46　测度模型中潜变量的估计参数（共享意愿–共享行为）**

| 路径 | 标准化的路径系数 | 标准化的路径系数 | 标准误差 | C.R.（$t$ 值） | $p$ |
|---|---|---|---|---|---|
| 共享行为←共享意愿 | 0.670 | 1.065 | 0.095 | 11.178 | *** |
| SB1←共享行为 | 0.883 | 1.000 | | | |
| SB2←共享行为 | 0.898 | 0.918 | 0.047 | 19.350 | *** |
| SB3←共享行为 | 0.797 | 0.829 | 0.043 | 19.149 | *** |
| SB4←共享行为 | 0.887 | 0.947 | 0.047 | 20.274 | *** |
| SW1←共享意愿 | 0.830 | 0.999 | 0.066 | 15.083 | *** |
| SW2←共享意愿 | 0.785 | 1.000 | | | |
| SW3←共享意愿 | 0.780 | 0.970 | 0.070 | 13.854 | *** |
| SW4←共享意愿 | 0.833 | 1.101 | 0.069 | 16.044 | *** |

***表示 $p<0.001$

由表 4-45 可以看出，模型的各项拟合指标具体为：$\chi^2$/df 为 3.738；GFI 为 0.951；AGFI 为 0.896；CFI 为 0.973；RMR 为 0.022；RMSEA 为 0.094；NFI 为 0.963；IFI 为 0.973，由表 4-46 可以看出，所有参数的 C.R.（$t$ 值）都大于 1.96，且标准误差都大于 0，由此，可以认为，模型的拟合程度较好。另外，由表 4-46 可以看出，提供者的共享意愿（SW）对共享行为（SB）具有正向影响（$\beta$=0.670，$t$=11.178，

$p$<0.001），表明 H4.17 成立。

2）使用者的获取意愿对获取行为的影响的验证

本部分中使用者的获取意愿对获取行为的影响的结构方程模型主要涉及获取意愿（AW）和获取行为（AB）这两个潜在变量。由于这两个潜在变量是不能够直接进行测度的，因而又细化了 8 个观测变量来对其进行测度，如图 4-17 所示。最终模型的拟合结果如表 4-47 和表 4-48 所示。

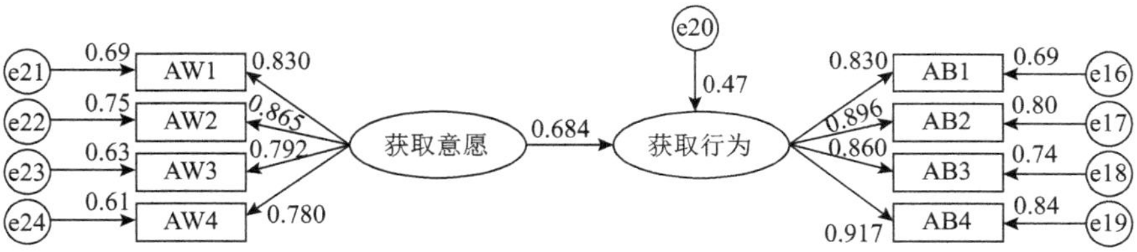


图 4-17　使用者获取意愿对获取行为的影响关系模型

**表 4-47　使用者获取意愿对获取行为的影响关系模型拟合指标**

| 项目 | $\chi^2$/df | GFI | AGFI | CFI | RMR | RMSEA | NFI | IFI |
|---|---|---|---|---|---|---|---|---|
| 结果 | 3.884 | 0.961 | 0.927 | 0.980 | 0.014 | 0.081 | 0.973 | 0.980 |

**表 4-48　测度模型中潜变量的估计参数（获取意愿–获取行为）**

| 路径 | 标准化的路径系数 | 标准化的路径系数 | 标准误差 | C.R.（$t$ 值） | $p$ |
|---|---|---|---|---|---|
| 获取行为←获取意愿 | 0.684 | 1.064 | 0.074 | 14.428 | *** |
| AB1←获取行为 | 0.830 | 0.924 | 0.037 | 24.841 | *** |
| AB2←获取行为 | 0.896 | 1.005 | 0.034 | 29.598 | *** |
| AB3←获取行为 | 0.860 | 0.962 | 0.036 | 26.912 | *** |
| AB4←获取行为 | 0.917 | 1.060 | | | *** |
| AW1←获取意愿 | 0.830 | 1.000 | | | |
| AW2←获取意愿 | 0.865 | 1.153 | 0.054 | 21.272 | *** |
| AW3←获取意愿 | 0.792 | 1.005 | 0.053 | 18.909 | *** |
| AW4←获取意愿 | 0.780 | 1.060 | 0.057 | 18.540 | *** |

***表示 $p$<0.001

由表 4-47 可以看出，模型的各项拟合指标具体为：$\chi^2$/df 为 3.884；GFI 为 0.961；

AGFI 为 0.927；CFI 为 0.980；RMR 为 0.014；RMSEA 为 0.081；NFI 为 0.973；IFI 为 0.980，由表 4-48 可以看出，所有参数的 C.R.（$t$ 值）都大于 1.96，且标准误差都大于 0，由此，可以认为模型的拟合程度较好。由表 4-48 可以看出，使用者的获取意愿（AW）对获取行为（AB）具有正向影响（$\beta$=0.684，$t$=14.428，$p$<0.001），表明 H4.18 成立。

4. 参与意愿的中介作用的验证

1）提供者的共享意愿的中介作用的验证

在检验提供者的共享意愿在提供者的共享动机与共享行为的关系间的中介效应时，结构方程模型中主要涉及经济动机（ECO）、利他动机（ALT）、社交需求（SOC）、地位需求（STA）、共享意愿（SW）、共享行为（SB）6 个潜在变量。由于这 6 个潜在变量是不能够直接进行测度的，因而又细化了 22 个观测变量来对其进行测度，按照前文提供者共享动机对共享行为的模型修正规则，根据 M.I.值的大小先后释放 e6 与 e14、e20 与 e22、e15 与 e17、e5 与 e9、e10 与 e13、e9 与 e12 之间的关系，一共进行六次修正后的最终模型结果如图 4-18 所示。最终模型的拟合结果如表 4-49 和表 4-50 所示。

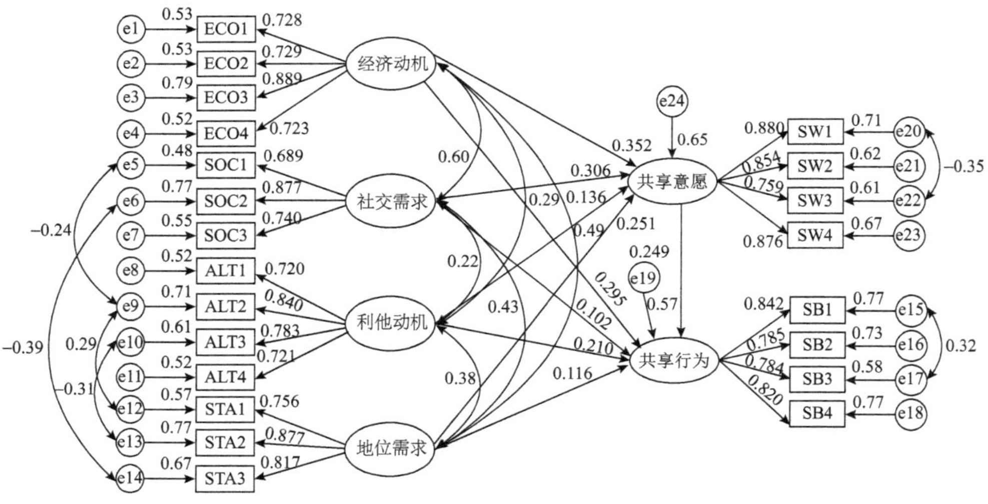


图 4-18　“共享动机-共享意愿-共享行为”中介作用模型

**表 4-49　“共享动机-共享意愿-共享行为”中介作用模型拟合指标**

| 项目 | $\chi^2$/df | GFI | AGFI | CFI | RMR | RMSEA | NFI | IFI |
|---|---|---|---|---|---|---|---|---|
| 结果 | 2.488 | 0.884 | 0.844 | 0.935 | 0.024 | 0.069 | 0.900 | 0.936 |

**表 4-50 中介作用测度模型中潜变量估计参数（共享动机–共享意愿–共享行为）**

| 路径 | 标准化的路径系数 | 非标准化的路径系数 | 标准误差 | C.R.（$t$ 值） | $p$ |
|---|---|---|---|---|---|
| 共享意愿←经济动机 | 0.352 | 0.313 | 0.056 | 5.563 | *** |
| 共享意愿←社交需求 | 0.306 | 0.351 | 0.072 | 4.872 | *** |
| 共享意愿←利他动机 | 0.136 | 0.117 | 0.041 | 2.834 | ** |
| 共享意愿←地位需求 | 0.251 | 0.246 | 0.055 | 4.441 | *** |
| 共享行为←经济动机 | 0.295 | 0.403 | 0.100 | 4.013 | *** |
| 共享行为←社交需求 | 0.102 | 0.179 | 0.121 | 1.478 | 0.139 |
| 共享行为←利他动机 | 0.210 | 0.278 | 0.070 | 3.971 | *** |
| 共享行为←地位需求 | 0.116 | 0.175 | 0.093 | 1.874 | 0.061 |
| 共享行为←共享意愿 | 0.249 | 0.383 | 0.133 | 2.884 | ** |
| ECO1←经济动机 | 0.728 | 0.820 | 0.056 | 14.642 | *** |
| ECO2←经济动机 | 0.729 | 0.800 | 0.054 | 14.682 | *** |
| ECO3←经济动机 | 0.889 | 1.000 | | | |
| ECO4←经济动机 | 0.723 | 0.800 | 0.055 | 14.518 | *** |
| SOC1←社交需求 | 0.689 | 1.000 | | | |
| SOC2←社交需求 | 0.877 | 1.086 | 0.086 | 12.670 | *** |
| SOC3←社交需求 | 0.740 | 1.007 | 0.087 | 11.633 | *** |
| ALT1←利他动机 | 0.720 | 0.884 | 0.065 | 13.516 | *** |
| ALT2←利他动机 | 0.840 | 1.000 | | | |
| ALT3←利他动机 | 0.783 | 0.862 | 0.058 | 14.851 | *** |
| ALT4←利他动机 | 0.721 | 0.821 | 0.061 | 13.551 | *** |
| STA1←地位需求 | 0.756 | 1.000 | | | |
| STA2←地位需求 | 0.877 | 1.156 | 0.077 | 15.082 | *** |
| STA3←地位需求 | 0.817 | 1.111 | 0.077 | 14.486 | *** |
| SW1←共享意愿 | 0.880 | 1.000 | | | |
| SW2←共享意愿 | 0.854 | 0.920 | 0.047 | 19.642 | *** |
| SW3←共享意愿 | 0.759 | 0.834 | 0.043 | 19.331 | *** |
| SW4←共享意愿 | 0.876 | 0.942 | 0.046 | 20.428 | *** |
| SB1←共享行为 | 0.842 | 1.000 | | | |

续表

| 路径 | 标准化的路径系数 | 非标准化的路径系数 | 标准误差 | C.R.（$t$ 值） | $p$ |
|---|---|---|---|---|---|
| SB2←共享行为 | 0.785 | 0.971 | 0.062 | 15.724 | *** |
| SB3←共享行为 | 0.784 | 0.965 | 0.070 | 13.732 | *** |
| SB4←共享行为 | 0.820 | 1.058 | 0.064 | 16.664 | *** |

***表示 $p$<0.001，**表示 $p$<0.01

由表 4-49 可知，模型的拟合指数中，除了 GFI、AGFI 的数值是接近理想状态，其他拟合指数 CFI、RMR、RMSEA、NFI、IFI、$\chi^2$/df 的数值均达到理想状态，由此可见模型对数据的拟合程度较好。

由表 4-50 和图 4-18 可知，经济动机与共享意愿的标准化路径系数为 0.352，在 0.001 的水平上显著；社交需求与共享意愿的标准化路径系数为 0.306，在 0.001 的水平上显著；利他动机与共享意愿的标准化路径系数为 0.136，在 0.01 的水平上显著；地位需求与共享意愿的标准化路径系数为 0.251，在 0.001 的水平上显著；共享意愿与共享行为的标准化路径系数为 0.249，在 0.01 的水平上显著；经济动机与共享行为的标准化路径系数为 0.295，在 0.001 的水平上显著；社交需求与共享行为的标准化路径系数为 0.102，$p$ 值为 0.139，不显著；利他动机与共享行为的标准化路径系数为 0.210，在 0.001 的水平上显著；地位需求与共享行为的标准化路径系数为 0.116，$p$ 值为 0.061，不显著。

本部分的中介效应检验流程及判断准则是根据温忠麟等提出的有关中介效应的检验程序及判断准则，按照此准则可知提供者的知识技能共享意愿在经济动机与共享行为的作用关系中起部分中介作用[207]；提供者的知识技能共享意愿在社交需求与共享行为的作用关系中起完全中介作用；提供者的知识技能共享意愿在利他动机与共享行为的作用关系中起部分中介作用；提供者的知识技能共享意愿在地位需求与共享行为的作用关系中起完全中介作用，H4.19、H4.20、H4.21、H4.22 均成立。

2）使用者的获取意愿的中介作用的验证

在检验使用者的获取意愿在使用者的获取动机对获取行为的影响的中介效应时，结构方程模型中主要涉及任务需求（TAS）、学习需求（LEA）、娱乐需求（ENT）、社交需求（SOC）、获取意愿（AW）、获取行为（AB）6 个潜在变量。由于这 6 个潜在变量是不能够直接进行测度的，因而又细化了 23 个观测变量来对其进行测度，如图 4-19 所示。初始模型的拟合结果如表 4-51 和表 4-52 所示。

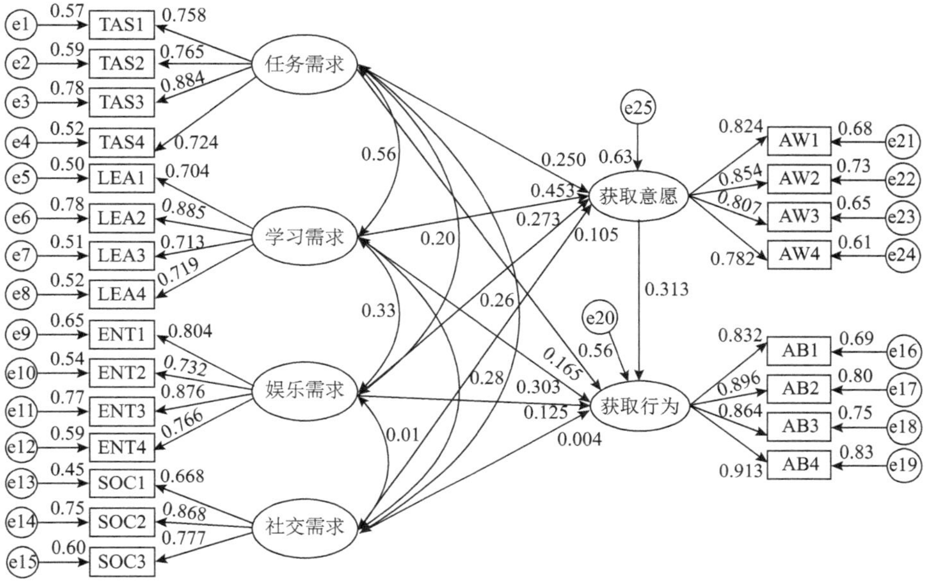


图 4-19　“获取动机-获取意愿-获取行为”中介作用初始模型

**表 4-51　中介作用初始测度模型中潜变量估计参数（获取动机–获取意愿–获取行为）**

| 路径 | 标准化的路径系数 | 非标准化的路径系数 | 标准误差 | C.R.（$t$ 值） | $p$ |
|---|---|---|---|---|---|
| 获取意愿←任务需求 | 0.250 | 0.284 | 0.057 | 5.013 | *** |
| 获取意愿←学习需求 | 0.453 | 0.527 | 0.067 | 7.808 | *** |
| 获取意愿←娱乐需求 | 0.273 | 0.280 | 0.043 | 6.443 | *** |
| 获取意愿←社交需求 | 0.105 | 0.102 | 0.040 | 2.557 | * |
| 获取行为←获取意愿 | 0.313 | 0.424 | 0.097 | 4.368 | *** |
| 获取行为←任务需求 | 0.165 | 0.255 | 0.080 | 3.203 | *** |
| 获取行为←学习需求 | 0.303 | 0.478 | 0.101 | 4.715 | *** |
| 获取行为←娱乐需求 | 0.125 | 0.174 | 0.063 | 2.772 | ** |
| 获取行为←社交需求 | 0.004 | 0.006 | 0.054 | 0.101 | 0.919 |
| TAS1←任务需求 | 0.758 | 1.000 | | | |
| TAS2←任务需求 | 0.765 | 1.045 | 0.065 | 16.085 | *** |
| TAS3←任务需求 | 0.884 | 1.163 | 0.063 | 18.386 | *** |
| TAS4←任务需求 | 0.724 | 0.906 | 0.060 | 15.138 | *** |
| LEA1←学习需求 | 0.704 | 1.000 | | | |
| LEA2←学习需求 | 0.885 | 1.326 | 0.080 | 16.528 | *** |

续表

| 路径 | 标准化的路径系数 | 非标准化的路径系数 | 标准误差 | C.R.（$t$ 值） | $p$ |
|---|---|---|---|---|---|
| LEA3←学习需求 | 0.713 | 1.073 | 0.077 | 13.854 | *** |
| LEA4←学习需求 | 0.719 | 1.055 | 0.076 | 13.966 | *** |
| ENT1←娱乐需求 | 0.804 | 1.000 | | | |
| ENT2←娱乐需求 | 0.732 | 0.987 | 0.061 | 16.222 | *** |
| ENT3←娱乐需求 | 0.876 | 1.218 | 0.061 | 19.805 | *** |
| ENT4←娱乐需求 | 0.766 | 1.144 | 0.067 | 17.160 | *** |
| SOC1←社交需求 | 0.668 | 1.000 | | | |
| SOC2←社交需求 | 0.868 | 1.153 | 0.086 | 13.389 | *** |
| SOC3←社交需求 | 0.777 | 1.030 | 0.077 | 13.363 | *** |
| AB1←获取行为 | 0.832 | 1.000 | | | |
| AB2←获取行为 | 0.896 | 1.085 | 0.045 | 24.127 | *** |
| AB3←获取行为 | 0.864 | 1.042 | 0.046 | 22.716 | *** |
| AB4←获取行为 | 0.913 | 1.074 | 0.043 | 24.879 | *** |
| AW1←获取意愿 | 0.824 | 0.935 | 0.050 | 18.637 | *** |
| AW2←获取意愿 | 0.854 | 1.071 | 0.055 | 19.436 | *** |
| AW3←获取意愿 | 0.807 | 0.965 | 0.053 | 18.175 | *** |
| AW4←获取意愿 | 0.782 | 1.000 | | | |

***表示 $p<0.001$，**表示 $p<0.01$，*表示 $p<0.05$

**表 4-52　“获取动机–获取意愿–获取行为”中介作用初始模型拟合指标**

| 项目 | $\chi^2$/df | GFI | AGFI | CFI | RMR | RMSEA | NFI | IFI |
|---|---|---|---|---|---|---|---|---|
| 结果 | 2.631 | 0.903 | 0.875 | 0.946 | 0.019 | 0.060 | 0.938 | 0.962 |

由表 4-51 和表 4-52 可知，模型的拟合指数中，$\chi^2$/df、CFI、RMR、RMSEA、NFI、IFI、GFI 的数值是理想状态，AGFI 数值接近理想状态，由此可见模型对数据的拟合程度较好。使用者的社交需求对获取意愿的影响的标准化路径系数为 0.105，$p$ 值为 0.011，即使用者的社交需求对获取意愿的影响在 0.05 的水平上显著；使用者的社交需求对获取行为的影响的标准化路径系数为 0.004，$p$ 值为 0.919，即使用者的社交需求对获取行为的影响并不显著。

最终模型是在初始模型的基础上删除“社交需求”与“获取意愿”的路径和

“社交需求”与“获取行为”的路径来对模型进行修正。修正后的最终模型如图 4-20 所示，模型各拟合结果如表 4-53 和表 4-54 所示。

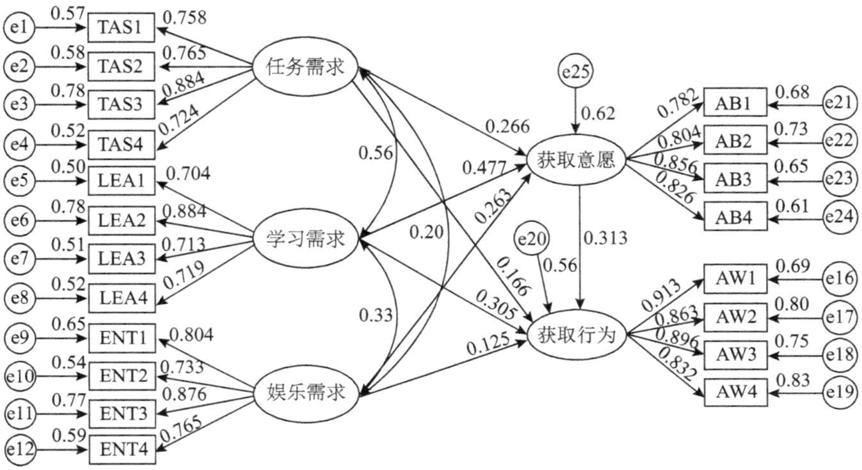


图 4-20　“获取动机-获取意愿-获取行为”中介作用最终模型

**表 4-53　“获取动机–获取意愿–获取行为”中介作用最终模型拟合指标**

| 项目 | $\chi^2$/df | GFI | AGFI | CFI | RMR | RMSEA | NFI | IFI |
|---|---|---|---|---|---|---|---|---|
| 结果 | 2.869 | 0.909 | 0.880 | 0.949 | 0.019 | 0.066 | 0.925 | 0.950 |

**表 4-54　中介作用最终测度模型中潜变量估计参数（获取动机–获取意愿–获取行为）**

| 路径 | 标准化的路径系数 | 非标准化的路径系数 | 标准误差 | C.R.（$t$值） | $p$ |
|---|---|---|---|---|---|
| 获取意愿←任务需求 | 0.266 | 0.303 | 0.057 | 5.302 | *** |
| 获取意愿←学习需求 | 0.477 | 0.554 | 0.068 | 8.173 | *** |
| 获取意愿←娱乐需求 | 0.263 | 0.270 | 0.043 | 6.201 | *** |
| 获取行为←获取意愿 | 0.313 | 0.455 | 0.102 | 4.469 | *** |
| 获取行为←任务需求 | 0.166 | 0.275 | 0.085 | 3.229 | *** |
| 获取行为←学习需求 | 0.305 | 0.515 | 0.108 | 4.775 | *** |
| 获取行为←娱乐需求 | 0.125 | 0.186 | 0.066 | 2.816 | ** |
| TAS1←任务需求 | 0.758 | 1.000 | | | |
| TAS2←任务需求 | 0.765 | 1.045 | 0.065 | 16.072 | *** |
| TAS3←任务需求 | 0.884 | 1.164 | 0.063 | 18.376 | *** |
| TAS4←任务需求 | 0.724 | 0.907 | 0.060 | 15.144 | *** |

续表

| 路径 | 标准化的路径系数 | 非标准化的路径系数 | 标准误差 | C.R.（$t$值） | $p$ |
|---|---|---|---|---|---|
| LEA1←学习需求 | 0.704 | 1.000 | | | |
| LEA2←学习需求 | 0.884 | 1.325 | 0.080 | 16.522 | *** |
| LEA3←学习需求 | 0.713 | 1.073 | 0.077 | 13.858 | *** |
| LEA4←学习需求 | 0.719 | 1.055 | 0.076 | 13.965 | *** |
| ENT1←娱乐需求 | 0.804 | 1.000 | | | |
| ENT2←娱乐需求 | 0.733 | 0.989 | 0.061 | 16.252 | *** |
| ENT3←娱乐需求 | 0.876 | 1.218 | 0.062 | 19.775 | *** |
| ENT4←娱乐需求 | 0.765 | 1.143 | 0.067 | 17.126 | *** |
| AB1←获取意愿 | 0.782 | 1.000 | | | |
| AB2←获取意愿 | 0.804 | 0.961 | 0.053 | 18.081 | *** |
| AB3←获取意愿 | 0.856 | 1.073 | 0.055 | 19.470 | *** |
| AB4←获取意愿 | 0.826 | 0.936 | 0.050 | 18.670 | *** |
| AW1←获取行为 | 0.913 | 1.000 | | | |
| AW2←获取行为 | 0.863 | 0.970 | 0.036 | 26.983 | *** |
| AW3←获取行为 | 0.896 | 1.010 | 0.034 | 29.398 | *** |
| AW4←获取行为 | 0.832 | 0.931 | 0.037 | 24.872 | *** |

***表示 $p<0.001$，**表示 $p<0.01$

由表 4-53 可知，模型的拟合指数中，$\chi^2$/df 为 2.869，GFI 为 0.909，AGFI 为 0.880，CFI 为 0.949，RMR 为 0.019，RMSEA 为 0.066，NFI 为 0.925，IFI 为 0.950，由此可见模型对数据的拟合程度较好。

由表 4-54 和图 4-20 可知，任务需求与获取意愿的标准化路径系数为 0.266，在 0.001 的水平上显著；学习需求与获取意愿的标准化路径系数为 0.477，在 0.001 的水平上显著；娱乐需求与获取意愿的标准化路径系数为 0.263，在 0.001 的水平上显著；使用者的获取意愿与获取行为的标准化路径系数为 0.313，在 0.001 的水平上显著；任务需求与获取行为的标准化路径系数为 0.166，在 0.001 的水平上显著；学习需求与获取行为的标准化路径系数为 0.305，在 0.001 的水平上显著；娱乐需求与获取行为的标准化路径系数为 0.125，$p$ 值为 0.005，在 0.01 的水平上显著。根据温忠麟等提出的有关中介效应的检验程序及判断准则，由上述结果可以判断出，使用者的知识技能获取意愿在任务需求、学习需求、娱乐需求与获取行为的作用关系中起部分中介作用[207]。由表 4-51 可知，使用者的知识技能获取意愿在社交需求与获取行为的作用关系中不起中介作用，H4.23、H4.24、H4.26 成立，H4.25 被拒绝。

### 4.2.4　假设验证结果分析与汇总

对由前文得出的知识技能型共享经济双边参与动机的实证研究结果进行分析与讨论，具体分析如下。

1. 提供者各共享动机与共享行为的关系分析

1）经济动机与共享行为

模型分析结果表明经济动机对提供者的共享行为有显著的正向影响，也就是经济动机的刺激越强烈，提供者参与知识技能共享的积极性越高。

大量学者的研究都表明经济动机是人们参与共享经济的主要动机[23]。很早之前西方经济学界的泰斗亚当·斯密曾提出“经济人假设”。亚当·斯密认为人们的行为动机源于经济诱因，人都要争取最大的经济利益，人们参加工作的目的就是取得经济报酬。另外，在马斯洛的需求层次理论中把人类的需求一共分成了五个层次，依次由较低层次到较高层次排列。其中，最低级的就是生存需求，只有当人从生存需要的控制下解放出来时，才可能出现更高级的需要，如社交的需求、自我价值的实现等。要满足人类的生存需求，对金钱的需求就是必不可少的。因此，经济动机是驱动人类行为的最基础动机之一，对本部分中的提供者来说，其经济动机越强烈，就越有可能去共享自己的知识技能。

2）利他动机与共享行为

模型分析结果表明利他动机对提供者的共享行为有显著的正向影响，也就是利他动机越强烈，提供者参与知识技能共享的积极性越高。

利他行为是指那些自愿付出而又不求回报的行为，可以将利他行为分为自我利他主义行为与纯利他主义行为。自我利他主义是指助人者主要是想通过自己的助人行为来增加自我效能感，或者是为了实现自我的价值；而纯利他主义是指助人者主要是为了帮助别人解决问题，帮助别人减少苦恼而对其施以援手，从而自己体验到帮助别人的愉悦感。总之，不论是自我利他主义行为还是纯利他主义行为，都会推动助人者去采取一些对他人有好处的行为。因此，对本部分中的知识技能提供者来说，利他动机对其共享行为具有推动作用。

3）社交需求与共享行为

模型分析结果表明社交需求对提供者的共享行为有显著的正向影响，也就是社交需求越强烈，提供者参与知识技能共享的积极性越高。

在如今的互联网时代，网络社交已经成为人们每天生活中必不可少的一部分，并且网络社交具有的便捷性、普遍性、速度快等特点深受人们喜爱。人们可以利用网络平台帮助自己快速地认识更多的新朋友。对于本部分中的知识技能提供者而言，一方面，他们可以通过在知识技能型共享经济平台上共享自己的知识技能的方式来认识更多的人或者扩大自己的社交网；另一方面，他们可以通过在网络平台共享自己的知识技能来吸引更多的人成为自己的粉丝，得到更多人的关注，从而提高自己在网络平台中的知名度。以上两个方面均能不同程度地满足提供者的社交需求。

4）地位需求与共享行为

模型分析结果表明地位需求对提供者的共享行为有显著的正向影响，也就是地位需求越强烈，提供者参与知识技能共享的积极性越高。

知识技能型共享经济平台中的提供者大多储备了一定基础的知识技能，当他们在网络平台持续地共享他们所储备的知识技能时，慢慢地也会提升他们在自己所关注的研究领域的权威性和地位等级。地位等级的提高在将来又可能为他们带来如额外的经济收入、更高的荣誉等潜在收益，并且由于社交网络的传播速度快、传播范围广，在网络平台中比在现实生活中更容易提高自己的知名度和地位等级。因此，一个提供者对自己的地位等级提升的需求越强烈，就越有可能刺激他去共享自己的知识技能。

2. 使用者各获取动机与获取行为的关系分析

1）任务需求与获取行为

模型分析结果表明任务需求对使用者的知识技能获取行为有显著的正向影响，也就是当使用者的任务需求越强烈、越紧迫时，其通过网络平台获取知识技能信息的积极性就越高。

当使用者面临一定的任务难题时，其会通过知识技能型共享经济平台来获取别人共享的知识技能信息以帮助自己解决难题。从成本节约方面来说，不仅可以降低自己的经济成本，另外，基于网络平台的迅速便捷性，还可以减少自己的时间成本。从问题解决质量方面来说，这也是不错的选择。因为网络平台是一个开放包容的空间，在一个提问下面可能会有几十条甚至上百条的回答，这样就给使用者提供了多种可供选择的方法。使用者只需要选择针对他们的任务或问题最有价值的那一条或几条答案，就可以帮助他们解决问题了。或者还可以请专业的人士来帮自己解决问题，如猪八戒网的外包服务。因而，任务需求对使用者获取知识技能信息具有重要影响。

2）学习需求与获取行为

模型分析结果表明学习需求对使用者的知识技能获取行为有显著的正向影

响，也就是使用者对学习知识技能越渴望，其通过网络平台获取知识技能信息的积极性就越高。

在当今竞争激烈的时代，终身学习是很多人的追求目标，那么学习资源从何处获取？又该如何高性价比获取学习资源？去图书馆借阅资料、向老师及身边的专业人请教固然是不错的途径，但是在如今极度追求高效、快节奏而又忙碌的时代，上述方法的性价比并不是最高的。如今越来越热的知识技能型共享经济平台刚好可以解决他们的问题，网络平台上有海量的知识技能资源，而且可以快速地搜寻、下载、学习，能够很好地满足他们对学习知识技能的需求。因此，在当今互联网时代，当使用者的学习需求越强烈时，越有可能提高其通过网络平台获取知识技能信息的积极性。

3）社交需求与获取行为

模型分析结果表明社交需求对使用者的知识技能获取行为没有显著的影响，也就是说使用者社交需求的大小的不同，对其获取行为所带来的影响并没有明显的差异。

对于使用者而言，一方面，在知识技能型共享经济平台中搜寻、下载、获取别人共享的知识技能信息并不会像提供者那样可以带来更多人的关注，扩大自己的名气。另一方面，如今微信、微博等专门的社交软件已经基本可以满足广大的普通使用者的社交需求，相比而言，知识技能型共享经济平台对他们去认识更多的人或者扩大自己的社交网就变得不那么具有吸引力。因此，对于知识技能的使用者而言，其社交需求并不会导致他们去获取别人共享的知识技能信息。这一结论与 Bucher 等的研究结果类似，他们通过研究发现社交动机对人们参与共享经济的影响并不显著，最主要的影响因素是经济动机[69]。

4）娱乐需求与获取行为

模型分析结果表明娱乐需求对使用者的知识技能获取行为有显著的正向影响。

知识技能型共享经济平台中也有很多像知乎、创意牛等传授自己的智慧、经验等知识技能的平台，这类平台上的话题并不像好大夫在线、猪八戒网等那么具有专业性和权威性，而往往具有一定的趣味性和娱乐性。通过对知乎使用者进行线下深度访谈发现，他们在使用知乎这类知识技能型共享经济平台时，大部分时间是带着轻松的心情阅读自己感兴趣的话题中别人共享的一些经验或者智慧以及生活技巧等，帮助自己打发无聊的时间或者给自己带来一些愉悦感。由此可以认为，一些带有趣味性话题的知识技能型共享经济平台可以不同程度地满足使用者的娱乐需求。

3. 提供者的共享意愿与共享行为的关系分析

结构方程模型分析结果表明，提供者的共享意愿对共享行为具有显著的正向影响。其影响力的大小由表 4-46 可知，在提供者的“共享意愿-共享行为”的最终模型中，标准化的路径系数为 0.670，也就是说每当共享意愿变动 1 个单位，共享行为就会变动 0.670 个单位。这与理性行为理论的内容相吻合，即意愿是影响人类行为的重要前因，一个人做某件事的意愿越强烈，就越有可能转化为行为，所以当我们想激发提供者的共享行为时，可以考虑先激发起其共享意愿，再通过共享意愿推动其共享行为的产生。

4. 使用者的获取意愿与获取行为的关系分析

结构方程模型分析结果表明，使用者的获取意愿对获取行为具有显著的正向影响。其影响力的大小由表 4-48 可知，在使用者的“获取意愿-获取行为”的最终模型中，标准化的路径系数为 0.684，也就是说每当获取意愿变动 1 个单位，获取行为就会变动 0.684 个单位。这与提供者的共享意愿对共享行为的影响力的大小相差不大，这一结论也与理性行为理论的内容相吻合。所以当我们想激发使用者的获取行为时，可以考虑先激发起其获取意愿，再通过获取意愿推动其获取行为的产生。

5. 提供者的共享意愿的中介作用分析

结构方程模型分析结果表明，提供者的知识技能共享意愿在经济动机、利他动机、社交需求、地位需求对共享行为的影响机制中均起到了中介的作用。

提供者的经济动机、利他动机、社交需求、地位需求对共享行为的总影响均显著，即回归系数 $c$ 显著，如表 4-34 所示；提供者的经济动机、利他动机、社交需求、地位需求对共享意愿的总影响均显著，即回归系数 $a$ 显著，如表 4-40 所示。提供者的共享意愿对共享行为的影响也显著，即回归系数 $b$ 显著；提供者的经济动机、利他动机对共享行为的直接影响显著，即回归系数 $c'$显著，但社交需求、地位需求对共享行为的直接影响并不显著，即回归系数 $c'$不显著，如表 4-50 所示。由此，根据温忠麟等判断中介效应的规则[207]，可以判断出提供者的知识技能共享意愿在“经济动机-共享行为”和“利他动机-共享行为”的关系中起部分中介作用，也就是说，在“经济（利他）动机-共享行为”的作用关系中有一部分由经济（利他）动机直接作用于共享行为，还有一部分由经济（利他）动机经过共享意愿间接作用于共享行为。提供者的知识技能共享意愿在“社交需求-共享行为”和“地位需求-共享行为”的关系中起完全中介作用，也就是说，社交（地位）需求并不直接作用于共享行为，而是通过共享意愿的完全中介作用来作用于共享行为。

### 6. 使用者的获取意愿的中介作用分析

结构方程模型分析结果表明，使用者的知识技能获取意愿在任务需求、学习需求、娱乐需求对获取行为的影响机制中均起到了部分中介的作用，在社交需求对获取行为的影响机制中不起中介作用。

使用者的任务需求、学习需求、娱乐需求均对获取行为有显著的正向影响，即回归系数 $c$ 显著，如表 4-36 所示，社交需求对获取行为的影响不显著，即回归系数 $c$ 不显著；使用者的任务需求、学习需求、娱乐需求均对获取意愿有显著的正向影响，即回归系数 $a$ 显著，如表 4-42 所示，社交需求对获取意愿的影响不显著，即回归系数 $a$ 不显著；使用者的获取意愿对获取行为具有显著的正向影响，即回归系数 $b$ 显著，如表 4-54 所示。由表 4-54 可知，使用者的学习需求、任务需求、娱乐需求对获取行为的直接影响显著，即回归系数 $c'$显著，但社交需求对获取行为的直接影响并不显著，即回归系数 $c'$不显著。根据中介效应的判断规则，可以得出在任务需求、学习需求、娱乐需求对获取行为的作用机制中，有一部分是直接作用于获取行为的，还有一部分是通过获取意愿间接作用于获取行为的。使用者的社交需求对获取行为没有显著影响，对获取意愿也没有显著影响，推测其可能原因是微信、微博等社交网的存在已经可以极大地满足使用者的社交需求。

基于上述分析，对本节的研究假设的检验结果进行了汇总，如表 4-55 所示。

**表 4-55　假设检验结果汇总**

| 关系 | 假设内容 | 检验结果 |
|---|---|---|
| 提供者的共享动机对共享行为的影响 | H4.1：经济动机对提供者的知识技能共享行为具有正向影响 | 接受 |
| | H4.2：利他动机对提供者的知识技能共享行为具有正向影响 | 接受 |
| | H4.3：社交需求对提供者的知识技能共享行为具有正向影响 | 接受 |
| | H4.4：地位需求对提供者的知识技能共享行为具有正向影响 | 接受 |
| 使用者的获取动机对获取行为的影响 | H4.5：任务需求对使用者的知识技能获取行为具有正向影响 | 接受 |
| | H4.6：学习需求对使用者的知识技能获取行为具有正向影响 | 接受 |
| | H4.7：社交需求对使用者的知识技能获取行为具有正向影响 | 拒绝 |
| | H4.8：娱乐需求对使用者的知识技能获取行为具有正向影响 | 接受 |
| 提供者的共享动机对共享意愿的影响 | H4.9：经济动机对提供者的知识技能共享意愿具有正向影响 | 接受 |
| | H4.10：利他动机对提供者的知识技能共享意愿具有正向影响 | 接受 |
| | H4.11：社交需求对提供者的知识技能共享意愿具有正向影响 | 接受 |
| | H4.12：地位需求对提供者的知识技能共享意愿具有正向影响 | 接受 |

续表

| 关系 | 假设内容 | 检验结果 |
| --- | --- | --- |
| 使用者的获取动机对获取意愿的影响 | H4.13：任务需求对使用者的知识技能获取意愿具有正向影响 | 接受 |
| | H4.14：学习需求对使用者的知识技能获取意愿具有正向影响 | 接受 |
| | H4.15：社交需求对使用者的知识技能获取意愿具有正向影响 | 拒绝 |
| | H4.16：娱乐需求对使用者的知识技能获取意愿具有正向影响 | 接受 |
| 提供者的共享意愿对共享行为的影响 | H4.17：提供者的知识技能共享意愿对共享行为具有正向影响 | 接受 |
| 使用者的获取意愿对获取行为的影响 | H4.18：使用者的知识技能获取意愿对获取行为具有正向影响 | 接受 |
| 提供者的共享意愿的中介作用 | H4.19：提供者的共享意愿在经济动机与共享行为的关系中起中介作用 | 接受 |
| | H4.20：提供者的共享意愿在利他动机与共享行为的关系中起中介作用 | 接受 |
| | H4.21：提供者的共享意愿在社交需求与共享行为的关系中起中介作用 | 接受 |
| | H4.22：提供者的共享意愿在地位需求与共享行为的关系中起中介作用 | 接受 |
| 使用者的获取意愿的中介作用 | H4.23：使用者的获取意愿在任务需求与获取行为的关系中起中介作用 | 接受 |
| | H4.24：使用者的获取意愿在学习需求与获取行为的关系中起中介作用 | 接受 |
| | H4.25：使用者的获取意愿在社交需求与获取行为的关系中起中介作用 | 拒绝 |
| | H4.26：使用者的获取意愿在娱乐需求与获取行为的关系中起中介作用 | 接受 |

## 4.3 本章小结

本章分别从提供者和使用者视角出发，构建结构方程模型，一方面来探索经济动机、利他动机、社交需求、地位需求对提供者的共享行为的影响以及提供者的共享意愿在其中所发挥的中介作用；另一方面来探索任务需求、学习需求、社交需求、娱乐需求对使用者的获取行为的影响及使用者的获取意愿在其中所发挥的中介作用。根据对数据的描述性统计分析与结构方程模型分析，本章主要得出了如下研究结论。

（1）从知识技能型共享经济双边参与者的数量来看，提供者的数量明显少于使用者的数量；被调研者对本章所列举的众多的知识技能型共享经济平台（猪八戒网、知乎、创意牛、百度知道、豆丁网、春雨医生、分答、丁香园、大众菜谱网、蜻蜓 FM、得到、喜马拉雅、今日头条、经管之家、百度文库、新浪爱问）中的百度知道、知乎、百度文库的熟知度较高。

（2）从提供者视角来看，①经济动机、利他动机、社交需求、地位需求均对提供者的知识技能共享行为具有显著的正向影响；②从各动机对提供者的知识技能共享行为总的影响力的大小来看，经济动机对提供者的知识技能共享行为总的影响力最大，其他依次是利他动机、地位需求、社交需求；③经济动机、利他动机、社交需求、地位需求均对提供者的知识技能共享意愿具有显著的正向影响；④提供者的知识技能共享意愿对共享行为具有显著的正向影响；⑤经济动机、利他动机对共享行为的直接影响显著，社交需求、地位需求对共享行为的直接影响不显著；⑥提供者的知识技能共享意愿在经济动机、利他动机对提供者的知识技能共享行为影响机制中均起到了部分中介的作用；⑦提供者的知识技能共享意愿在社交需求、地位需求对提供者的知识技能共享行为影响机制中均起到了完全中介的作用。

（3）从使用者视角来看，①任务需求、学习需求、娱乐需求均对使用者的知识技能获取行为具有显著的正向影响，社交需求对使用者知识技能获取行为的影响不显著；②从各动机对使用者的知识技能获取行为的总的影响力的大小来看，学习需求对使用者的知识技能获取行为的总的影响力最大，其他依次是任务需求、娱乐需求；③任务需求、学习需求、娱乐需求均对使用者的知识技能获取意愿具有显著的正向影响，社交需求对使用者知识技能获取意愿的影响不显著；④使用者的知识技能获取意愿对获取行为具有显著的正向影响；⑤任务需求、学习需求、娱乐需求均对使用者的知识技能获取行为具有显著的直接影响，但社交需求对使用者的知识技能获取行为的直接影响不显著；⑥使用者的知识技能获取意愿在学习需求、任务需求、娱乐需求对使用者的知识技能获取行为影响机制中均起到了部分中介的作用。

（4）从提供者视角与使用者视角的对比分析来看，社交需求对提供者的知识技能共享行为、共享意愿均有显著的正向影响；但社交需求对使用者的知识技能获取行为、获取意愿并不存在显著的影响。

# 第 5 章　知识技能型共享经济双边参与影响因素研究

## 5.1　研究框架与研究假设

### 5.1.1　研究框架

基于 Nonaka 和 Takeuchi 所提出的 SECI①模型的研究框架，群体知识可以通过显性知识和隐性知识的交互而创造，其中社会化、外化、组合化和内化即知识创造转化的四种交互模式[212]。平台社区用户之间不断交流、互动、讨论、分享经验，并通过发布文章、标注、评论、收藏、点赞等形式，将头脑中的经验、体会、见解等隐性知识表达成显性知识。平台管理者在此基础上对孤立的知识信息进行归纳、总结以形成知识体系，并结合相关技术为用户精准匹配、推荐其所需的知识内容。用户将对所见与所闻进行学习、吸收、消化，并转化为个人的知识和能力，纳入个人知识体系，这便是一个知识技能信息的交互与创造过程[213]。从“社会化”到“外化”的过程中，用户存在知识贡献行为；从“组合化”到“内化”的过程中，用户存在知识获取行为。正是基于上述理论，我们提出：知识技能共享行为可分为知识技能贡献行为和知识技能获取行为，知识技能型共享经济平台用户可以分为知识技能提供者与知识技能使用者（以下简称提供者与使用者）。目前，同时考虑知识共享的双边行为的研究只占少数，学者普遍开始注意到将知识贡献与知识搜索同时纳入虚拟社区研究的必要性，以考察社区中的双向使用行为[186, 212]。因此，本节借鉴 SECI 模型的基本研究思路，结合现实情况与学术界的研究缺口，分别研究知识技能共享中的提供者与使用者的行为影响。

### 5.1.2　研究假设

1. 共享意愿与共享行为

Fishbein 和 Ajzen 提出的理性行为理论认为行为意向是决定行为的直接因素[214]。

① SECI 指 socialization（社会化）、externalization（外化）、combination（组合化）和 internalization（内化）。

而 Ajzen 在理性行为理论的基础之上所提出的计划行为理论认为在个人能力、机会以及资源等实际控制条件充分的情况下，行为意愿也将直接决定行为[215]。该理论表明，个体的意愿受行为态度、主体规范的影响，个人及社会因素则通过影响行为态度和主体规范来间接影响行为意愿和行为。Bock 等认为知识共享意愿决定了知识共享行为[76]。屠兴勇等认为工作情境下的知识共享是指员工通过各种方式和活动与同事进行相关知识和经验的分享、接收和应用。虚拟网络的情境下的知识技能共享是指通过文字、语音或视频等信息载体实现知识、技能、信息等无形资源的交换或贡献[168]。知识贡献和知识获取是知识共享中的两种不同行为，本部分将知识技能共享意愿分为贡献意愿和获取意愿，将知识技能共享行为分为贡献行为和获取行为，认为环境因素必须通过贡献意愿和获取意愿来分别影响贡献行为和获取行为。

H5.1a：知识贡献意愿对知识技能型共享经济平台用户的贡献行为具有正向影响。

H5.1b：知识获取意愿对知识技能型共享经济平台用户的获取行为具有正向影响。

2. 环境因素与知识技能共享

社会心理学家 Bandura 的社会认知理论被广泛应用于验证不同情境下的个体行为[161]。该理论认为，个体认知、个体行为以及环境因素是动态交互影响的，即三者构成了一种“三元交互”的模型（图 5-1）。

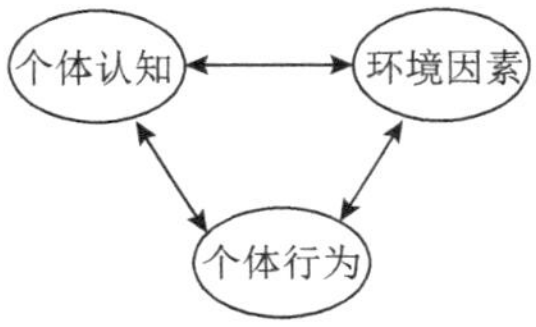


图 5-1　基于社会认知理论的“三元交互模型”

在知识技能型共享经济网络中，平台企业不再是服务或产品的主要提供者，而是用户间信息交互活动的支撑者，其构成一种生态环境[216]或生态网络[217]，以提升参与者创新能力并满足其异质性需求，支撑和促进用户价值共创活动。根据对现有相关文献的梳理，我们发现已有环境因素相关研究主要关注客观环境，对个体主观形成的印象缺乏考量。在网络平台中，系统质量、服务质量、信息质量和管理质量等客观因素可以概括为平台硬环境，而用户对事物产生的观点与感受或用户交互过程所形成的关系氛围等主观因素可以概括为平台软环境。硬环境因素对于显性知识的转移具有重要影响，而隐性知识的转移更多取决于软环境因素的影响[218]。在虚拟环境下的知识技能共享蕴含着隐性知识到隐性知识的转换过程。基于上述分析，本部分将从平台的硬环境和软环境两个环境因素来探讨影响用户参与知识技能共享的因素。

3. 硬环境与知识技能共享

对于知识技能型共享经济平台而言，平台的操作界面友好性、功能完备性、知识技能共享行为规范性以及平台中相关专业人士数量四个方面可以概况平台的硬环境。

平台的操作界面友好性、功能完备性主要归结于平台的系统质量，而平台的系统质量取决于设计与技术，体现为平台的运行稳定性、访问速度快、导航有效性、页面设计实用美观等。卢新元等的研究发现，网站的导航性、快速的反应与交易处理能力以及设计的人性化等系统质量因素对用户满意度有正向影响，并间接影响了用户的参与意愿[219]。此外，à Campo 等提出了平台设计门槛的重要性，体现为其高低程度对潜在用户使用平台意愿以及平台信息质量的影响[220]。

平台的知识技能共享行为规范性可以归纳为平台的服务质量与管理质量。提升平台的服务质量要求平台对共享活动建立一系列管控与反馈机制[220],包括纠正或举报有误、不实或违规的内容的渠道，对用户信息的安全保护措施，还有科学合理的激励方式[15]、奖惩与评价体制。张晓娟等指出虚拟平台通过设置合理的社区监管策略，对符合规范的行为进行褒奖和引导，对负面的行为进行惩戒，一方面有助于规范社区成员之间的交往和互动模式，另一方面会使用户对自身角色有更清晰的认知，促进共享行为的形成[221]。

平台中相关专业人士数量会在很大程度上影响用户对平台信息质量的感知，是评判平台是否具有权威性的重要指标。现如今，网络社区中信息质量参差不齐，真假参半，若非专业人士的用户采纳了不当的信息，在不同专业平台上可能会对个体甚至群体产生不同程度的危害。杨冠淳和卢向华肯定了社区虚拟领袖的作用，认为其对引导社区内容、形成社区氛围、提高参与活跃程度等都有着重要的影响[222]。李晓方认为平台的运营商通过虚拟环境下身份等级创造可以低成本、高效率激发用户的共享行为[8]。平台通过对专业人士进行正式或非正式的身份标识，能够树立平台专业性形象，吸引更多志同道合的专业人士参与知识技能贡献，发挥群体智慧，同时能提升用户的认同感，促进知识技能需求方获取意愿和获取行为的形成。综上所述，本部分提出以下假设。

H5.2a：平台硬环境对知识技能型共享经济平台用户的贡献意愿具有正向影响。

H5.3a：平台硬环境对知识技能型共享经济平台用户的贡献行为具有正向影响。

H5.2b：平台硬环境对知识技能型共享经济平台用户的获取意愿具有正向影响。

H5.3b：平台硬环境对知识技能型共享经济平台用户的获取行为具有正向影响。

4. 软环境与知识技能共享

软环境是一种"精神环境"，如思想观念、文化氛围、对待事物态度等。我们将知识技能型共享经济平台用户所处软环境阐述为以下四个方面。

用户对平台的知识技能信息的质量或实用性感知。我所贡献的知识技能信息是否满足平台及需求者的质量标准，我所浏览的知识技能信息是否对我有用，这种基于个体的主观判断会影响平台用户的潜在共享行为。张红兵和张乐认为对于知识贡献者而言，用户感知使用该平台能带来的绩效越高，就越有可能产生贡献自身知识与其他用户沟通的意愿[223]。

平台知名度或声誉。王鹏和艾时钟认为虚拟社区通过广告、宣传来推广自身形象、获取关注，尤其是在虚拟社区组建的初期，该方式是促进社区未来发展的有效措施[224]。à Campo 等认为平台展示已有成就不仅有助于提升平台声誉，还能加深用户对平台的价值认知[220]。良好的平台知名度能够提高用户对平台的忠诚度，增强平台自身的竞争力，吸引更多的知识技能拥有者或知识技能渴求者加入平台的互动中。

平台社区互动氛围。张晓娟和周学春认为平台通过努力为用户和社区参与者创造充满和谐、友善的社区氛围，以及对参与者之间的信任的强调，进而实现对社区感的构建，最终让用户之间建立持久互惠的双边关系，从而有助于强化用户参与知识贡献和信息分享的动机，有助于社区价值的创造[221]。信任是以互动为基础而形成的，浓郁的信任氛围可以降低用户之间的交易成本，使用户进行知识交流时无须克服过多障碍，加深用户对平台的感知有用性、感知易用性[223]；相反，缺乏信任则可能严重影响平台用户的信息交互质量。此外，频繁、活跃、热情的互动活动不仅能够使参与者"嵌入"各种社区网络关系中，提升其与他人的亲密程度，模糊其对知识资源的私有感，强化其知识贡献意愿[224]，还能够营造众智、众筹、众帮的氛围，助力大量用户的"抱团取暖"[217]。

用户个人以往形成的体验也是软环境的一部分。Chen 等[225]、Jin 等[226]均认为当社交知识社区中的信息提供者接收到积极的反馈或支持时，将会促进其未来的贡献意愿与行为，且当反馈来自同行者时，这种促进作用将更明显。Osei-Frimpong 等发现在在线医疗社区中，病人以往的健康信息搜索行为会提升其对社区的信任度以及参与度[227]。我们认为，用户在以往参与中获得的良好体验感，将使用户对平台相关功能产生积极的态度，形成良好的形象，增加用户对平台的依赖，提升平台的活跃氛围。

综上所述，本部分提出以下假设。

H5.4a：平台软环境对知识技能型共享经济平台用户的贡献意愿具有正向影响。
H5.5a：平台软环境对知识技能型共享经济平台用户的贡献行为具有正向影响。
H5.4b：平台软环境对知识技能型共享经济平台用户的获取意愿具有正向影响。
H5.5b：平台软环境对知识技能型共享经济平台用户的获取行为具有正向影响。

### 5.1.3 理论模型与研究假设汇总

根据上述的理论分析与研究假设分析，整理出本节的研究假设，如表 5-1 所示，理论模型如图 5-2 所示。

**表 5-1 研究假设汇总**

| 关系 | 假设内容 |
| --- | --- |
| 共享意愿对共享行为的影响 | H5.1a：知识贡献意愿对知识技能型共享经济平台用户的贡献行为具有正向影响 |
| | H5.1b：知识获取意愿对知识技能型共享经济平台用户的获取行为具有正向影响 |
| 硬环境对知识共享意愿的影响 | H5.2a：平台硬环境对知识技能型共享经济平台用户的贡献意愿具有正向影响 |
| | H5.2b：平台硬环境对知识技能型共享经济平台用户的获取意愿具有正向影响 |
| 硬环境对知识共享行为的影响 | H5.3a：平台硬环境对知识技能型共享经济平台用户的贡献行为具有正向影响 |
| | H5.3b：平台硬环境对知识技能型共享经济平台用户的获取行为具有正向影响 |
| 软环境对知识共享意愿的影响 | H5.4a：平台软环境对知识技能型共享经济平台用户的贡献意愿具有正向影响 |
| | H5.4b：平台软环境对知识技能型共享经济平台用户的获取意愿具有正向影响 |
| 软环境对知识共享行为的影响 | H5.5a：平台软环境对知识技能型共享经济平台用户的贡献行为具有正向影响 |
| | H5.5b：平台软环境对知识技能型共享经济平台用户的获取行为具有正向影响 |

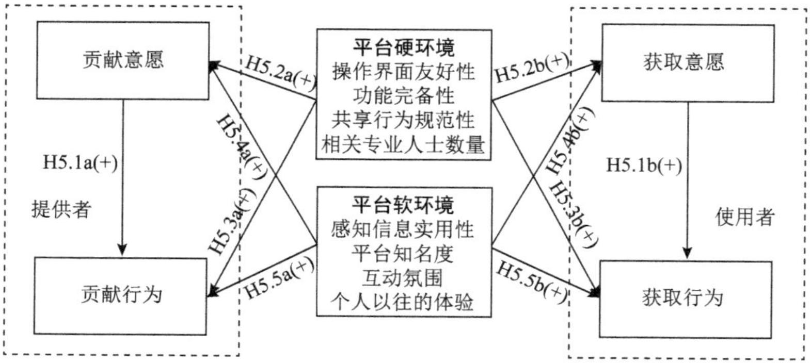

图 5-2 用户参与知识技能型共享经济影响因素研究模型

# 5.2 研究设计与研究分析

## 5.2.1 研究变量的定义

根据前面对与共享经济、知识技能共享、消费者参与共享经济影响因素相关的研究的梳理和分析，并结合与线下不同职业类型、不同年龄、不同教育程度等的知识技能共享参与者和课题组老师、同学进行的深度访谈，来确定知识技能型共享经济双边参与影响因素的具体研究变量及其测量维度和问项的设计。本部分的深度访谈一共历时六周，与 50 名知识技能参与者进行深度访谈，主要了解他们通过知识技能型共享经济平台共享知识技能的频率，以及其共享行为的驱动因素和阻碍因素等内容。

通过上述工作，提取出影响用户参与知识技能型共享经济的两个维度为——平台硬环境和平台软环境，并认为用户参与知识技能共享的影响因素对其共享意愿和共享行为均具有正向影响。其中，平台硬环境包括：操作界面友好性、共享行为规范性、功能完备性和相关专业人士数量。平台软环境包括：感知信息实用性、平台知名度、互动氛围和个人以往的体验。为了确保本部分的准确性和有效性，现对本部分中的各观测变量进行定义并列出其参考来源，如表 5-2 所示。

**表 5-2 观测变量的定义及参考来源**

| 观测变量 | 变量定义 | 参考来源 |
|---|---|---|
| 操作界面友好性 | 操作简单快捷，页面一目了然 | Chang 和 Chuang[228]；张宝生和张庆普[229] |
| 共享行为规范性 | 平台相关法律法规健全、规范 | |
| 功能完备性 | 与知识技能共享相关的功能齐全 | |
| 相关专业人士数量 | 平台配备的相关专业人士齐全 | |
| 感知信息实用性 | 平台所提供的信息对自己有用 | Davis 等[187]；张宝生和张庆普[229] |
| 平台知名度 | 平台拥有较高的人气，广为人知 | |
| 互动氛围 | 平台内用户能轻松愉悦地交流沟通 | |
| 个人以往的体验 | 之前使用平台带给自己的体验 | |
| 贡献意愿 | 愿意共享自己拥有的知识技能 | Pi 等[206] |
| 获取意愿 | 经常或主动共享自己拥有的知识技能 | Bock 等[76] |
| 贡献行为 | 愿意去搜寻自己所需的知识技能 | 赵杨等[208] |
| 获取行为 | 经常或主动获取自己所需的知识技能 | Gefen 和 Straub[230] |

本节采用问卷调查法，对提出的研究假设进行定量检验，设计了知识技能型

共享经济平台用户知识共享行为影响因素的调查问卷。所有测量因子源自已有研究成果或访谈结果。问卷总共包括两个部分，第一部分涵盖人口学统计特征、知识技能型共享经济平台了解情况及使用习惯。第二部分为知识技能共享参与者影响因素、意愿及行为的测量，根据作答者的不同使用习惯，分为提供者卷、使用者卷和综合卷三个分问卷，分别适用于选择“大部分时间作为知识技能信息提供者使用”“大部分时间作为知识技能信息使用者使用”和“作为知识技能信息提供者和使用者的时间差不多”的作答者。所有量表均采用利克特量表设计，“1”表示“完全不同意”，“5”表示“完全同意”。相应的变量及测量因子如表 5-3 所示。

**表 5-3 相关测量变量及问项**

| 潜在变量 | 观测变量 | 问项及因子 | 参考来源 |
|---|---|---|---|
| 平台硬环境 | 操作界面友好性 | 该知识技能型共享经济平台的操作界面的友好性会影响我是否使用该平台进行知识技能等信息的共享（HE1、HE5） | Chang 和 Chuang[228]；张宝生和张庆普[229] |
| | 共享行为规范性 | 该知识技能型共享经济平台中知识技能共享行为规范性会影响我是否使用该平台进行知识技能等信息的共享（HE2、HE6） | |
| | 功能完备性 | 该知识技能型共享经济平台的功能完备性会影响我是否使用该平台进行知识技能等信息的共享（HE3、HE7） | |
| | 相关专业人士数量 | 该知识技能型共享经济平台中与我的知识技能相关领域的专业人士的数量多少会影响我是否使用该平台进行知识技能等信息的共享（HE4、HE8） | |
| 平台软环境 | 感知信息实用性 | 该知识技能型共享经济平台中知识技能共享信息的质量或信息的实用性会影响我是否使用该平台进行知识技能等信息的共享（SE1、SE5） | Davis 等[187]；张宝生和张庆普[229] |
| | 平台知名度 | 该知识技能型共享经济平台的知名度会影响我是否使用该平台进行知识技能等信息的共享（SE2、SE6） | |
| | 互动氛围 | 该知识技能型共享经济平台中用户参与共享的互动氛围会影响我是否使用该平台进行知识技能等信息的共享（SE3、SE7） | |
| | 个人以往的体验 | 以往的在该知识技能型共享经济平台搜寻知识技能的体验会影响我是否使用该平台进行知识技能等信息的共享（SE4、SE8） | |
| 共享意愿 | 贡献意愿 | 我愿意在网络平台中共享我的知识技能（CW1） | Pi 等[206] |
| | | 我经常在网络平台中共享我的知识技能（CW2） | |
| | | 我喜欢在网络平台中共享我的知识技能（CW3） | |
| | | 我愿意共享我的知识技能来回答网络平台中其他用户提出的问题（CW4） | |
| | 获取意愿 | 我愿意通过共享网络平台来获取别人的知识技能信息（AW1） | Bock 等[76] |
| | | 相比向现实中的人寻求帮助我更喜欢自己动手在网络上获取帮助（AW2） | |

续表

| 潜在变量 | 观测变量 | 问项及因子 | 参考来源 |
| --- | --- | --- | --- |
| 共享意愿 | 获取意愿 | 即使需要付费我也愿意在网络上获取知识技能信息（AW3） | Bock 等[76] |
| | | 遇到困难时我会想要在网络上提出问题寻求帮助（AW4） | |
| 共享行为 | 贡献行为 | 我会主动将自己的知识技能共享给他人（CB1） | 赵杨等[208] |
| | | 我会常常共享自己的知识技能给他人（CB2） | |
| | | 我会主动回答别人在平台中提出的问题（CB3） | |
| | | 我会主动转发我认为有价值的信息给其他用户（CB4） | |
| | 获取行为 | 我经常在网络上获取别人共享的知识技能信息（AB1） | Gefen 和 Straub[230] |
| | | 我会主动在网络上搜寻别人共享的知识技能信息（AB2） | |
| | | 我经常在网络平台提出问题等待别人帮我解决（AB3） | |
| | | 我会主动收藏下载我认为有价值的别人共享的知识技能信息（AB4） | |

由表 5-3 可知，在参与者参与知识技能型共享经济动机的研究量表中，一共有平台硬环境、平台软环境、共享意愿、共享行为四个潜在变量。其中，平台硬环境和平台软环境为自变量，共享意愿为中介变量，共享行为为因变量。每一个潜在变量又根据前人的相关研究和访谈资料设置了多个观测变量来对其进行观测。“平台硬环境”包括：①该知识技能型共享经济平台的操作界面的友好性会影响我是否使用该平台进行知识技能等信息的共享；②该知识技能型共享经济平台中知识技能共享行为规范性会影响我是否使用该平台进行知识技能等信息的共享；③该知识技能型共享经济平台的功能完备性会影响我是否使用该平台进行知识技能等信息的共享；④该知识技能型共享经济平台中与我的知识技能相关领域的专业人士的数量多少会影响我是否使用该平台进行知识技能等信息的共享。“平台软环境”包括：①该知识技能型共享经济平台中知识技能共享信息的质量或信息的实用性会影响我是否使用该平台进行知识技能等信息的共享；②该知识技能型共享经济平台的知名度会影响我是否使用该平台进行知识技能等信息的共享；③该知识技能型共享经济平台中用户参与共享的互动氛围会影响我是否使用该平台进行知识技能等信息的共享；④以往的在该知识技能型共享经济平台搜寻知识技能的体验会影响我是否使用该平台进行知识技能等信息的共享。

### 5.2.2　数据收集

本问卷调查采用网络方式进行，借助“问卷星”提供的网络平台形成电子问卷，以微信转发滚雪球方式采集数据，采集时间为 2019 年 1～2 月，删除无效问卷 6 份，最终回收有效问卷 609 份，可得知问卷调查样本的描述性特征统计、知识技能型共享经济平台用户了解情况、使用情况、使用习惯。从平台用户的了解情况来看，用户所了解的知识技能型共享经济平台涵盖了具有一定代表性的科普性知识社区、休闲性虚拟社区以及专业虚拟社区。基于本节的研究主题，我们抽取了问卷中的提供者卷（共 170 份样本）和使用者卷（共 298 份样本）进行后续的数据分析与模型检验。

问卷调查样本的人口学统计特征如表 5-4 所示。从性别构成来看，被调查用户在性别上比例相当，分布较为均衡，女性比例略高，为 52.71%，男性比例为 47.29%；被调查用户年龄为 19～27 岁居多，占 64.04%，28～35 岁的次之，占 22.66%；将被调查用户性格分为内向型、外向型和中性型三种，发现三种性格的用户占比相差不大，内向型用户占比略高，为 35.30%，外向型用户为 30.21%，中性型用户为 34.48%；从接受问卷调查的社交网络用户的学历来看，他们大多都有大专或本科及以上学历，其中大专或本科用户占 50.57%，硕博研究生占 40.23%；参与问卷调查的用户涉及的职业类型包括经济管理类从业人员、餐饮业从业人员、在校本科生和在校硕博生等 12 大领域，其中在校本科生和在校硕博生居多，分别为 24.30%和 19.54%，经济管理类从业人员次之，占 11.49%。

**表 5-4　样本的描述性特征统计（*N*=609）**

| 变量 | | 样本 | 比例 | 变量 | | 样本 | 比例 |
|---|---|---|---|---|---|---|---|
| 性别 | 男 | 288 | 47.29% | 职业类型 | 教育咨询类从业人员 | 56 | 9.20% |
| | 女 | 321 | 52.71% | | 经济管理类从业人员 | 70 | 11.49% |
| 年龄 | 18 岁及以下 | 14 | 2.30% | | 餐饮业从业人员 | 43 | 7.06% |
| | 19～27 岁 | 390 | 64.04% | | 信息传输、计算机服务和软件类从业人员 | 20 | 3.28% |
| | 28～35 岁 | 138 | 22.66% | | | | |
| | 36～45 岁 | 44 | 7.22% | | 医疗业从业人员 | 20 | 3.28% |
| | 45 岁以上 | 23 | 3.78% | | 土木建筑类从业人员 | 33 | 5.42% |
| 学历 | 高中及以下 | 56 | 9.20% | | 制造业从业人员 | 17 | 2.79% |
| | 大专或本科 | 308 | 50.57% | | 电力、燃气及水的生产和供应业从业人员 | 16 | 2.63% |
| | 硕士研究生 | 215 | 35.30% | | 交通运输、物流和邮政业从业人员 | 17 | 2.79% |
| | 博士研究生 | 30 | 4.93% | | 农林牧渔业从业人员 | 30 | 4.93% |
| 性格 | 内向型 | 215 | 35.30% | | 在校本科生 | 148 | 24.30% |
| | 外向型 | 184 | 30.21% | | 在校硕博生 | 119 | 19.54% |
| | 中性型（有时内向有时外向） | 210 | 34.48% | | 上述之外的其他从业人员 | 20 | 3.28% |

根据表 5-5 可以看出，在参与知识技能型共享经济平台的用户中，大部分时间作为知识技能信息使用者的用户占比最高（48.93%），其次为大部分时间作为知识技能信息提供者的用户（27.91%），而同时作为知识技能信息提供者和使用者的用户占比最低（23.15%）。综上，用户在参与社交网络知识共享中，扮演提供者角色的用户占 51.06%，扮演使用者角色的用户则占 72.08%，而既扮演提供者又扮演使用者的用户仅占 23.15%。

**表 5-5　知识技能型共享经济平台用户使用习惯**

| 使用情况 | 样本 | 比例 |
|---|---|---|
| 大部分时间作为知识技能信息使用者 | 298 | 48.93% |
| 大部分时间作为知识技能信息提供者 | 170 | 27.91% |
| 同时作为知识技能信息提供者和使用者 | 141 | 23.15% |

随着“共享经济”的兴起，各类知识技能型共享经济平台如雨后春笋纷纷涌现。知识技能型共享经济平台纷繁复杂，本节仅选取知名度较高和用户较多的 10 个知识技能型共享经济平台为代表，对它们进行分类整理，得出用户在参与知识技能共享过程中的平台选择倾向，如表 5-6 所示。本节根据各知识技能共享经济平台之间的共享和特性，将知识技能型共享经济平台分为付费文档类、社交问答类、知识电商类和专业技能类，其中使用最多的是社交问答类中的“百度知道”和“知乎”两个平台，分别占比 96.60%和 90.60%；付费文档类的“百度文库”次之，占比为 88.17%，同属付费文档类的“豆丁网”使用量也较多，达 48.30%；排名第四和第五的是知识电商类的“今日头条”和“喜马拉雅”，其占比分别为 58.83%和 49.59%，“蜻蜓 FM”的占比也较高，达到了 36.30%；使用量最低的是专业技能类知识共享经济平台，以“丁香园”和“春雨医生”为代表，其占比分别仅为 22.20%和 18.96%。样本的知识技能型共享经济平台用户了解情况见图 5-3。

**表 5-6　知识技能型共享经济平台用户使用情况**

| 平台类型 | 付费文档类 | | 社交问答类 | | | 知识电商类 | | | 专业技能类 | |
|---|---|---|---|---|---|---|---|---|---|---|
| 实例 | 百度文库 | 豆丁网 | 知乎 | 百度知道 | 小木虫 | 喜马拉雅 | 今日头条 | 蜻蜓 FM | 春雨医生 | 丁香园 |
| 比例 | 88.17% | 48.30% | 90.60% | 96.60% | 26.90% | 49.59% | 58.83% | 36.30% | 18.96% | 22.20% |

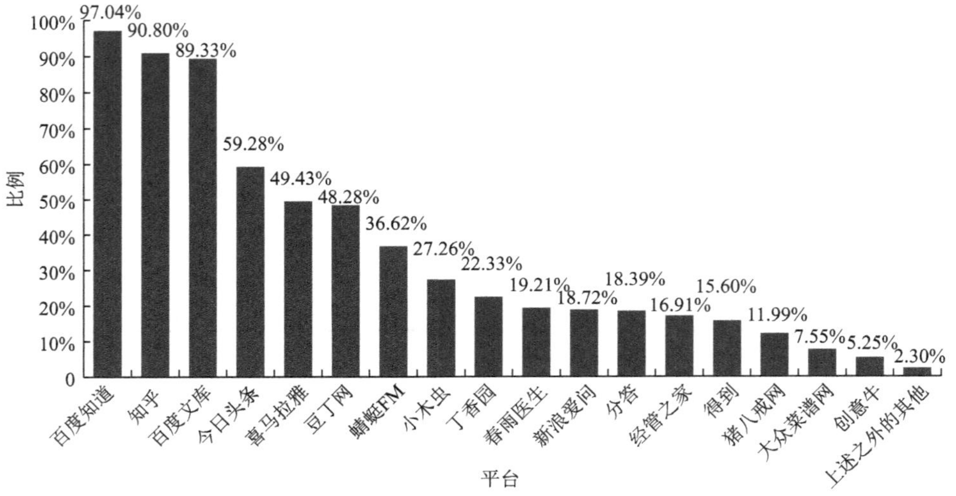


图 5-3 样本的知识技能型共享经济平台用户了解情况

### 5.2.3 信度分析

本部分借助 SPSS 21.0 对样本数据进行信度分析，选择 Cronbach's $\alpha$ 系数作为信度的衡量指标。各观测变量信度检验结果如表 5-7 所示。每个变量和整体量表的 Cronbach's $\alpha$ 系数多在 0.7 及以上，甚至有个别在 0.9 以上，参照 Cronbach's $\alpha$ 系数与样本数据可靠性程度对照表，表明本部分设计的问卷可信度高，能够较为稳定地反映样本情况。同时，利用 AMOS 21.0 计算每组潜在变量的 CR，在计算过程中我们发现观测变量 HE5 对潜在变量的路径不显著，因此将其删除。调整后，所有组别潜在变量 CR 值均超过了 0.7，高于 0.6 的基准线，符合规定。综上，本部分所构建出的模型有较高的信度。

**表 5-7 观测变量的信效度检验**

| 用户角色 | 观测变量名称 | 题项数 | Cronbach's $\alpha$ 值 | 整体的 Cronbach's $\alpha$ 值 | CR | AVE | KMO | Bartlett 球形检验 | 累计方差贡献率 |
|---|---|---|---|---|---|---|---|---|---|
| 提供者 | 平台硬环境 | 4 | 0.912 | 0.857 | 0.914 | 0.729 | 0.859 | 0.000 | 75.859% |
| | 平台软环境 | 4 | 0.829 | | 0.831 | 0.553 | | | |
| | 贡献意愿 | 4 | 0.875 | | 0.877 | 0.641 | | | |
| | 贡献行为 | 4 | 0.926 | | 0.926 | 0.759 | | | |
| 使用者 | 平台硬环境 | 3 | 0.700 | 0.835 | 0.713 | 0.462 | 0.859 | 0.000 | 66.313% |
| | 平台软环境 | 4 | 0.804 | | 0.809 | 0.519 | | | |

续表

| 用户角色 | 观测变量名称 | 题项数 | Cronbach's $\alpha$ 值 | 整体的 Cronbach's $\alpha$ 值 | CR | AVE | KMO | Bartlett 球形检验 | 累计方差贡献率 |
|---|---|---|---|---|---|---|---|---|---|
| 使用者 | 获取意愿 | 4 | 0.871 | 0.835 | 0.872 | 0.631 | 0.859 | 0.000 | 66.313% |
| | 获取行为 | 4 | 0.926 | | 0.927 | 0.762 | | | |

## 5.2.4　效度分析

### 1. EFA

本部分运用 EFA 对量表的结构效度进行检验。由表 5-7 可知，各变量的 KMO 值均大于 0.6，且对应的 Bartlett 球形检验相伴概率值都为 0.000，表明各变量适合做因子分析。采取主成分分析法和最大方差旋转法进行 EFA，得各变量的累计方差贡献率，均大于 60%，说明各变量的维度划分较为合理，量表的结构效度较好。此外，各潜在变量的 AVE 值多在 0.5 的理想值以上，极个别值略低于 0.5，但仍在可接受范围内，表明本部分所设计的模型区分效度较好。综上所述，本部分所构建的模型具有较好的效度。

### 2. CFA

本部分运用 AMOS 21.0 分别构建提供者与使用者的初始结构方程模型，并对模型进行 CFA。我们采用$\chi^2$/df、RMSEA、GFI、AGFI、CFI、NFI 来评价各潜在变量以及整体模型拟合效果。

根据初始拟合优度，我们分别对每个潜在变量进行了 CFA，根据分析结果在提供者模型中剔除了潜在变量 SE1 和 CB4，在使用者模型中剔除了潜在变量 AW4。各评价指标的标准、修正前的初始拟合结果以及修正后的最终拟合结果见表 5-8，最终结构方程模型见图 5-4、图 5-5。

**表 5-8　修正前后模型的拟合优度**

| 指标 | | $\chi^2$/df | RMSEA | GFI | AGFI | 指标 | | $\chi^2$/df | RMSEA | GFI | AGFI |
|---|---|---|---|---|---|---|---|---|---|---|---|
| 评价标准 | | <3 | <0.08 | >0.9 | >0.9 | 评价标准 | | <3 | <0.08 | >0.9 | >0.9 |
| 提供者 | 修改前测量值 | 1.475 | 0.053 | 0.901 | 0.862 | 使用者 | 修改前测量值 | 2.42 | 0.069 | 0.918 | 0.882 |
| | | 理想 | 理想 | 理想 | 接近理想 | | | 理想 | 理想 | 理想 | 接近理想 |
| | 修改后测量值 | 1.193 | 0.034 | 0.935 | 0.903 | | 修改后测量值 | 2.179 | 0.063 | 0.933 | 0.901 |
| | | 理想 | 理想 | 理想 | 理想 | | | 理想 | 理想 | 理想 | 理想 |

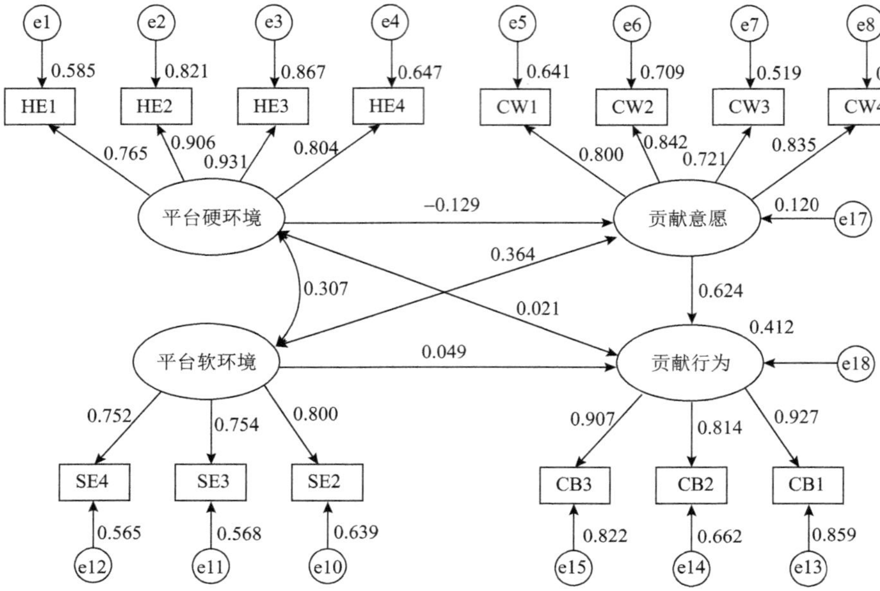


图 5-4　修改后的提供者结构方程模型

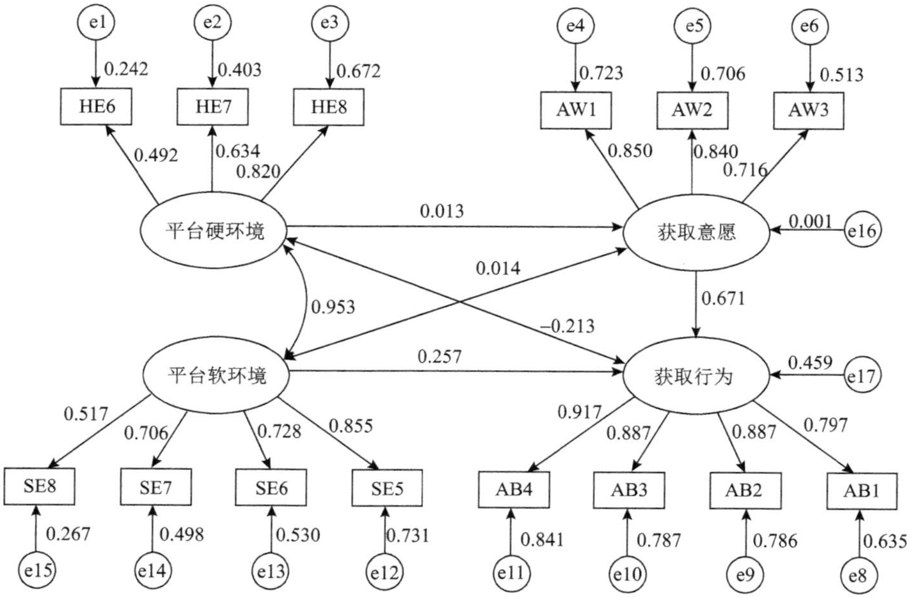


图 5-5　修改后的使用者结构方程模型

# 5.3　实证结果分析

## 5.3.1　路径系数估计与假设检验

根据路径系数估计与检验结果（表 5-9），我们可以得知提供者的“贡献意愿”对“贡献行为”的路径系数为 0.624，C.R.值为 7.317，对应 $p$ 值小于 0.001，因此该路径检验通过；“平台软环境”对“贡献意愿”的路径系数为 0.364，C.R.值为 3.714，对应 $p$ 值小于 0.001，该路径检验通过；使用者的“获取意愿”对“获取行为”的路径系数为 0.671，C.R.值为 10.273，对应 $p$ 值小于 0.001，该路径也通过检验。

**表 5-9　路径系数估计与检验结果**

| 用户角色 | 假设 | 路径 | 标准化的路径系数估计值 | 标准误差 | C.R.（$t$ 值） | $p$ | 检验结果 |
|---|---|---|---|---|---|---|---|
| 提供者 | H5.1a | 贡献意愿→贡献行为 | 0.624 | 0.127 | 7.317 | *** | 支持 |
| | H5.2a | 平台硬环境→贡献意愿 | −0.129 | 0.058 | −1.479 | 0.139 | 不支持 |
| | H5.3a | 平台硬环境→贡献行为 | 0.021 | 0.072 | 0.284 | 0.776 | 不支持 |
| | H5.4a | 平台软环境→贡献意愿 | 0.364 | 0.084 | 3.714 | *** | 支持 |
| | H5.5a | 平台软环境→贡献行为 | 0.049 | 0.107 | 0.582 | 0.560 | 不支持 |
| 使用者 | H5.1b | 获取意愿→获取行为 | 0.671 | 0.093 | 10.273 | *** | 支持 |
| | H5.2b | 平台硬环境→获取意愿 | 0.013 | 0.690 | 0.024 | 0.980 | 不支持 |
| | H5.3b | 平台硬环境→获取行为 | −0.213 | 0.793 | −0.499 | 0.618 | 不支持 |
| | H5.4b | 平台软环境→获取意愿 | 0.014 | 0.365 | 0.027 | 0.979 | 不支持 |
| | H5.5b | 平台软环境→获取行为 | 0.257 | 0.419 | 0.606 | 0.545 | 不支持 |

***表示 $p<0.001$

此外，我们的结果表明：“平台硬环境”对“贡献意愿”与“贡献行为”的路径、“平台软环境”对“贡献行为”的路径、“平台硬环境”对“获取意愿”与“获取行为”的路径、“平台软环境”对“获取意愿”与“获取行为”的路径均未通过检验，表明作用均不明显。

## 5.3.2　部分假设未获支持的原因分析

从微观的个体层面来看，我们试图从以下几个角度去分析硬环境对提供者的贡献意愿和贡献行为的影响不显著的原因。

我们通过对各潜在变量得分加权平均后发现,无论是知识贡献还是知识获取,观测变量的得分均值都偏低(表 5-10)。为解释意愿和行为得分普遍偏低的现象,我们先对本次主问卷中的各分卷进行进一步描述性统计分析,分别在 170 个与 298 个样本中,我们发现尽管样本性别、年龄、性格、教育程度的数量分布较平均,但仍然存在不可避免的差异。在“提供者卷”样本中,男性占 66.47%,超出 33.53% 的女性占比;年龄多分布在 28～35 岁(44.71%);性格以内向型为主(55.88%)。而在“使用者卷”样本中,女性占比(58.39%)略多于男性(41.61%);样本群体以 19～27 岁的年轻人为主;外向型与内向型的使用者数量差不多,但 43.29% 的受调查使用者属于有时内向有时外向的中立型;受调查使用者以大专或本科学历为主(53.69%)。目前,已有相当多的学者聚焦于组织或团队的视角研究了个人特质对知识共享意愿和知识共享行为的影响机制,他们发现成员的知识共享行为受性别、年龄、组织工龄、人生发展阶段、性格、职位、收入等个人特质因素的直接或间接影响。首先,性别的差异性可能是造成本次假设检验不显著的原因。已有多数研究表明,性别在分享者持续分享意向影响机制中起显著调节作用。比如,由于男性的感知隐私风险程度会显著高于女性[231],男性出于更强的感知隐私风险的考虑可能会尽量减少知识信息的共享行为,以免自身隐私信息在共享过程中无意识地被泄露。其次,“提供者卷”样本中的主要年龄段为 28～35 岁,年龄分布的集中可能是导致结果不显著的另一因素。Kumar 等发现 Y 世代(泛指 1980～2000 年出生的人)的服务提供者与婴儿潮世代(泛指 1946～1964 年出生的人)的服务提供者依赖共享经济所满足的需求不同,前者更多地从经济需求出发,而后者更希望在共享经济中满足自身的内在需求,需求层次的差异性导致面对相同条件时意愿和行为的差异[232]。我们认为,28～35 岁的群体普遍为资历不深的新入职者,为利用自身特有技术或能力获得竞争优势,他们可能具有高度的知识垄断意识与共享风险意识,表现出低程度的知识贡献意愿与行为。另外,外向性是影响个人态度与行为的重要因素。钱春海的研究发现知识传递者的高度外向性能够提高知识共享的效果。外向型的人通常会主动积极地进行人际互动,并与他人维系良好的关系,相较于内向型的人,外向型的人更具有信息共享的潜能。以上所述都可能是造成部分假设不显著的原因之一,但有待更进一步验证[233]。

**表 5-10　各潜在变量得分均值**

| 潜在变量(提供者) | 得分均值 | 潜在变量(使用者) | 得分均值 |
|---|---|---|---|
| 平台硬环境 | 3.407 | 平台硬环境 | 3.915 |
| 平台软环境 | 3.467 | 平台软环境 | 3.862 |
| 贡献意愿 | 3.147 | 获取意愿 | 3.087 |
| 贡献行为 | 3.480 | 获取行为 | 3.412 |

"马太效应"即强者越强，弱者越弱的现象，可能是造成平台硬环境对共享意愿和行为均不显著的另一原因。以科普性知识社区为例，具有一定社区声誉的用户能一呼百应，而绝大多数普通用户不仅鲜受人关注，其添加的问题即使很有意义也鲜有人问津。久而久之，有影响力的用户备受瞩目，普通用户则渐生去意。"马太效应"导致用户的参与行为陷入一种怪圈——由身份而不是内容本身来决定行为的效果。这标志着用户专业性的身份标签，虽能一定程度上为平台塑造权威性形象，但更可能使平台内部"阶级化"。知名用户或专业人士发现参与内容生产的人越来越少，知识技能交流中的共鸣感降低；普通用户则认为自己的存在感越来越弱。两极化现象带来的直接后果就是用户总体参与积极性越来越低。

此外，我们认为真正影响用户参与知识技能共享的原因可能是用户的内在动机与需求，个人外在因素的影响作用非常小或甚至没有。赵欣等认为随着信息技术进步与虚拟社区普及，技术障碍的影响越来越小，感知易用性、资源可获得性、技术兼容性对专业虚拟社区用户的知识搜寻或贡献已无显著影响[213]。人类一切的行为必须合乎其目的的需要，即只有当用户存在真正的使用需求时，才会去搜寻知识技能信息，而不会仅仅因为平台具有良好的操作界面、完备的功能等条件设施就盲目地获取知识。同理，知识技能贡献者更多的是出于自我效能、声誉、社交需求、收益、利他等动机，因此，内在动机才是促进知识寻求者向知识贡献者转化的重要因素[234]。

从宏观的、更深层次的层面来看，我们认为目前知识技能型共享经济的发展仍处于待完善的不成熟阶段，未能形成良好的软环境、硬环境，造成社会大众知其好却不为的窘境。

尽管"知识共享"这一概念早在 20 世纪 70 年代就被提出，但我国的"共享经济""知识付费"热潮直到近几年才被大众熟知与使用。"知识技能共享经济"作为"共享经济"的新兴领域，正处于培育和完善的不成熟阶段，主要体现为以下几个方面。

当前知识技能型共享经济平台的管理制度还存在明显的不足，相关行为规范仍待完善。知识技能供给方所贡献知识技能信息的原创性难以保护，只要成为平台注册用户或者付足一定费用，就能够轻易地下载、复制、粘贴。若不对相关转载内容标识出处或注明所有权，对于知识技能供给方而言是一种智力资本的侵犯，大幅度地减少了供给方的贡献意愿。此外，虽然大众对知识技能型共享经济平台的认同感越来越强，但大部分知识技能供给者为非专业人士，这不利于平台权威性形象的树立，且在各平台间未形成专业人士构成的整合协同机制，平台偏好于"独家人士"的入驻，造成专业人士在众平台分布不均，对专业人士而言则缺乏实现专业交流的直接途径，对于专业人士求知识以互进的需求而言无疑是一种阻碍，影响了平台硬环境的建设，而且，虽政府对于实体共享经济陆续制定了相关政策以构建健康的共享环境，但对于“知识技能型共享经济”的管控仍处于“无为而治”的状态。这些都可能是造成平台硬环境对提供者贡献意愿和贡献行为的正向影响不显著的部分原因。

对于需求方而言，考虑到由于缺乏相关制度保护而使其在网络平台上搜索与使用信息存在一定的不确定性风险，知识技能信息的需求方可能更多地依赖以往的合作伙伴，对虚拟网络中的陌生人所供给的信息更多地持怀疑，甚至否定的态度，从而不愿意获取平台上的知识技能信息。知识技能的需求方与供给方缺乏一定的磨合期而造成的信任问题，可能是造成平台软环境不显著影响使用者获取意愿和获取行为的部分原因。

## 5.4 本 章 小 结

本章从知识贡献和知识获取两个角度出发，将知识技能型共享经济平台用户分为提供者和使用者，对影响平台用户的共享意愿和共享行为的平台环境因素进行了深入分析，得出了以下结论：①无论是对于提供者还是使用者而言，共享意愿显著影响共享行为；②平台软环境对提供者的贡献意愿有显著的正向影响，但对其贡献行为无显著影响；③平台软环境未对使用者的获取意愿和获取行为产生显著的影响；④无论是提供者还是使用者，平台硬环境都未能对其共享意愿和共享行为产生显著影响。本部分对研究结果的分析以及为增强平台活跃度所提供的管理启示如下。

（1）从问卷初步统计结果来看，在受调查的大众对知识技能型共享经济平台的了解情况中，最受大众熟知的前三个平台分别是：百度知道（97.04%）、知乎（90.80%）、百度文库（89.33%），均为属于社交问答类平台，这类平台汇集用户多，能够集思广益、畅所欲言，并且可以随时和其他用户交流沟通，具有广泛性和实时性；之后是“喜马拉雅”“今日头条”等知识电商类平台，这类平台主要以专业频道的形式出售知识，形成“粉丝经济”，用户通过订阅专栏来获取该专栏内的知识；再次是“豆丁网”等付费文档类平台，这类平台系统性和全面性较强，所汇集的知识也具有较强的学术性；用户对“春雨医生”“丁香园”等专业技能类平台使用较少，这类平台专业性强，所分享的知识都具有针对性，对提供者和使用者都具有较强的专业性要求，因此目标用户少，用户使用频率低。从用户对这些知识技能共享经济平台的使用情况来看，专业性越强的知识共享经济平台的用户使用量越少。用户对具体平台的选择，基本符合上述影响用户选择知识技能型共享经济平台因素的论述。

（2）知识技能提供者明显少于使用者，“潜水”现象仍普遍存在，很多用户不愿意甚至排斥去贡献知识。这表明当前大众对于主动参与智慧共享活动、提升自我以实现个人价值追求、为社会创新尽我所能的意愿仍普遍不强烈，这也解释了为什么当前甚至是未来学术界仍将重点关注知识贡献者的行为动机以及影响其持续贡献的因素。用户在参与知识共享过程中，更倾向于作为知识技能的使用者，这类用户通常会在自己有需求的时候去网上获取自己所需的知识，但很少向其他用户贡献自己的知识技能，他们更倾向于“拿来主义”，选择“大部分时间作为知识技能信息提供者”的相对较少，而“作为知识技能信息提供者和使用者的时间差不多”的则更少，说明用户在知识分享方面缺乏积极性和主动性，平台在引导用户积极分享自己的知识技能方面有待加强。另外，统计发现知识使用者的数量远大于知识提供者的数量，说明本章将参与用户分为知识提供者和知识使用者是合理的，知识使用者作为知识共享的重要主体之一，具有不可忽视的研究意义。

（3）知识共享意愿是知识共享行为发生的最直接诱因，提供者的贡献意愿有助于贡献行为的发生，使用者的获取意愿有助于获取行为的发生。因此，无论是平台企业还是科研团队，都应致力于不断地分析用户日新月异的心理需求，拓宽了解用户多样化使用需求的渠道，同时优化平台内容，加强对内容深度与广度的拓展，以提高用户对平台的满意度与黏度，促使社会大众加入开放共享及闲置资源有效利用的社会进步过程中。

（4）知识技能贡献者所处的软环境，如共享的信息质量、平台知名度、平台互动氛围和用户以往体验等，能够促进其贡献意愿的产生，即贡献者自身在对某一平台树立了良好认知或获取了来自他人对平台的良好口碑评价，以及自身以往在该平台形成的满意体验感，会增加贡献者想要分享自身拥有知识技能信息的愿望。因此，营造良好的平台软环境对于提高平台活跃度与专业性程度有着至关重要的作用，这不仅需要靠平台企业自身的努力，还要有政府等相关部门的协助。诸如操作界面的友好性、知识共享行为规范、功能的完备性以及专业人士数量等平台“硬环境”则对用户的平台选择影响不大，说明用户在选择知识技能型共享经济平台时，更多考虑的是平台的“软环境”，对平台自身建设相关的“硬环境”并不是非常关注。

（5）本章对未通过检验的假设所进行的原因分析间接说明了当前知识技能型共享经济仍然面临一些待跨越的壁垒。现如今共享经济正在由单车、房间、雨伞走向技术、知识、服务等非实体产品，面对不成熟的环境，社会大众还未能感受到良好的平台硬环境与软环境，处于知其好却无所为的“被动状态”，普遍缺乏认同感与参与度。

# 第 6 章 知识技能型共享经济平台活跃度影响机理实证研究

## 6.1 平台活跃度关键影响因素探索性案例分析

本节通过探索性案例研究，分析在知识技能型共享经济平台生态系统中，平台自身因素、用户及交易内容、外部支持环境对平台活跃度的影响，为后续的理论框架与模型研究提供实践基础。本节的主要研究目的是探索影响平台活跃度的关键因素。

### 6.1.1 探索性案例研究方法

越来越多的人文社科研究者开始关注案例研究方法，案例研究方法已广泛应用于人类学、社会学、教育学、管理学、政治学等诸多研究领域，并且该方法获得国内外权威杂志的认可[235]。案例研究方法是一种需要长期深入考察特定环境中现象的经验性研究方法[236]，它能够使研究人员更加全面地深入了解相关主题[237]，将典型案例进行剖析，仔细观察现象、分析原因，并挖掘其中的普适规律及特殊性[238-239]。Zhang 等确定了三种案例研究的具体类型：探索性、解释性和描述性[240]。本章则采用其中的探索性案例研究方法，其研究路线包括提出假设、寻找支撑、提出新理论、为新理论的形成作铺垫[241]。探索性案例研究不仅可用于分析表层和深层的数据，解释数据中的现象，还可用来分析因果关系，并调查复杂多变量情况下的某些现象[242]。案例研究有单案例研究与多案例研究两种方法。单案例研究主要针对现有理论的某一方面问题或独特的管理难题展开研究；而多案例研究则用于多角度重复验证假设，其能够更全面地分析问题，以形成更加完整的理论体系，提高研究的效度[243]。综合以上，本章结合双案例研究与探索性案例研究，反复验证在知识技能型共享经济平台生态系统中，平台自身因素、用户及交易内容与外部支持环境对提升共享意愿活跃度和共享程度活跃度的影响。

### 6.1.2　探索性案例研究 1：猪八戒网

2006 年，朱明跃创办了猪八戒网。猪八戒网是一个服务众包网络平台，实际属于知识技能型共享经济平台。在猪八戒网上有千万服务商在线提供私人订制的解决方案，将创意、知识、技能变为商业和社会价值。服务涵盖艺术设计、网站建设、网络营销、家政服务等多个行业。目前，平台提供的官方服务包括八戒知识产权、八戒财税、八戒科技服务和八戒公采等。经过多年的发展，截至 2016 年，猪八戒网已成长为估值超百亿元、1000 万家服务商数量的中国最大知识技能型共享经济平台，市场占有率超 80%，成为服务类电商交易平台的行业领军者。

1. 平台自身因素方面

猪八戒网的界面设计友好，平台网页设计赏心悦目。网站首页的搜索和发布任务功能能够很好地满足用户需求。作为中国领先的一站式企业全生命周期服务平台，猪八戒网所涵盖的服务包括工商财税、知识产权、品牌设计、软件开发等。2018 年，猪八戒网主推高品质服务交易市场——天蓬网，以更好地满足企事业单位需求。类似于阿里巴巴的淘宝店铺，猪八戒平台也为每个用户提供知识、技能展示的“店铺”。在个人店铺里，可以获得该用户的基本信息、擅长的技能以及交易记录等信息[244]以及提供方便的即时通信功能，保障了交易双方能够及时沟通。平台不断推出新运营模式，吸引大量用户。为保障供需双方利益，平台采用信用评级制度，类似于淘宝的店铺评级。平台按照“一星服务商”一直最高到“七星服务商”的创新评价体系对服务商进行评级。等级越高，排位越高，越优先推荐给用户，并以积分和用户评价的乘积作为评级依据。猪八戒网提供知识产权保护、易极付支付方式和纠纷仲裁机制，为用户提供完善的保障，确保资金和交流内容的安全。猪八戒网使用智慧分配系统，即需求方发布悬赏任务之后，系统会将任务快速分配给特定的服务商，部分采取人工撮合的方式。由于猪八戒网“服务宝”机制，全程担保交易得以实现，充分保障了雇主权益，有助于促进诚信交易，解决线上线下争议。此外，客服提供 24 小时在线指导，降低用户学习成本[245]。

2. 用户及交易内容方面

猪八戒网作为行业的领先者，不仅拥有庞大的雇主和服务商数据流，还汇聚了大量的优势资源。如今，它不仅是一个在线交易平台，更像一个超级孵化器。截至 2018 年，已有超过 1300 万个人和专业机构在其平台上开店创业，数百万人通过平台实现了在线就业，超过 15 万家公司从中孵化而出。与传统电商相比，猪八戒网通过大数据应用，将专业技能人才与全球复杂服务需求相匹配，使个人或企业能够足不出户服务全国乃至全球。自 2016 年起，猪八戒网在全国各地设立实体孵化空间，成为“双创”的重要推动力量之一。这不仅满足了本地市场的深度服务需求，还实现了商业与社会价值的统一。此外，截至 2018 年，猪八戒网还设立了国际站和新加坡站，积极拓展海外市场，将产品种类从几十种扩展到 400 多种。平台允许服务商设立类似电商的店铺，采用较慢的商业模式吸引用户，增强品牌认可和忠诚度，并提高客户关系性转换成本[246]。

现在，猪八戒网每天都吸引着各行各业的大量知识型、创意型、技能型群体入驻平台，吸引着大量需求方在平台上发布知识服务需求。创始人朱明跃指出，由于服务无法像实物交易那样标准化定价，信用问题就显得尤为重要。买方在发布悬赏任务后，需要先将佣金交由平台监管，如果买方对服务感到不满，猪八戒网将会通过相关规则来限定卖方进行修改，但是不允许买方借此退款。这种做法保护了服务提供者的利益，但可能导致买方不满。此外，服务质量参差不齐，整体水平可能不高。相较于线下的知识技能服务，通过在线的知识技能型共享经济平台进行知识技能服务交易，更能够获得足够大吸引力的报价。

3. 外部支持环境方面

在过去十几年中，依托着互联网的快速发展，平台经济取得了显著进步。近年来，在云计算、大数据、移动互联网、智慧城市等相关技术的推动下，以 Airbnb 和 Uber（优步）为代表的“共享经济”商业模式飞速崛起，不仅拉开了一切有关物质和人力的、时间和空间的、有形和无形的、商业和非商业的资源参与分享的序幕，更是宣告了共享经济时代的到来[246]。早在 2015 年，国务院就印发了《关于积极推进“互联网+”行动的指导意见》，其中明确提出了要发展共享经济。此外，政府还出台了大量有关鼓励“双创”的政策。大众逐渐认可“互联网+创新创业”与“共享经济”。在这样的背景下，InnoCentive、Kaggle、海尔海创汇、猪八戒网、一品威客网、时间财富网等知识技能型共享经济平台也应运而生。

猪八戒网是最早类似“菜市场”的威客集市之一。自 2009 年启动“腾云计划”后，它意识到必须进行改革，于是对商业模式、组织架构和运营方法进行了调整，这被称为“腾云行动”。在初次实施“腾云计划”一年后，猪八戒网引入了新的招标模式。到 2013 年，内部进行了进一步的升级，形成了悬赏和一对一店铺共存的商业模式。到 2014 年底，猪八戒网组建了各行业的运营部门，主要负责对不同服务商进行员工式管理。在此期间，猪八戒网共经历了九次“腾云计划”。在 2014 年，虽然猪八戒网的佣金收入从过去占总收入的 80%下降到不足 40%，但是，高佣金仍限制了其发展，影响了创意设计者的积极性。面对一品威客网等诸多网站纷纷开始免收佣金的趋势，朱明跃始终认为如果平台一开始就不收取佣金，那么就会导致卖家无节制地刷单。这种无需较高成本的刷单行为与淘宝平台刷单情况不同，十分容易导致整个生态体系的崩溃。直至 2015 年，猪八戒网宣布获得 26 亿元融资，投资方分别为赛伯乐投资集团和重庆北部新区下属国有公司。融资后，朱明跃宣布全网免收交易佣金（比稿、计件除外），大幅提升平台活跃度，吸引更多知识技能提供者，推动服务交易规模迅速增长，实现质的飞跃。同时，平台还开展雇主、服务商、第三方机构等多方系统平台建设，实现与物流、担保、金融等相关领域的整合。与此同时，猪八戒网与多方合作，确保交易安全，交易风险明显降低，进而跳单率下单，成交率不断攀升。猪八戒网还主办了“2010 年首届全球威客大会”，推出吸引各类利益相关者的共享奖励机制，逐步成为行业领导者和规则制定者。通过强大的数据库为客户和服务商的服务提供支持，猪八戒网与其他主体共创价值，拓展新业务，形成需求链式服务。为打造更智能化的平台，猪八戒网与线下 1000 家经销商及 5000 家门店合作，发展为线下经销商[245]。

### 6.1.3　探索性案例研究 2：InnoCentive

以创新（innovation）和激励（incentive）的英文缩写而命名的 InnoCentive 公司，是全球首家致力于激励全球性科学研究的开放式创新电商公司。通过网络平台，该公司帮助企业悬赏寻找科研难题的最佳解决方案，曾被哈佛商学院作为案例研究。作为一个知识技能型共享经济平台，InnoCentive 成立于 2001 年，是美国礼来公司（Eli Lilly and Company）的子公司。在其网站上（于 2020 年被 Wazoku 收购后，功能已整合到 Wazoku Crowd 平台中），全球领先企业可以发布科学挑战。在网站注册的全球科学家即“问题解决者”可以为这些挑战贡献自己的答案，并有机会赢取奖金，实现知识共享交易[247-248]。

1. 平台自身因素方面

InnoCentive 作为开放创新和众包的先锋，通过协作解决各种科研挑战，将全球顶尖科学家与领先公司联系在一起。短短几年内，InnoCentive 已经发展成世界上最大的问题解决集市。其网站设计简洁大方，操作界面直观，业务流程合理顺畅。平台上的“科学建议者”和“问题界定者”都具备良好的专业背景，能够帮助客户准确筛选符合挑战要求的解决方案，排除不符合标准的创意。“问题寻求者”则根据问题的复杂性、解决该问题所需的资源及其对公司的价值等因素来确定适当的奖金。在此过程中，InnoCentive 会要求“问题寻求者”进行相关的知识产权评议。如果一项解决方案被提交给公司，而公司未予奖励，那么 InnoCentive 会确保该知识产权不会被使用。当解决方案符合“挑战”要求时，InnoCentive 会促使“问题寻求者”支付奖金，同时，InnoCentive 还通过网络为“问题解决者”提供咨询建议[249]。InnoCentive 在此过程中充当中介角色，严格监督交易，以保障双方利益。该平台的信任机制完善，确保资金和交流内容安全。当“问题寻求者”发布难题时，系统自动为所有“问题解决者”提供摘要以供浏览；“问题解决者”在决定参与前，可以查看难题摘要和参与人数等信息。在申请答题后，InnoCentive 提供法律文书，并要求“问题解决者”在线签署，以明确双方的权利、义务及知识产权归属等问题。同时，InnoCentive 还会建立一个只有“问题寻求者”和“问题解决者”进行单独沟通的黑箱，双方之间的沟通内容，只有双方才能查阅。InnoCentive 有权限检查任何沟通过程，以便发现问题并及时提供解决方案。凭借丰富的服务经验和知名客户案例，InnoCentive 更易获得信任。在平台运营方面，InnoCentive 经常邀请科研精英进行学术分享。任务的传递和分发通常通过大数据库和群发邮件实现，将优秀的“问题解决者”纳入 InnoCentive@Work 网络，以便双方更顺畅地沟通和实现知识变现。

2. 用户及交易内容方面

InnoCentive 网站上有两类活跃用户：一类是“问题寻求者”，包括波音、宝洁、杜邦等国际知名公司。如今，越来越多的中小型企业也开始加入他们的队伍中，这些中小型企业将自己公司的研发难题上传至该网站上，寻求解决方案。另一类则被称为“问题解决者”，其成员包括任何愿意对网站上的问题进行解答的人，这类人可以匿名登录该网站。为激励更多人成为“问题解决者”，InnoCentive 规定与其合作的企业都可以成为“问题寻求者”，但需支付 500 美元至 100 000 美元的奖金。InnoCentive 要求“问题寻求者”提供至少 500 美元的奖金，因此在奖金的诱惑下，平台能够吸引到不同学科的科学家参与。在 InnoCentive 上签约成为“问题寻求者”的用户可以在一个保密的网络交流平台上发布研发难题，其研发难题应该包括截止日期、详细说明、相关要求以及最优方案的奖金。“问题寻求者”在收到解决方案之后，会对收到的解决方案进行筛选，并选出最优方案。截至 2018 年，平台上共有 2000 多个研发难题，涵盖化学、生命科学、商业、计算机科学、清洁技术等 40 多个学科。截至 2020 年底已提交超过 160 000 种解决方案，奖金总额超过 2000 万美元。截至 2020 年底，来自 200 多个国家或地区的 38 万名“问题解决者”参与了研发挑战。InnoCentive 作为中介，审查所有提交的解决方案，帮助客户排除不符合标准的方案，从而节省大量时间。这属于初步的解决方案认证过程，后续需要“问题寻求者”验证解决方案，并向 InnoCentive 提供类似科学期刊编辑要求的书面报告，这一过程被称为“反馈”[249]。解决方案中包含保密和知识产权条款，“问题解决者”只有同意这些条款才能查看问题的详细信息并参与挑战[250]。

3. 外部支持环境方面

InnoCentive 作为在线协作平台，连接"问题解决者"与公司，并为公司提供奖金激励机制，吸引众多"问题解决者"参与。欧美国家的政府部门善于利用集体智慧，鼓励组织成员充分发挥聪明才智，从而形成知识分享和协作的社会氛围。随之而来的"共享经济"就有了较高的社会认同感。关于教育，美国政府推出了美国教育部下属的教育技术办公室（Office of Educational Technology，OET）的官方资源平台作为开放创新门户，向公众开放源代码。该网站旨在汇集企业家、天使投资人和教育利益相关者，共同创新教育解决方案。Innovation.ed.gov 以 VenCorps 平台为基础，允许参与者作为创意者或独立评论者发表观点。关于退伍军人福利管理创新计划，它是由美国退伍军人事务部发起，旨在利用内部员工的反馈，协助开发创新方案，帮助退伍军人实现想法[251]。

### 6.1.4　关键影响因素概念模型

1. 探索性案例间的比较

以上两个案例属于知识技能型共享经济平台，代表了不同的创业环境和国情。本部分分别从平台自身因素、用户及交易内容、外部支持环境三个方面分析这两个案例中平台活跃度的关键影响因素，关于这两个平台案例的比较，详见表 6-1。

**表 6-1　知识技能型共享经济平台案例比较**

| 影响因素 | 案例一：猪八戒网（中国） | 案例二：InnoCentive（美国） |
| --- | --- | --- |
| 平台自身因素 | 功能完备，几乎可以搜索到所有相关的知识、创意和技能服务，内容丰富翔实，在资源、合作伙伴和品牌传播方面更倾向于商业化，并获得了重庆市版权局的支持 | 平台的搜索功能有限，内容主要集中在高创新和高难度任务，多为国际尖端化学和生物难题，平台专业性较强，商业化程度较低，依托于庞大的合作伙伴网络 |
| 用户及交易内容 | 用户覆盖普通大众，受众广泛，门槛低，交易内容多样，包括创意设计、网站建设、网络营销、文案策划、生活服务等，更多聚焦于创业发展，强调下游服务 | 平台参与者多为高学历的科学家和发明家，主要集中在较小的学术圈，交易内容主要聚焦于科技创新，强调上游技术 |
| 外部支持环境 | 政府开始鼓励支持这类知识付费平台，社会对"共享经济"的认同感逐渐加深，相关领域的整合与协同日益加强，平台设计机制不断完善 | 全国创新氛围良好，政府和企业大力支持高科技创新产业，知名企业认可通过线上平台解决难题，平台设计机制合理有效，能减少纠纷和不信任事件 |

2. 概念模型的提出

通过前文两个案例的比较分析（表 6-1），可以得出如下结论。首先，知识技能型共享经济平台活跃度的高低与平台自身因素、用户及交易内容、外部支持环境这三大关键影响因素有着千丝万缕的关系。

其次，在进行知识付费交易的时候，交易双方最关注平台的操作界面、功能和安全性。主要原因如下：一是友好的界面降低了使用学习成本；二是完善的功能满足了知识需求方和提供方的多样需求；三是交易双方重视平台安全保障措施，其中安全保障措施涉及金钱交易和知识产权交易；四是平台通过多样化活动吸引人气，即平台运营途径多样性。因此，平台自身因素与知识技能型共享经济平台的活跃度密切相关。

再次，知识技能型共享经济平台的用户和交易内容是保持平台活跃度的关键。这里的用户即身怀各种绝技的群体。当平台聚集大量各行业的知识型、创意型和技能型人才时，势必能够吸引大量的需求方在该平台上发布知识服务需求，那么整个平台的活跃度也就提升了。关于交易内容，其中，服务质量及价格水平备受关注。平台必须采取措施保障平台知识服务质量的整体水平，杜绝滥竽充数的现象发生，同时，支持新店并采取价格补贴策略，帮助知识技能提供方开出有足够大吸引力的报价。

最后，在知识付费交易中，外部支持环境至关重要。中国和美国国情不同，发展阶段也有差异。我国信息透明度持续提升，征信体系不断完善，两国法律法规存在差异。要缩小知识技能型共享经济平台的差距，需要各方合作。推出吸引各类利益相关者的共享奖励机制，实现互惠共赢。在国家层面，政府应大力宣传并举办创新创业大赛，营造创新氛围，培养大众对“互联网+”及“共享经济”的认同感。

基于以上分析，可以得出以下知识技能型共享经济平台活跃度关键影响因素概念模型，如图 6-1 所示。

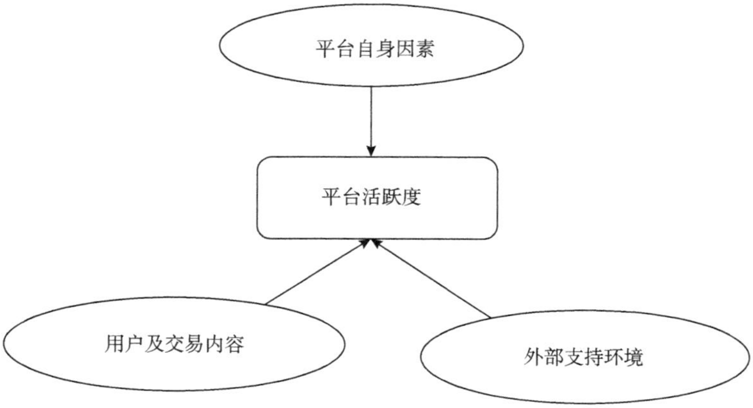


图 6-1　知识技能型共享经济平台活跃度关键影响因素概念模型

### 6.1.5　探索性案例分析小结

猪八戒网与 InnoCentive,其诞生与存在的意义均不仅仅在于需求与供给匹配。它们的亮点和发展空间显著，未来的商业模式将趋向开放共享和社会资源的有效利用。相比封闭模式，多样化的智力资源将带来更多思想碰撞，加速社会发展。这能使整个生态圈在实践中彼此赋能、互联互享、价值共创[252]。

本节通过探索性案例研究，选择了中国和美国著名的知识技能型共享经济平台（猪八戒网和 InnoCentive）进行分析，发现平台自身因素、用户及交易内容、外部支持环境是影响平台活跃度的三个关键因素。据此，提出了影响知识技能型共享经济平台活跃度的关键因素概念模型。

在本节中，通过对两个具有代表性的国内外知识技能型共享经济平台进行分析，提炼出关键影响因素的概念模型。基于这一模型，6.2 节将采用结构方程模型方法，深入探讨知识技能型共享经济平台自身因素、用户及交易内容、外部支持环境等三个关键影响因素，并分析这些因素如何相互作用影响平台的活跃度。首先提出研究假设并构建结构方程模型概念框架，其次进行实证分析。通过数据处理与模型分析，将对模型进行识别、假设检验、评价与修正。本章的研究目标是通过对知识技能型共享经济平台活跃度影响因素的实证分析，明确这些影响因素。

## 6.2　实证研究假设

在 6.1 节选取的两个具有代表性的国内外知识技能型共享经济平台的基础上，本章将采用结构方程模型方法，对知识技能型共享经济平台自身因素、用户及交易内容、外部支持环境这三个关键影响因素进行系统的实证分析。大量研究表明，知识技能型共享经济平台的自身因素、用户及交易内容、外部支持环境与平台的共享意愿和活跃度密切相关。本章的研究假设围绕影响平台活跃度的三个关键因素——平台自身因素、用户及交易内容、外部支持环境，以及这些因素与共享意愿和共享程度之间的关系进行建立。

### 6.2.1　平台自身因素与知识技能型共享经济平台活跃度

Davis 提出技术接受模型，用于研究用户对信息系统的接受程度[151]，其中有两个非常重要的变量，即“感知易用性”和“感知有用性”，“感知易用性”表示用户对某个系统的感知为容易操作，“感知有用性”表示用户对某个系统的感知为能够提高其工作业绩。自提出以来，技术接受模型被广泛用于实证研究，尤其在电子商务领域，用于衡量用户对网络平台的接受程度。有时研究者将技术接受模型与信任结合，分析消费者的行为动机。在虚拟社区研究中，技术接受模型常用于分析技术因素，因为这些因素对知识共享行为有重要影响[253]。由于虚拟社区缺乏实体联系，所以在社交媒体中促进互动的关键是知识共享行为。成员间的互动关系和信息技术系统的可用性会影响他们在社区内分享知识的意愿。成员间的知识和信息共享意愿对虚拟社区有重大影响。其他因素包括预期的积极成果、积极的社会互动、信任、互利感、归属感、共同语言、相同价值观以及影响知识共享行为的信念[228]。知识技能型共享经济平台作为特殊的虚拟社区，其功能如即时通信、搜索和信息公开等影响交流的效率和畅通[37]。此外，平台的界面友好性、日常运营和安全保障措施也会影响知识共享的意愿和程度[81-82, 254]。基于以上分析，提出 H6.1a、H6.1b。

H6.1a：平台自身因素对知识技能型共享经济平台用户的共享意愿具有正向影响。

H6.1b：平台自身因素对知识技能型共享经济平台用户的共享程度具有正向影响。

### 6.2.2 用户及交易内容与知识技能型共享经济平台活跃度

知识技能型共享经济平台的主要用户包括两大类：贡献知识、创意、技能的提供方和寻找这些资源的需求方。因此，可以从平台用户这个维度入手，提高知识技能型共享经济平台上的服务交易活跃度[255-256]。首先，需要确保知识技能型共享经济平台能否吸引来自各行各业的大量知识型、创意型、技能型群体入驻，这个因素将直接影响到平台知识服务交易的成交率及平台整体的活跃度。Chang 和 Zhu 认为虚拟社区中成员联系越多，知识共享意愿越强[257]。其次，平台需采取措施提升知识服务的整体质量[258]，以保障整个网络平台交易内容的质量的高水平。高质量的共享内容以及其极具深度及广度的特点吸引大量的知识技能需求方相继涌入共享经济平台，进而进行知识服务付费交易，形成良性生态循环。最后，提供方的报价需有足够的吸引力，以吸引大量需求方发布需求，促进合作并影响共享程度。基于此，本部分提出了 H6.2a、H6.2b。

H6.2a：用户及交易内容对知识技能型共享经济平台用户的共享意愿具有正向影响。

H6.2b：用户及交易内容对知识技能型共享经济平台用户的共享程度具有正向影响。

### 6.2.3 外部支持环境与知识技能型共享经济平台活跃度

知识技能型共享经济平台生态系统包括政府、平台相关领域方、平台用户（即知识、创意、技能的提供方和需求方）、平台交易内容、平台维护、平台规范及制度等[259-260]。如果能够获得网络平台生态系统的外部支持将有助于推动平台用户自发地进行知识服务交易，提高活跃度水平。基于平台内部层面，需要完善配套设施，实现物流、担保、金融等资源整合，并具备严格的交易监管制度，保障双方利益。Li 采用互惠的社区规范作为虚拟社区成员关系的测量指标，用以探讨其对虚拟社区知识共享程度的影响。结果发现，互惠的社区规范显著影响知识共享程度[261]。Chen 和 Hung 从外部环境与个人因素两个维度分析其对网络平台共享行为的影响，其中外部环境因素包括：互惠规范、个体间的信任[262]。平台应推出吸引人的奖励机制，鼓励大众参与知识共享。政府应出台鼓励创新创业的政策，营造良好社会环境。同时，人们需提高对“互联网+创新”和“共享经济”理念的理解和认同。基于以上分析，本部分提出 H6.3a、H6.3b。

H6.3a：外部支持环境对知识技能型共享经济平台用户的共享意愿具有正向影响。

H6.3b：外部支持环境对知识技能型共享经济平台用户的共享程度具有正向影响。

### 6.2.4 共享意愿与共享程度

个体行为意愿是决定个体行为最重要的因素。Fishbein 和 Ajzen 提出，个体行为意愿是表示个体愿意执行某种行为的主观概率，是用来预测个体行为的重要变量[214]。这意味着，当个体对某行为有强烈意愿时，他更可能执行该行为。在网络平台上，知识贡献指用户通过平台分享观点、专业知识、技能和经验等，以实现智慧共享[263]。当一个人有强烈的知识技能共享意愿时，其共享程度（如参与意愿、频次和强度）也会更高。Hultman 等强调，个人意愿与积极的态度会影响其参与合作的意图，从而促进其开展合作行为[264]。Ardichvili 等指出，社区人员在进行知识传播过程中的分享动机以及积极性、主动性是虚拟平台能否成功的核心[265]。刘灿辉和安立仁发现知识隐性程度在经济奖励与个体知识共享意愿之间有调节作用[266]。Boudreau 等的研究发现，隐性知识共享意愿是共享者愿意分享知识的关键因素[267]。随着研究的不断深入，Chen 和 Hung 在探索专业型虚拟社区知识技能共享影响因素时，将知识共享行为划分为知识贡献行为和知识搜集行为[262]。用户遇到问题时，倾向于在线寻求解决方案并愿意付费获取服务。互联网的优势使越来越多的用户选择在平台上有偿共享知识、创意和技能。基于以上分析，本部分提出如下假设。

H6.4：共享意愿对共享程度具有正向影响。

# 6.3　模型构建与研究设计

## 6.3.1　研究方法

本节涉及的主要变量包括知识技能型共享经济平台自身因素、用户及交易内容、外部支持环境、共享意愿及共享程度。由于这些变量间的因果关系复杂且难以直接测量，因此，本节使用结构方程模型来展开研究。结构方程模型结合了因子分析和回归分析，能够对因果模型进行辨识、估计与验证[268]。因此，采用 AMOS 21.0 软件通过标准系数和显著性值测量潜在内生和外生变量的因果关系，并根据数据分析结果确认或拒绝假设[269]。

结构方程模型分析从绘制路径图开始。在路径图中，矩形或方框代表观测到的变量，而椭圆或圆形代表潜在的变量。结构方程模型中的因果关系通过单箭头或“路径”表示，其中箭头终点变量被设定为由箭头起点变量所影响。与每个单头箭头或“路径”相关联的系数表示回归系数，用于测量各种路径上影响因素的重要性[270]。

## 6.3.2　概念模型的构建

在查阅大量国内外文献的基础上，得出涉及的自变量包括知识技能型共享经济平台自身因素、用户及交易内容、外部支持环境。因变量为活跃度，用共享意愿、共享程度两个维度进行测度。理论概念模型如图 6-2 所示。该结构模型中，箭头表示潜变量之间的关系，并标示了七个研究假设，箭头指出潜在变量间的作用路径。

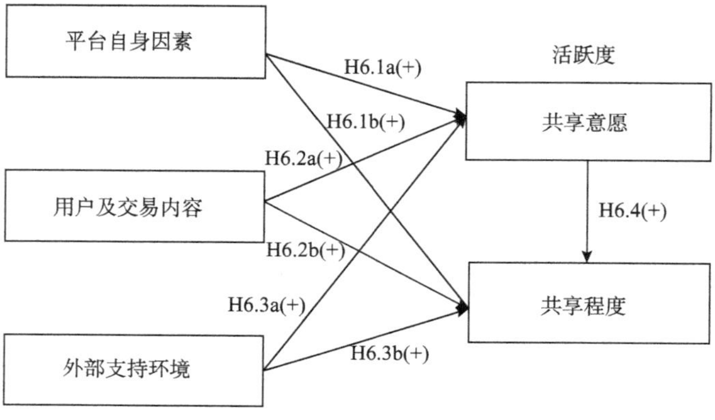


图 6-2　理论概念模型

### 6.3.3 变量定义

在对知识技能型共享经济平台自身因素、用户及交易内容、外部支持环境、共享意愿及共享程度进行理论分析的基础上，参考已有的成熟量表，并结合研究目的和内容，设定各潜在变量的观测变量，并调整相应文字，得到表 6-2 中的观测变量定义，总计有 21 个观测变量。这些变量是研究问卷的一部分，括号内的缩写是用于后续统计分析的标记。

**表 6-2　对潜在变量与观测变量的定义**

| 潜在变量 | | 观测变量 | 参考文献 |
|---|---|---|---|
| 平台自身因素（Netp） | 操作界面友好性 | 1. 平台网页设计必须赏心悦目，操作界面简洁好用，业务流程合理顺畅（Netp1） | Davis[151]；Lin[253]；Chang 和 Chuang[228]；张蒙等[37]；Kankanhalli 等[254] |
| | 功能完备性 | 2. 必须达到几乎任何知识服务需求都能搜索到相应的知识提供方，且能获得精准的推荐与推送（Netp2） | |
| | | 3. 必须满足平台上供需双方的即时通信需求，保障及时沟通（Netp3） | |
| | 运营途径多样性 | 4. 必须经常开展形式各异的活动，以吸引并保持平台人气（Netp4） | |
| | 安全保障 | 5. 必须采取措施保障平台上所展示信息的客观与真实（Netp5） | |
| | | 6. 必须实行完善的安全保障措施，能够确保资金、交流内容的安全（Netp6） | |
| | | 7. 必须具备严格的平台交易监管，以保障供需双方利益（Netp7） | |
| 用户及交易内容（User） | 智慧提供者数量 | 1. 必须能够吸引各行各业的大量知识型、创意型、技能型群体入驻平台（User1） | McDermott[255]；徐小龙和王方华[256]；Yoon [258] |
| | 服务需求方规模 | 2. 必须能够吸引大量需求方在平台上发布知识服务需求（User2） | |
| | 价格水平 | 3. 必须有足够大吸引力的报价（User3） | |
| | 服务质量 | 4. 必须采取措施保障平台上知识服务质量的整体水平（User4） | |
| 外部支持环境（Exse） | 相关领域的整合与协同 | 1. 必须实现与物流、担保、金融等相关领域的整合与协同（Exse1） | Kankanhalli 等[254]；Yilmaz[271]；Li[261]；Chen 和 Hung[262] |
| | | 2. 必须推出面向各类利益相关者的有吸引力的共享奖励机制（Exse2） | |
| | 政府环境营造 | 3. 政府必须出台更多鼓励“双创”的举措，营造社会环境（Exse3） | |

续表

| 潜在变量 | | 观测变量 | 参考文献 |
|---|---|---|---|
| 外部支持环境（Exse） | 社会认同感培育 | 4. 要求对“互联网+创业创新”与“共享经济”有较高的社会认同感（Exse4） | Kankanhalli 等[254]；Yilmaz[271]；Li[261]；Chen 和 Hung[262] |
| 活跃度（Ad） | 共享意愿（Sw） | 1. 当我遇到难题时，我倾向于向网络寻求解决办法（Sw1） | Shepherd 和 O'Keefe[272]；Boudreau 等[267]；Ardichvili 等[265]；刘灿辉和安立仁[266] |
| | | 2. 我愿意利用网络平台付费获取知识型服务（Sw2） | |
| | | 3. 我愿意在网络平台上有偿共享我的知识、创意和技能（Sw3） | |
| | 共享程度（Sd） | 1. 我每周浏览知识共享服务平台 1～2 次（Sd1） | |
| | | 2. 我习惯于使用网络平台获取或提供知识服务（Sd2） | |
| | | 3. 我认为网络平台上的知识服务交易会流行起来（Sd3） | |

## 6.4　问卷整体分析

### 6.4.1　问卷设计与数据收集

本节通过问卷调查来获取模型和数据。首先，收集并整理相关文献，以梳理与知识技能型共享经济平台活跃度相关的测量指标，形成问卷初稿。接下来，通过研讨对问卷进行修改和完善。其次，邀请研究生、高校教师、医生和创客填写问卷，并标记出有疑问或不清楚的题项。最后，根据标记对句子含糊、概念错误或表达不当的题项进行修正，得到最终版问卷。最终版问卷包括两部分：第一部分为基础资料，共 9 个题项；第二部分涉及知识技能型共享经济平台自身因素、用户及交易内容、外部支持环境对共享意愿及共享程度的影响，共 21 个题项。问卷要求填写者真实填写“基础资料”部分，而“提升平台上知识服务交易活跃度”部分可根据个人主观想法进行回答，采用利克特量表 5 点计分法进行测量。

正式的问卷调查采用了如下两种途径开展：一是在猪八戒网、时间财富网等平台发布计件任务；二是通过校友群及各行业朋友（包括转介绍）填写电子问卷，并使用问卷星平台回收统计。总共发放问卷 817 份，去掉第一部分“基础资料”第 6 题“对于知识技能型共享经济平台，您的使用情况如何？”中，选择“没听说过”选项的问卷，最终共得到有效问卷 629 份。样本数量符合结构方程模型分析对大样本的要求。

### 6.4.2　总体样本描述分析

为了了解被调查对象的基本情况，需要对回收的有效问卷（629 份）进行样本描述性统计分析。样本数据的分布情况主要从个体层面进行描述，包括性别、年龄、学历、职业、使用知识技能型共享经济平台的情况和参与形式等，具体信息详见表 6-3。

**表 6-3　样本描述性统计分析**

| 题项 | 选项 | 数量 | 占比 | 题项 | 选项 | 数量 | 占比 |
|---|---|---|---|---|---|---|---|
| 性别 | 男 | 289 | 45.95% | 了解的知识技能型共享经济平台 | 知乎 | 475 | 75.52% |
| | 女 | 340 | 54.05% | | 果壳网（在行、分答） | 220 | 34.98% |
| 年龄 | 18 岁及以下 | 6 | 0.95% | | 百度文库 | 544 | 86.49% |
| | 19～27 岁 | 428 | 68.04% | | 豆丁网 | 466 | 74.09% |
| | 28～35 岁 | 108 | 17.17% | | 经管之家 | 133 | 21.14% |
| | 36～45 岁 | 69 | 10.97% | | 小木虫 | 166 | 26.39% |
| | 45 岁以上 | 18 | 2.86% | | 丁香园 | 122 | 19.40% |
| 学历 | 大专或本科 | 371 | 58.98% | | 春雨医生 | 135 | 21.46% |
| | 硕士研究生 | 194 | 30.84% | | 百度百科 | 547 | 86.96% |
| | 博士研究生 | 42 | 6.68% | | 得到 | 76 | 12.08% |
| | 没上过大学 | 22 | 3.50% | | 喜马拉雅 | 323 | 51.35% |
| 职业 | 自由职业者 | 33 | 5.25% | | 其他 | 16 | 2.54% |
| | 个体经营户 | 16 | 2.54% | 使用情况 | 没听说过 | 147 | 23.37% |
| | 公职人员（除教师、医生外的事业单位人员） | 55 | 8.74% | | 听说过但没用过 | 81 | 12.88% |
| | | | | | 偶尔使用 | 222 | 35.29% |
| | 中、小学教师 | 25 | 3.97% | | 经常使用 | 179 | 28.46% |
| | 高校教师 | 55 | 8.74% | 参与形式 | 在平台上发布知识需求 | 131 | 20.83% |
| | 医生 | 23 | 3.66% | | 在平台上承接知识需求订单 | 35 | 5.56% |
| | 企业普通员工 | 180 | 28.62% | | 在平台上搜寻所需要的信息 | 395 | 62.80% |
| | 企业管理人员 | 33 | 5.25% | | 主动发帖，提供信息或帮助 | 61 | 9.70% |
| | 大学生 | 155 | 24.64% | | 灌水 | 18 | 2.86% |
| | 其他 | 54 | 8.59% | | 从未登录这类平台 | 17 | 2.70% |
| 了解的知识技能型共享经济平台 | 猪八戒网 | 119 | 18.92% | | 无目的浏览 | 96 | 15.26% |

注：“了解的知识技能型共享经济平台”和“参与形式”题项为多选题，为了简化计算，统一与问卷总数 629 份作对比

根据表 6-3 的数据，调查对象的年龄主要集中在 19～27 岁，占 68.04%。教育背景以大专或本科和硕士研究生为主，分别占 58.98%和 30.84%。大部分调查对象的职业为企业普通员工和大学生，分别占 28.62%和 24.64%。调查人员对知乎、百度文库、豆丁网、百度百科和喜马拉雅较为熟悉，还有调查者提到微博问答、网易云课堂、新浪爱问、道客巴巴、分答、51 自学网等知识技能型共享经济平台。调查显示，偶尔使用和经常使用这些平台的人数占比较高，分别为 35.29%和 28.46%；而有 23.37%的人没听说过知识技能型共享经济平台，反映出超过 20%的被调查人员尚未紧跟这一潮流。相当多的人在知识技能型共享经济平台上搜寻所需要的信息，大部分人（62.80%）在平台上搜寻信息，而在平台上承接知识需求订单的占比仅有 5.56%。绝大多数人认为知识服务应得到报酬，支持付费获取知识的趋势；建议网络平台上的知识服务定价与服务质量判断可以参考线下做法。13.9%的调查对象对知识付费持反对态度。调研还发现，知识技能型共享经济平台存在的问题包括：知识服务质量的感知与评判标准不统一，服务质量满意度低；知识需求方的不诚信行为普遍（如盗用创意）；平台制度不健全，知识产权纠纷多且维权困难。大多数被测对象是年轻群体，具有大专或本科学历，主要为企业普通员工，偶尔使用平台，主要用于信息搜寻。绝大多数调查对象对知识付费交易持支持态度。

### 6.4.3　问卷信度与效度检验

1. 信度检验

信度是用来评价问卷可靠性、一致性和稳定性最基本的指标。在进行实证研究之前，要先分析问卷的信度。本部分主要是对知识技能型共享经济平台自身因素、用户及交易内容、外部支持环境、共享意愿、共享程度有关的五组观测变量逐一进行信度分析，即一致性评价。

根据利克特量表中的 Cronbach's $\alpha$ 系数进行信度检验，因此本部分针对所获得的五组观测变量的统计数据，使用 SPSS 21.0 计算每组潜在变量及问卷整体的 Cronbach's $\alpha$ 系数，如表 6-4 及表 6-5 所示。结果显示，五组观测变量的 Cronbach's $\alpha$ 系数均大于 0.7，总体信度为 0.916，表明测量题项符合要求，数据具有较高可信度。此外，从表 6-4 可以看出，每组潜在变量的组合信度（CR）值均大于 0.7，大于 0.6 的评价标准。综上所述，本部分所构建的模型具有较高的信度。

**表 6-4　观测变量的描述性统计与信度**

<table>
<tr><th colspan="2">潜在变量</th><th>观测变量</th><th>均值</th><th>标准差</th><th>Cronbach's α</th><th>CR</th></tr>
<tr><td rowspan="7">平台自身因素（Netp）</td><td>操作界面友好性</td><td>Netp1</td><td rowspan="7">4.132 5</td><td rowspan="7">0.780 41</td><td rowspan="7">0.937</td><td rowspan="7">0.937 8</td></tr>
<tr><td rowspan="2">功能完备性</td><td>Netp2</td></tr>
<tr><td>Netp3</td></tr>
<tr><td>运营途径多样性</td><td>Netp4</td></tr>
<tr><td rowspan="3">安全保障</td><td>Netp5</td></tr>
<tr><td>Netp6</td></tr>
<tr><td>Netp7</td></tr>
<tr><td rowspan="4">用户及交易内容（User）</td><td>智慧提供者数量</td><td>User1</td><td rowspan="4">3.931 5</td><td rowspan="4">0.867 96</td><td rowspan="4">0.851</td><td rowspan="4">0.852 4</td></tr>
<tr><td>服务需求方规模</td><td>User2</td></tr>
<tr><td>价格水平</td><td>User3</td></tr>
<tr><td>服务质量</td><td>User4</td></tr>
<tr><td rowspan="4">外部支持环境（Exse）</td><td rowspan="2">相关领域的整合与协同</td><td>Exse1</td><td rowspan="4">3.942 4</td><td rowspan="4">0.783 26</td><td rowspan="4">0.845</td><td rowspan="4">0.847 2</td></tr>
<tr><td>Exse2</td></tr>
<tr><td>政府环境营造</td><td>Exse3</td></tr>
<tr><td>社会认同感培育</td><td>Exse4</td></tr>
<tr><td rowspan="6">活跃度（Ad）</td><td rowspan="3">共享意愿（Sw）</td><td>Sw1</td><td rowspan="3">3.506 2</td><td rowspan="3">0.753 27</td><td rowspan="3">0.771</td><td rowspan="3">0.831 3</td></tr>
<tr><td>Sw2</td></tr>
<tr><td>Sw3</td></tr>
<tr><td rowspan="3">共享程度（Sd）</td><td>Sd1</td><td rowspan="3">4.132 5</td><td rowspan="3">0.780 41</td><td rowspan="3">0.826</td><td rowspan="3">0.771 2</td></tr>
<tr><td>Sd2</td></tr>
<tr><td>Sd3</td></tr>
</table>

**表 6-5　问卷总信度检验结果**

| Cronbach's α | 基于标准化项的 Cronbach's α | 项数 |
|---|---|---|
| 0.916 | 0.917 | 21 |

## 2. 效度检验

效度是衡量研究模型中变量是否被有效测量的依据，即测量项目与实际问题描述的相似程度。在实证研究前，需要对问卷进行效度检验，包括内容效度和测量数据的检验。

由于本问卷在题项设计上借鉴了相关量表，并经过课题小组讨论和小范围预测试等多次修改，以确保问卷内容的有效性，因此可以认定问卷的内容符合要求。本部分使用 AMOS 21.0 对数据的效度进行分析。构建效度包括收敛效度和区分效度。收敛效度指测量题项与提取公因子的相关程度，相关性应大于 0.5，表示题项与公因子联系紧密；区分效度指的是题项对于变量测量的专属性。

1）收敛效度

当用因子分析检验效度时，先需要满足因子分析的前提条件，即题项之间具有较强的相关性，这反映在 KMO 值和 Bartlett 球形检验值两个检验指标上。其中，KMO 值用于比较题项间简单相关和偏相关系数，取值在 0 到 1 之间，而是否适合做因子分析的标准为：大于 0.9 非常适合；0.7～0.9 适合；0.6～0.7 不太适合；小于 0.6 不适合。Bartlett 球形检验值用以检验题项间相关系数是否显著，如果显著（即 Sig.<0.05）则适合做因子分析。

表 6-6 检验结果表明：量表的 KMO 检验值为 0.924，大于 0.7，说明适合进行因子分析。Bartlett 球形检验结果显示，近似卡方值为 5853.010，显著性水平为 0.000（$p<0.01$），认为量表适合做因子分析。

**表 6-6 KMO 检验和 Bartlett 球形检验**

| 检验 | | 测度值 |
|---|---|---|
| KMO 检验 | | 0.924 |
| Bartlett 球形检验 | 近似卡方 | 5853.010 |
| | df（自由度） | 210 |
| | Sig.（显著性水平） | 0.000 |

在因子分析过程中，采用主成分分析法，并以方差最大正交旋转进行因子旋转，以特征值大于 1 提取因子，表 6-7 的结果显示，因子的累计方差贡献率为 71.537%，大于 60%，说明提取的五个因子信息较为充分。

**表 6-7 解释的总方差**

| 成分 | 初始特征值 | | | 提取平方和载入 | | | 旋转平方和载入 | | |
|---|---|---|---|---|---|---|---|---|---|
| | 合计 | 方差贡献率 | 累计贡献率 | 合计 | 方差贡献率 | 累计贡献率 | 合计 | 方差贡献率 | 累计贡献率 |
| 1 | 8.151 | 38.814% | 38.814% | 8.151 | 38.814% | 38.814% | 5.062 | 24.106% | 24.106% |
| 2 | 2.359 | 11.235% | 50.050% | 2.359 | 11.235% | 50.050% | 2.867 | 13.652% | 37.758% |
| 3 | 1.914 | 9.112% | 59.162% | 1.914 | 9.112% | 59.162% | 2.834 | 13.497% | 51.256% |

续表

| 成分 | 初始特征值 | | | 提取平方和载入 | | | 旋转平方和载入 | | |
|---|---|---|---|---|---|---|---|---|---|
| | 合计 | 方差贡献率 | 累计贡献率 | 合计 | 方差贡献率 | 累计贡献率 | 合计 | 方差贡献率 | 累计贡献率 |
| 4 | 1.565 | 7.451% | 66.613% | 1.565 | 7.451% | 66.613% | 2.207 | 10.510% | 61.765% |
| 5 | 1.034 | 4.924% | 71.537% | 1.034 | 4.924% | 71.537% | 2.052 | 9.772% | 71.537% |
| 6 | 0.598 | 2.849% | 74.386% | | | | | | |
| 7 | 0.572 | 2.723% | 77.110% | | | | | | |
| 8 | 0.518 | 2.468% | 79.578% | | | | | | |
| 9 | 0.474 | 2.259% | 81.836% | | | | | | |
| 10 | 0.423 | 2.014% | 83.851% | | | | | | |
| 11 | 0.399 | 1.901% | 85.752% | | | | | | |
| 12 | 0.377 | 1.798% | 87.549% | | | | | | |
| 13 | 0.352 | 1.677% | 89.226% | | | | | | |
| 14 | 0.329 | 1.568% | 90.794% | | | | | | |
| 15 | 0.327 | 1.557% | 92.350% | | | | | | |
| 16 | 0.306 | 1.457% | 93.807% | | | | | | |
| 17 | 0.293 | 1.394% | 95.201% | | | | | | |
| 18 | 0.283 | 1.346% | 96.547% | | | | | | |
| 19 | 0.268 | 1.276% | 97.823% | | | | | | |
| 20 | 0.252 | 1.198% | 99.022% | | | | | | |
| 21 | 0.205 | 0.978% | 100% | | | | | | |

注：提取方法为主成分分析

按照因子分析评价标准，因子载荷大于 0.5 可以被接受。由表 6-8 可知，每个项目的负荷均高于 0.5，且没有出现双重因子载荷高的情况，各项目在理论维度下聚合良好。同时，本部分中每个观测变量的 CFA 结果，如表 6-9 所示。研究发现，所有观测变量的因子载荷都在 0.6 以上，这表明每组观测变量能够很好地解释相应的潜在变量，即潜在变量能够被观测变量客观准确地度量，说明测量工具的收敛效度较好。

**表 6-8　旋转成分矩阵 *a***

| 观测变量 | 成分 | | | | |
|---|---|---|---|---|---|
| | 1 | 2 | 3 | 4 | 5 |
| Netp1 | 0.791 | 0.175 | 0.158 | 0.172 | 0.091 |
| Netp2 | 0.792 | 0.164 | 0.129 | 0.151 | 0.145 |
| Netp3 | 0.832 | 0.160 | 0.148 | 0.135 | 0.090 |
| Netp4 | 0.718 | 0.171 | 0.048 | 0.148 | 0.228 |
| Netp5 | 0.825 | 0.150 | 0.210 | 0.090 | 0.133 |

续表

| 观测变量 | 成分 | | | | |
|---|---|---|---|---|---|
| | 1 | 2 | 3 | 4 | 5 |
| Netp6 | 0.837 | 0.202 | 0.142 | 0.129 | 0.076 |
| Netp7 | 0.818 | 0.155 | 0.161 | 0.148 | 0.085 |
| User1 | 0.245 | 0.806 | 0.021 | 0.158 | 0.062 |
| User2 | 0.255 | 0.792 | 0.077 | 0.140 | 0.121 |
| User3 | 0.125 | 0.742 | 0.128 | 0.110 | 0.128 |
| User4 | 0.194 | 0.792 | 0.046 | 0.107 | 0.144 |
| Exse1 | 0.173 | 0.079 | 0.782 | 0.071 | 0.009 |
| Exse2 | 0.197 | 0.059 | 0.809 | 0.090 | 0.027 |
| Exse3 | 0.111 | 0.045 | 0.851 | 0.012 | 0.064 |
| Exse4 | 0.145 | 0.074 | 0.778 | 0.018 | 0.143 |
| Sw1 | 0.267 | 0.229 | 0.151 | 0.257 | 0.635 |
| Sw2 | 0.229 | 0.134 | 0.098 | 0.106 | 0.813 |
| Sw3 | 0.077 | 0.112 | 0.023 | 0.237 | 0.817 |
| Sd1 | 0.184 | 0.222 | 0.106 | 0.819 | 0.202 |
| Sd2 | 0.216 | 0.244 | 0.117 | 0.746 | 0.234 |
| Sd3 | 0.248 | 0.071 | −0.014 | 0.791 | 0.153 |

注：提取方法为主成分分析法；旋转法为具有 Kaiser 标准化的正交旋转法，旋转在 5 次迭代后收敛

**表 6-9　CFA 与效度分析**

| 潜在变量 | | 观测变量 | 因子载荷 |
|---|---|---|---|
| 平台自身因素（Netp） | 操作界面友好性 | Netp1 | 0.818 |
| | 功能完备性 | Netp2 | 0.813 |
| | | Netp3 | 0.854 |
| | 运营途径多样性 | Netp4 | 0.729 |
| | 安全保障 | Netp5 | 0.857 |
| | | Netp6 | 0.867 |
| | | Netp7 | 0.840 |
| 用户及交易内容（User） | 智慧提供者数量 | User1 | 0.814 |
| | 服务需求方规模 | User2 | 0.821 |
| | 价格水平 | User3 | 0.672 |
| | 服务质量 | User4 | 0.762 |
| 外部支持环境（Exse） | 相关领域的整合与协同 | Exse1 | 0.730 |
| | | Exse2 | 0.785 |
| | 政府环境营造 | Exse3 | 0.801 |
| | 社会认同感培育 | Exse4 | 0.731 |

续表

| 潜在变量 | | 观测变量 | 因子载荷 |
|---|---|---|---|
| 活跃度（Ad） | 共享意愿（Sw） | Sw1 | 0.859 |
| | | Sw2 | 0.814 |
| | | Sw3 | 0.686 |
| | 共享程度（Sd） | Sd1 | 0.744 |
| | | Sd2 | 0.728 |
| | | Sd3 | 0.710 |

2）区分效度

本部分的区分效度是用“每个潜在变量的 AVE 值”与“此潜在变量与其他潜在变量的相关系数平方”相比较来检验。如表 6-10 所示，对角线数值代表单一潜在变量 AVE 值，均大于 0.5，说明测量指标可以较有效地反映其共同因素变量的潜在特性。下三角的数值为潜在变量间的相关系数平方。通常，区分效度较好时，对角线数值应大于下三角数值。由比较可知，研究模型的区分效度较好。

**表 6-10　潜在变量之间的区分效度**

| 项目 | 平台自身因素 | 用户及交易内容 | 外部支持环境 | 共享意愿 | 共享程度 |
|---|---|---|---|---|---|
| 平台自身因素 | 0.684 | — | — | — | — |
| 用户及交易内容 | 0.227 | 0.592 | — | — | — |
| 外部支持环境 | 0.141 | 0.048 | 0.581 | — | — |
| 共享意愿 | 0.195 | 0.166 | 0.061 | 0.624 | — |
| 共享程度 | 0.222 | 0.193 | 0.046 | 0.282 | 0.529 |

综上所述，本部分利用问卷调查数据对每组观测变量的信效度都进行了检验，结果发现检验结果都符合后续结构方程模型分析的要求。

## 6.5　结构方程模型分析

### 6.5.1　结构方程模型的构建

在本部分中，构建的结构方程模型涉及多个关键变量，如平台自身因素、用户及交易内容、外部支持环境、共享意愿和共享程度等。由于这些变量无法直接观测，因此需要将其细化为若干个具体问题进行测量。尽管具体测量指标的赋值具有一定的主观性，可能导致误差，但结构方程模型方法允许变量存在一定误差，并广泛应用于涉及多自变量和因变量的建模过程中。因此，本部分采用结构方程模型方法对知识技能型共享经济平台生态系统的活跃度进行模型设计和假设检验，并使用 AMOS 21.0 软件进行建模和验证。在结构方程模型中，存在三种变量：潜在变量、观测变量和误差变量。潜在变量是无法直接观测的变量，在 AMOS 21.0 软件中用椭圆表示；观测变量是可以直接观测的变量，用矩形表示，是潜在变量的具体化观测指标；指向观测变量的圆形变量代表每个观测变量的误差变量。箭头表示变量间的因果关系，单向箭头代表单向关系，双向箭头表示变量间的相关性或共变关系，此时两变量间没有方向性影响。通过对调查问卷的分析，本部分保留了信度和效度较好的题项作为观测变量，构建了观测变量与潜在变量之间的对应关系，并绘制了图 6-3 的结构方程模型。

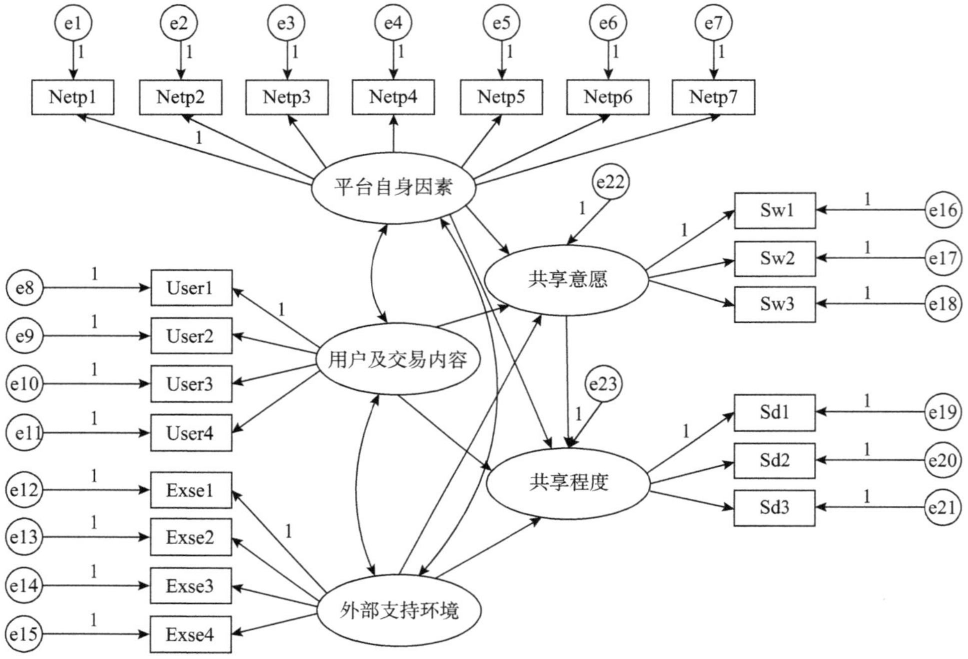


图 6-3 知识技能型共享经济平台活跃度影响因素的结构方程模型

## 6.5.2 结构方程模型的识别与假设检验

1. 路径系数的估计与检验

在结构方程模型中，识别指的是对模型中路径系数的估计和检验。在 AMOS 21.0 软件中，可以使用 C.R.参数显著性检验功能来进行路径系数的识别。

C.R.值是参数估计值与标准误差的比值。路径系数的检验通过 C.R.值计算相应的概率 $p$，再根据 $p$ 值来判断路径系数的显著性。通常，$p$ 值小于 0.05 表示路径系数显著，而大于 0.05 则不显著。在本部分中，主要使用 AMOS 21.0 对潜在变量之间的路径系数进行估计，并通过 C.R.值进行检验，结果如表 6-11 所示。

**表 6-11 路径系数估计与检验**

| 路径 | 未标准化的路径系数估计值 | 标准误差 | C.R.（$t$ 值） | $p$ |
|---|---|---|---|---|
| 平台自身因素→共享意愿 | 0.297 | 0.062 | 4.764 | *** |
| 平台自身因素→共享程度 | 0.197 | 0.070 | 2.816 | 0.005 |
| 用户及交易内容→共享意愿 | 0.262 | 0.052 | 5.084 | *** |
| 用户及交易内容→共享程度 | 0.210 | 0.059 | 3.553 | *** |
| 外部支持环境→共享意愿 | 0.097 | 0.055 | 1.767 | 0.077 |
| 外部支持环境→共享程度 | −0.002 | 0.060 | −0.032 | 0.974 |
| 共享意愿→共享程度 | 0.590 | 0.081 | 7.288 | *** |

***表示 $P<0.001$

由上述 C.R.参数显著性检验的思想以及表 6-11 结果可知，“外部支持环境”对“共享意愿”的路径系数为 0.097，C.R.值为 1.767，$p$ 值为 0.077（大于 0.05 的显著性检验标准），这说明该路径系数为 0 的概率为 7.7%，应该在原模型中剔除这条路径；同理，$p$=0.974（$p$ 值均大于 0.05）对应的路径——“外部支持环境”对“共享程度”的路径也应剔除。因此，剩下五条路径的系数为 0 的概率均小于 5%，它们都在显著性检验中拒绝了原假设，表明这五条路径的系数均通过了显著性检验。

2. 结构方程模型的假设检验

路径系数估计与检验结果显示，在图 6-5 所示的结构方程模型中，应剔除从“外部支持环境”到“共享意愿”和“共享程度”这两条路径。这表明问卷调查结果显示，“外部支持环境”对“共享意愿”和“共享程度”这两个变量的影响不显著，同时，这两条路径对应的 H6.3a 和 H6.3b 不成立。因此统计路径系数得到假设检验结果，见表 6-12。

**表 6-12 假设检验结果**

| 研究假设 | 检验结果 |
|---|---|
| H6.1a：平台自身因素对知识技能型共享经济平台用户的共享意愿具有正向影响 | 支持 |
| H6.1b：平台自身因素对知识技能型共享经济平台用户的共享程度具有正向影响 | 支持 |
| H6.2a：用户及交易内容对知识技能型共享经济平台用户的共享意愿具有正向影响 | 支持 |
| H6.2b：用户及交易内容对知识技能型共享经济平台用户的共享程度具有正向影响 | 支持 |

续表

| 研究假设 | 检验结果 |
|---|---|
| H6.3a：外部支持环境对知识技能型共享经济平台用户的共享意愿具有正向影响 | 不支持 |
| H6.3b：外部支持环境对知识技能型共享经济平台用户的共享程度具有正向影响 | 不支持 |
| H6.4：共享意愿对共享程度具有正向影响 | 支持 |

### 6.5.3　结构方程模型的评价与修正

1. 对部分研究假设未获得支持的原因分析

尽管“共享经济”这一理念早在 20 世纪 70 年代就已提出，但在我国“共享经济”和“知识付费”的热潮直到近几年才开始显现其对生活的影响。目前，知识技能型共享经济尚未获得广泛关注，这主要是由于新兴事物需要时间进行市场培育和发展。许多需求方仍依赖传统的合作伙伴，认为在网络平台上寻找知识、创意和技能提供者可能面临一定的风险，如诚信问题和初期高机会成本，因此需要经历磨合期。由于交易内容可能无法公开，要求和标准难以界定，加上知识服务质量参差不齐和诚信问题，一部分需求方暂时不愿在网络平台上进行知识付费交易。因此，为了实现知识技能型共享经济平台的活跃和有序运转，需要平台、用户及其生态支持系统的共同作用，从而形成良好的自组织状态。

知识技能型共享经济平台生态系统包括政府、其他利益相关方、平台用户（即知识、创意、技能的提供方和需求方）、平台交易内容、平台管理者、平台规范及制度等[259]。知识技能型共享经济平台的外部环境则包括与共享经济及其平台相关的政府制度、其他利益相关者、平台规范及制度、社会对知识技能共享的认识及氛围等[259-260]。外部环境既可能提供机会，也可能构成威胁，因此，要特别重视外部环境对知识技能型共享经济平台活跃度的影响。

当前，我国的共享经济作为新兴商业模式刚刚兴起，涉及的主要领域及其在网络平台上的整合与协同运行仍在探索中。与实物型共享经济平台相比，知识技能型共享经济平台在整合与协同方面面临更大的挑战，因此发展相对滞后。在政府的环境营造方面，由于共享经济模式仍处于初级阶段，政策层面采取了一种“无为而治”的态度。李克强提出：“对于这种新业态、新模式，不能简单任性，要么不管，要么管死。所以我们这几年一直采用的是包容审慎的原则。包容就是对新的事物，我们已知远远小于未知，要允许它发展，对发展中出现的问题加以纠正。”①学界对政府在共享经济监管方面的建议也主要集中在“友好”和“观察”

① 《李克强：以包容审慎的原则对待新业态、新模式》，http://www.xinhuanet.com/politics/2019lh/2019-03/15/c_1210083405.htm，2019 年 3 月 15 日。

等方面，如陈元志提出面对当前共享经济的蓬勃兴起，政府要采取创新友好型监管模式[27]。刘根荣提出共享经济的发展会打破原有的利益格局，政府相关部门应该冷静观察、沉着应对，在共享经济模式的初创阶段采取“无为而治”，让其自然生长，给予市场充分的调整与发育时间，抓住技术创新带来的宝贵发展机会[1]。无论是政府还是企业，在为知识技能型共享经济的发展营造外部环境方面都投入不足。此外，社会大众尚未形成利用这些平台进行智慧共享、提升个人或社会创新价值的认同感，实现社会主体自发在平台上进行知识技能共享交易，不是一朝一夕能完成的易事。

概括来说，共享经济仍处于初级阶段，知识技能型共享经济平台及其相关领域尚未形成有效的整合与协同生态系统，环境营造不足，社会大众对这一新事物的认同感缺乏。这些可能是“外部支持环境对知识技能型共享经济平台用户的共享意愿及共享程度具有正向影响”假设未获得实证支持的原因。

2. 结构方程模型的修正

根据路径系数的显著性检验结果，剔除“外部支持环境”到“共享意愿”和“共享程度”这两条没有通过检验的路径，再对模型予以修正。修正后的知识技能型共享经济平台活跃度关键影响因素研究的结构方程模型如图 6-4 所示。

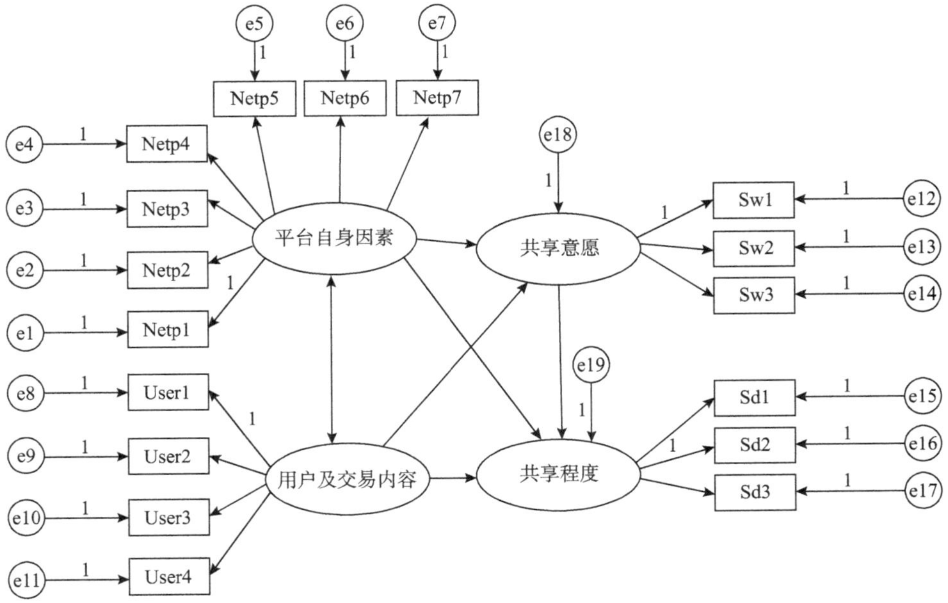


图 6-4　修正后的结构方程模型

观察表 6-13，对比分析发现，修正后的模型拟合优度优于修正前，显示出良好的拟合效果。对修正后的模型及其路径系数进行重新评估和检测，结果如表 6-14 所示。结果表明，“平台自身因素”对“共享意愿”的路径系数为 0.343，C.R. 值为 5.703，$p$ 值小于 0.001，表明该路径系数显著不同于 0，因此路径检验通过。按照相同方法，修正模型中的另外四条路径也通过了显著性检验，$p$ 值均小于 0.05。

**表 6-13 修正前后模型的拟合优度**

| 项目 | $\chi^2$/df | CFI | GFI | AGFI | RMR | RMSEA | NFI | NNFI |
|---|---|---|---|---|---|---|---|---|
| 评价标准 | < 3 | > 0.9 | > 0.9 | > 0.9 | < 0.05 | < 0.08 | > 0.9 | > 0.9 |
| 判断 | 满意 | 满意 | 满意 | 满意 | 满意 | 适配合理 | 满意 | 满意 |
| 修正前 | 1.566 | 0.982 | 0.949 | 0.934 | 0.034 | 0.034 | 0.953 | 0.979 |
| | 满意 | 满意 | 满意 | 满意 | 满意 | 适配合理 | 满意 | 满意 |
| 修正后 | 1.554 | 0.987 | 0.960 | 0.946 | 0.033 | 0.034 | 0.965 | 0.984 |
| | 满意 | 满意 | 满意 | 满意 | 满意 | 适配合理 | 满意 | 满意 |

**表 6-14 模型修正后的路径系数估计与检验**

| 路径 | 标准化的路径系数估计值 | 标准误差 | C.R.（$t$ 值） | $p$ |
|---|---|---|---|---|
| 平台自身因素→共享意愿 | 0.343 | 0.058 | 5.703 | *** |
| 平台自身因素→共享程度 | 0.162 | 0.066 | 2.982 | 0.003 |
| 用户及交易内容→共享意愿 | 0.316 | 0.052 | 5.092 | *** |
| 用户及交易内容→共享程度 | 0.202 | 0.059 | 3.563 | *** |
| 共享意愿→共享程度 | 0.472 | 0.081 | 7.331 | *** |

***表示 $p$<0.001

### 3. 修正模型中潜在变量影响作用比较

结构方程模型中的路径系数表征了不同变量间的直接影响，由表 6-14 可知，在知识技能型共享经济平台活跃度关键影响因素“平台自身因素”“用户及交易内容”中，“用户及交易内容”对“共享程度”的影响最大，为 0.202，表明若“用户及交易内容”变化 1 个单位，将会直接影响“共享程度”同向变化 0.202 个单位。“共享意愿”对“共享程度”的直接影响为 0.472，表明“共享意愿”每增加 1 个单位，“共享程度”会增加 0.472 个单位。

要考察潜在变量间的影响力，可以通过结构方程模型的路径系数来研究。影响力分为直接影响、间接影响和总影响三类。直接影响为结构方程模型里有箭头直接指向的影响关系，直接影响的大小即该路径系数的数值大小，如本部分中“平台自身因素”对“共享意愿”的直接影响为 0.343；间接影响是指一个变量中间需要经过一个或多个其他变量，然后才对另一个变量产生的影响，间接影响的大小可以通过影响路径上的路径系数逐个相乘所得，如“平台自身因素”通过“共享意愿”影响“共享程度”，那么“平台自身因素”变量与“共享程度”变量间的间接影响大小为 0.162=0.343×0.472；两个变量间的总影响是将两个变量间的直接影响与所有间接影响相加所得，如“平台自身因素”对“共享程度”的总影响大小为 0.324=0.162+0.162。修正后模型的潜在变量间标准化的直接、间接与总影响见表 6-15，关键影响因素影响力大小排序见图 6-5。

**表 6-15　修正模型潜在变量间标准化的直接、间接与总影响**

| 路径 | 直接影响 | 间接影响 | 总影响 |
|---|---|---|---|
| 平台自身因素→共享意愿 | 0.343 | — | 0.343 |
| 平台自身因素→共享程度 | 0.162 | 0.162 | 0.324 |
| 用户及交易内容→共享意愿 | 0.316 | — | 0.316 |
| 用户及交易内容→共享程度 | 0.202 | 0.149 | 0.351 |
| 共享意愿→共享程度 | 0.472 | — | 0.472 |

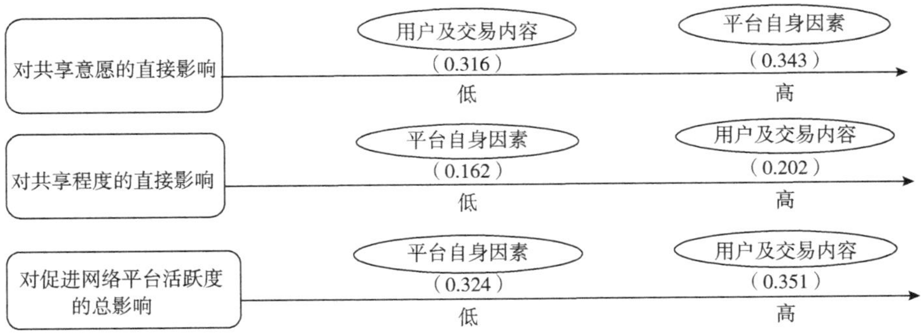

图 6-5　知识技能型共享经济平台活跃度关键影响因素影响力大小排序

## 6.6　实证研究结果

本章从知识技能型共享经济平台活跃度的视角，在调查问卷的基础上量化研究了平台自身因素、用户及交易内容、外部支持环境三个关键因素对知识技能型共享经济平台共享意愿及共享程度活跃度的影响。

研究结论如下：①平台自身因素对共享意愿与共享程度均有正向影响；②用户及交易内容对共享意愿与共享程度均有正向影响；③外部支持环境对共享意愿

与共享程度并没有明显影响；④平台自身因素、用户及交易内容是影响知识技能型共享经济平台上共享意愿、共享程度的两个关键影响因素。从影响力来看，用户及交易内容对促进网络平台活跃度的总影响大于平台自身因素。其中，平台自身因素对共享意愿的直接影响略大于用户及交易内容的直接影响，但用户及交易内容对共享程度的直接影响略高于平台自身因素。

显然，无论是提升共享意愿还是共享程度，平台自身因素、用户和交易内容都发挥着重要作用。这些因素的有机结合能够显著提升我国知识共享和共享经济的发展水平，并提升网络平台的活跃度。目前，我国的国民素质仍需提高，因此用户因素尤为重要，而交易内容则涉及用户诚信和道德问题。同时，“平台自身因素”仍在快速发展中，包括平台操作界面的优化和功能的完善，运营手段、平台可靠性和用户黏性的培养都需要时间。因此，将“平台自身因素”与“用户及交易内容”作为提升知识技能型共享经济平台活跃度的关键，可以共同推动知识付费时代的发展。

# 第 7 章　信任视角下知识技能型共享经济平台用户持续参与研究

## 7.1　理论模型与研究假设

### 7.1.1　研究变量定义

通过对现有文献中针对互联网平台、电子商务以及众创、众包、虚拟社区等典型知识技能型共享经济平台用户信任及持续参与的相关研究进行系统梳理，结合社会认知理论、计划行为理论、信任经典文献的分析，整理信任研究主要的相关变量。在理论支撑的基础上，进一步同猪八戒网、一品威客、知乎等典型的知识技能型共享经济平台用户以 QQ 群、私信等多种方式，进行相关话题访谈，同老师和身边的同学进一步总结并讨论确立了知识技能型共享经济平台用户信任主题研究的具体变量、模型架构以及问卷设计。

通过上述的工作，提取出影响平台用户制度信任的三个主要感知维度——信息有效性感知、权益保障性感知、质量保障性感知，并认为三者均会对知识技能型共享经济平台用户对于平台的制度信任建立具有正向影响。同理，提取出影响平台用户之间人际信任建立的三个主要维度——供需方可靠性、供需方积极性、关系强度，同样认为三者均会对用户之间人际信任的建立具有正向影响。为了确保相关的变量的有效性，现对本部分所涉及的各潜在变量进行定义并标明参考来源，如表 7-1 所示。

**表 7-1　潜在变量的定义及参考文献**

| 潜在变量 | 变量定义 | 参考文献 |
| --- | --- | --- |
| 信息有效性感知 | 用户对于平台及相关主体所提供信息的及时性、准确性、完整性、有用性的整体感知 | Bonsón Ponte等[273]；Yeon等[274] |
| 权益保障性感知 | 用户在平台开展相关活动时对于自身安全、隐私、财产等各项权益得到有效保护的认可程度 | Kim等[275]；ter Huurne等[130] |
| 质量保障性感知 | 用户对于双方交互在平台各项制度措施以及流程规范下能够取得满意结果的信任程度 | Lou等[276] |

续表

| 潜在变量 | 变量定义 | 参考文献 |
|---|---|---|
| 供需方可靠性 | 平台用户在能力、正直、责任感等方面的可靠程度 | Lewis和Weigert[110] |
| 供需方积极性 | 平台用户在交互过程中所表现出的及时回复、主动交流的积极态度 | Rusman等[277]；Malinen和Ojala[278] |
| 关系强度 | 知识技能供需双方所感受到的彼此之间的社区关系紧密程度 | 常亚平等[279] |
| 制度信任 | 合作双方在不确定情形下均相信制度能够确保双方未来行为达到预期结果的一种心理状态 | Zucker[104]；王鹏等[280] |
| 人际信任 | 在有风险的人际交往中，个体基于双方互动过程而形成的对对方可靠性程度的一种总体期望 | 赵竞等[281] |
| 知识技能共享参与成本 | 知识技能共享过程中所产生的所有成本和麻烦 | 龚主杰等[282]；Frenken和Schor[128] |
| 持续参与 | 在未来一段时间内仍继续参与该平台互动的主观意愿及行为 | Bhattacherjee[283]；梁文玲和杨文举[284] |

### 7.1.2　模型建立

在参考国内外大量相关文献的基础上，本部分设置了三项用户对于平台的感知因素（信息有效性感知、权益保障性感知、质量保障性感知）、三项用户对于平台知识技能供需方的感知因素（供需方可靠性、供需方积极性、关系强度）作为自变量，分别以制度信任、人际信任为中介变量，探讨用户信任建立及用户持续参与的影响机制。在此基础上，引入知识技能共享参与成本作为调节变量，探讨其在“用户信任→持续参与”关系中可能发挥的调节作用。最后，本部分将个体性别、年龄、学历、职业类型作为控制变量加入模型进行分析，具体研究模型如图 7-1 所示。

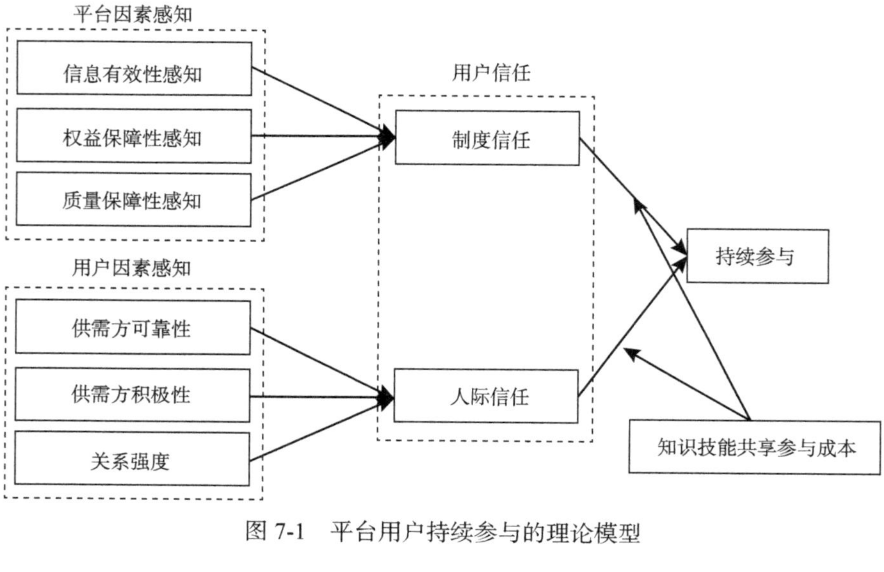


图 7-1　平台用户持续参与的理论模型

### 7.1.3 研究假设

根据前文对共享经济、知识技能共享、平台信任等相关主题研究的梳理，并结合与计划行为理论、社会认知理论有关的研究内容，本部分从区分平台用户制度信任、用户人际信任等视角分别提出相应的研究假设，具体展开如下。

1. 平台因素感知对用户制度信任及持续参与的影响

1）信息有效性感知

信息有效性感知可以定义为用户对于平台及相关主体所提供信息的及时性、准确性、完整性、有用性的整体感知。如果在线消费者认为电子市场信息是完整、相关、易于理解、可靠和准确的，则将认为该信息是高质量的。许多研究表明，当消费者从网站上获得可靠、正确和及时的信息时，消费者信任就会增强[274]，因此，用户感知的信息质量对信任具有积极影响[285]。

用户对于网站信息有效性的感知，来源于平台的信誉（评价反馈系统）、审核认证、信息推送等多个信息系统的支撑。随着社交网络媒体的迅速发展，越来越多的人愿意在社交网络应用程序或电子商务系统中与朋友甚至陌生人分享对所购买物品的感受、看法和建议[286]。信誉评分、等级和文字评论等信誉指标也已显示出其对平台和卖家的信任以及对销售的积极影响[130, 287]。信誉系统已被公认为其具备支撑在线交易进行的主要平台环境功能，信誉系统在维持陌生人之间的互动以及品牌形象和公众信任方面发挥着重要作用[288-289]。在共享经济中，平台通常使用信誉系统来主动执行监管/控制角色，其方法是及时排除评级低于给定阈值的平台用户的访问权限[130, 290]。信誉机制作为平台制度的结构保证，可减少交易对方的机会主义行为，并提高消费者对在线交易市场的信任[291]。

共享经济平台的审核与认证机制提供了有关服务提供方相关业务能力的可靠程度的信息。平台审核与认证是一种制度信号活动，也被认为是一种必要的结构保证[104]，服务需求方重视提供方的个人验证信息[292]。审核与认证机制会通过诸如检查犯罪背景，验证用户银行账户、证书或能力之类的形式为用户决策提供支持[130]。Zulman 等在对健康网站进行研究时指出，如果可以轻松识别平台有关信息的来源和作者职业，用户信任将会显著增强，从而吸引更多用户参与[293]。用户对于有关方特征感知越全面，越容易对其建立信任，继而影响用户的持续参与意愿和参与行为[287]。据此，本部分提出如下研究假设。

H7.1：信息有效性感知对于用户的制度信任具有正向影响。

H7.2：信息有效性感知对于用户的持续参与具有正向影响。

2）权益保障性感知

权益保障性感知是指用户在平台开展相关活动时对于自身安全、隐私、财产等各项权益得到有效保护的认可程度。Keetels认为P2P协同消费平台机制必须包括隐私保证、监控规定、支付安全、担保安全等相关保障机制，并实证发现审核机制、担保机制、信息披露及合作规范机制对消费者信任及参与意愿均具有正向影响[294]。在当前多数共享经济平台上，平台信任机制的建立都要求披露个人信息，如要求用户提供照片、文字自我描述以及在线社交网络中个人资料的链接[295]。相关信息的披露会对网站信任机制建立产生积极作用，但隐私问题也会对人们关于点对点共享的态度产生负面影响[296]。Hsiao 等指出网络平台必须实施各种策略和机制来促进陌生人之间的交易信任，如信誉系统和欺诈保护程序[297]。当前平台在实践中所建立的信任机制主要还包括用户身份验证、安全支付系统以及备用保险等[298]。

从平台的角度来看，平台信任的建立主要取决于五个维度——安全措施、担保、网站质量、服务质量和平台信誉[130]，而平台必须从多个维度提供结构性保证，来增强用户信任[292]。如果平台缺少保护消费者在线隐私和安全的机制，服务提供商和消费者可能难以维持自身积极参与行为，社交互动也将无法有效地转化为商业利益和市场的增长[299]。据此，本部分提出如下研究假设。

H7.3：权益保障性感知对于用户的制度信任具有正向影响。

H7.4：权益保障性感知对于用户的持续参与具有正向影响。

3）质量保障性感知

质量保障性感知是指用户对于双方交互在平台各项制度措施以及流程规范下能够取得满意结果的信任程度。由于共享经济与相似的非 P2P 服务相比，降低了进入非专业用户/提供者的壁垒，因此通过平台提供的服务必然在质量分配方面表现出更大的差异，而这有时可能会损害用户对平台的信任[290]。

对于知识技能型共享经济平台而言，服务质量可以理解为提供多种产品或方案、及时交付以及对客户需求的响应能力等[300]。在对知识共享内容质量的研究中，Lee 指出大多数用户使用知识问答平台的目的是学习知识，满足自身需求，而用户对于问答社区所提供的知识内容的有用性感知以及信任感，会对其平台使用产生重要影响[301]。较高的知识内容质量将会显著提升用户对于平台的整体满意度和期望值，从而提高知识问答平台用户的持续采纳意愿[302]。Chen 发现在专业虚拟社区中，情境因素（社会互动联结）和技术因素（知识质量、系统质量）会对社区成员持续参与知识共享的意愿及共享程度产生显著正向影响[303]。平台对于知识内容质量的把控将会提升用户体验，进而提升用户信任。除此之外，在讨论设计功能时，多数学者也发现网站自身质量也是影响信任的主要因素之一[304]。据此，本部分提出如下研究假设。

H7.5：质量保障性感知对于用户的制度信任具有正向影响。

H7.6：质量保障性感知对于用户的持续参与具有正向影响。

### 2. 用户因素感知对用户人际信任及持续参与的影响

1）供需方可靠性

供需方可靠性可以与认知型信任相联系，它是指平台用户在能力、正直、责任感等方面的可靠程度。与传统电商不同，知识技能型共享经济平台用户之间的信任，从重视传统的买家对卖家的信任转换为供需双方之间的信任。对于知识共享主体的信任缺乏也有两种独立的形式：第一种是对知识提供者产生的知识可信度和准确性的怀疑；第二种是由于需求者对于提供者知识的滥用或盗用，知识提供者受到不公平的对待。

Lewis 和 Weigert 将人际信任分为认知性信任和情感性信任[110]。认知性信任是消费者对卖方能力以及卖方将始终如一行事的信任程度[111]，其主要包括诚信、仁慈和能力三个维度。这里所说的诚信是指公司或卖方愿意在销售过程中信守诺言或对消费者的立场充满信心；仁慈关系到消费者的福利[305]，卖方或公司会有一些有益于消费者的慷慨行为；能力是指公司或卖方拥有满足消费者需求的能力[274, 306]。Deng 和 Ravichandran 进一步扩展了信任的维度，并基于以下属性进行了描述：胜任、履行、足智多谋、关怀、利他、公平、诚实、尽责、可信、一致、可靠[307]。另外，卖方的感知社会资本、能力和正直性也是对卖方信任感的重要影响因素。上述研究表明平台用户会从多个维度考察合作对象的可靠程度，而这也会极大地影响双方之间的信任。据此，本部分提出如下研究假设。

H7.7：供需方可靠性对于用户的人际信任具有正向影响。

H7.8：供需方可靠性对于用户的持续参与具有正向影响。

2）供需方积极性

供需方积极性主要是指平台用户在交互过程中所表现出的及时回复、主动交流的积极态度。由于网络平台用户的分散化分布，用户之间只能通过文字和有限的图片在平台上开展虚拟交互，因此交互双方需要保证自身回复的及时性和表达的准确性来提升用户信任[308]。Rusman 等研究指出受托方对委托方的积极态度，包括共享、友好、开放性等，将会显著增强委托方对于交易取得成功的信心[277]。买卖双方的互动体验对双方之间的信任具有积极影响[309]。

相关研究也表明在网络交易过程中，卖方反馈回应的方式会影响买方的信任。其中，反馈的两个方面即响应速度（越快越好）[278, 310]和反馈的内容至关重要，来自卖方的拒绝对买方的信任信念具有负面影响。供应商的即时互动和反馈在补偿客户在购买过程中所感知到的风险方面起着至关重要的作用[311]。交流在电子商务中可能比在其他类型的商业环境中扮演着更重要的角色，交流和提供有关产品及服务的信息可以提高电子商务的可信度。de Wulf 等强调指出，卖方的努力可以促进消费者的信任和持续参与[312]。据此，提出如下研究假设。

H7.9：供需方积极性对于用户的人际信任具有正向影响。

H7.10：供需方积极性对于用户的持续参与具有正向影响。

3）关系强度

关系强度是指知识技能供需双方所感受到的彼此之间的社区关系紧密程度，在多个领域证实了其对于个体信任的重要影响。潘松挺和蔡宁从合作双方接触时间、投入资源、合作交流范围、互惠性四个维度来描述创新网络主体之间的关系强度，并指出关系强度将会显著提升主体之间的合作水平[313]。虚拟社区中，成员之间随着互动程度的不断加深，将会显著提升其对于社区及其他用户的信任程度[314]。Ratan 等对多人在线游戏的玩家开展研究，结果发现个体之间的社交关系将会对其信任水平产生显著正向影响，同处于一个团队的个体之间的信任水平明显高于其对团队外其他成员的信任[315]。对于交易经验而言，人们往往会对自己曾经做过的事情抱有更高的成功预期。过往成功的交互经验将会显著降低平台用户对于相关不确定风险的感知，在熟悉的环境下开展活动将会增强用户的信任信念[316]。熟悉程度对双方信任的形成都具有显著的积极作用，其中熟悉可以通过感知相似性的概念进行解释，它指出了基于施信者和受信者之间共同特征的信任机制[278]。据此，提出如下研究假设。

H7.11：关系强度对于用户的人际信任具有正向影响。

H7.12：关系强度对于用户的持续参与具有正向影响。

### 3. 用户信任对持续参与的影响

1）制度信任

制度信任是指合作双方在不确定情形下均相信制度能够确保双方未来行为达到预期结果的一种心理状态。在电子商务领域，多数研究已经将制度信任视为影响消费者购买意愿的重要因素[317-319]。信任是各自行为意图的主要驱动力[320]，并对态度和感知行为控制有积极影响。在群体决策场景中，制度信任也被视为影响决策和多个用户之间达成共识的重要因素[321]。

在有关知识技能共享的研究中，制度信任也被广泛接受为个体之间知识共享流程的重要促成因素，其对用户持续参与知识共享的意愿、程度具有直接和间接的影响。信任是与关系维度相关的最常见因素，在文献中经常提到它是知识共享的促进者[322-323]，当双方开始相互信任时，它们减少了感知成本对共享的负面影响，并降低了机会主义的可能性[324]。在共享经济发展中，互信是双方协作互动中必不可少的促成因素[298，325]。Keymolen 认为，在共享经济的背景下，信任不仅在人际层面（即对陌生人的信任）上运作，而且在系统层面（即对介导用户体验的平台的信任）上运作[326]。由于虚拟零售商的信任信号不如实体零售商可信，因此他们必须补充其他信号以改善供应商的信任信念，如声誉、客户推荐、保修、保证、退货政策[103]。该类措施将增强消费者对于情景正常性的感知，以重现成功的交易。而制度信任的缺乏会极大地阻碍用户基于同行的消费形式[327]。据此，提出如下研究假设。

H7.13：制度信任对用户的持续参与具有正向影响。

2）人际信任

人际信任是指委托人和受托人之间的动态关系[328]。人际信任的建立是用户使用社交媒体进行知识共享时面临的主要挑战之一[329]。在任何组织中，人际信任对于知识共享都扮演着重要的角色。Yang 和 Farn 的研究表明，情感信任能引发个体知识共享的意向，它消除了个体附加的对于他人的恐惧，如投机取巧或剥削他人[330]。信任总是有助于知识的共享，因为自愿的知识共享更有效[329，331]。Hsu 等的研究发现，个体之间基于认同的信任将会显著影响其知识共享意愿及共享程度[332]。研究表明，人际信任的建立将会显著降低个体对于风险的不安全感知，继而选择维持自身合作行为[281，333]。Wu 等[139]在对泰国的一个 iPhone 社区展开研究时，发现网络人际信任调节了个体预期成功感知与知识共享之间的关系，个体对于社区其他成员的信任水平增高时，预期成功感知对知识共享的作用也随之提升。人际信任使知识共享成为可能，并对知识共享行为产生积极影响[334]。据此，提出如下研究假设。

H7.14：人际信任对用户的持续参与具有正向影响。

### 4. 用户信任的中介作用

先前的文献在很大程度上表明，从电子商务供应商处购买商品取决于客户对电子供应商的信任[317，335]。在该领域进行的研究特别强调了在线信任对网站氛围与用户行为意图之间关系的中介作用[319]。

有关知识共享的工作已经确定了信任对于解释个人共享知识的程度非常重要[135]。Olaisen 和 Revang 建立了以团队内部的信任、承诺和态度为中介变量的研究模型，探讨了知识产权的建立对于团队内部知识共享的影响机制[134]。Ali Ahmed 等认为情绪与感知决定态度，而态度反过来又塑造个体的行为，信任作为个体间的一种态度将会引导着个体间的知识共享行为[329]。在此基础上，Ali Ahmed 等构建了以情感承诺为自变量，信任为中介变量，知识共享为因变量的研究模型。Kong 等从共享商务系统的社会属性及技术属性两个视角出发，以信任为中介变量，研究发现社会推荐、信息质量、交易安全性均会对消费者信任产生正向影响，而信任则会显著影响消费者进行口碑传播的积极性以及个体的持续使用意愿[299]。根据上述研究，提出如下假设。

H7.15：用户建立的制度信任在信息有效性感知与持续参与之间起中介作用。
H7.16：用户建立的制度信任在权益保障性感知与持续参与之间起中介作用。
H7.17：用户建立的制度信任在质量保障性感知与持续参与之间起中介作用。
H7.18：用户建立的人际信任在供需方可靠性与持续参与之间起中介作用。
H7.19：用户建立的人际信任在供需方积极性与持续参与之间起中介作用。
H7.20：用户建立的人际信任在关系强度与持续参与之间起中介作用。

5. 知识技能共享参与成本的调节作用

经济学家所说的交易成本是指在进行经济交易时所产生的所有成本和麻烦，尤其是指与搜索和安排合同有关的费用[128]。在本部分的研究中，参与成本主要是指个体在参与知识技能型共享经济活动过程中相关的经济成本、时间成本及精神成本（投入大量的精力）等[282]。计划行为理论中感知行为控制可以进一步分解为促进条件和自我效能感。促进条件反映了执行特定行为所需的资源的可用性，这可能包括获取时间、金钱或某种技术[336]。自我效能感是指在特定情况下成功开展行动的信心。因此，感知行为控制可以被认为是使用意图和行为的前提因素，并不是因为它们促使人们参与，而是因为缺乏这些因素会阻止他们这样做[325]。较低的自我效能感和易用性会妨碍个体参与，事实证明，高昂的知识共享成本和信息技术局限性阻碍了组织中的知识共享[337]。近年来，互联网行业的基础性能得到了不断的提升和发展，相应的成本也在迅速下降。用户可以通过网络很便捷地下载到海量的知识内容数据，其知识获取的硬件成本、经济成本、时间成本等都得到了大幅度降低[338]。用户感知成本的降低将会提升用户对于平台使用的感知价值，而感知价值将直接影响用户的持续参与意愿及参与行为[273]。相关研究也表明感知成本将会对个体知识共享产生负面影响[339]。根据上述研究，提出如下假设。

H7.21：知识技能共享参与成本负向调节制度信任与用户持续参与的关系。
H7.22：知识技能共享参与成本负向调节人际信任与用户持续参与的关系。

### 7.1.4 问卷设计与数据收集

1. 问卷设计与开发

本部分通过问卷调查的方式来收集研究所需数据。基于上述理论模型及研究假设，本部分在借鉴国内外经过验证的成熟量表的基础上，结合实际情境进行修正，形成调查问卷。整个问卷设计过程主要包括以下阶段：第一阶段，收集大量国内外信任主题研究文献，对文献综述中与知识技能型共享经济平台用户信任相关的测度变量进行梳理，并结合现实访谈确立最初的模型框架，依照该理论模型整理现有的成熟量表，形成最初的调查问卷，进行不断补充和调整。第二阶段，对研究变量与问卷题项进行逐项的讨论与修改。第三阶段，邀请身边的同学、老师、医生、创客等相关人员进行小范围的预调研，在此过程中请他们对有歧义或难以理解的题项进行标注。第四阶段，根据标注对问卷题项做针对性调整和修改，确立最终问卷。

最终问卷根据上述模型框架及变量维度划分设计，可大致分为用户基本信息问卷、用户感知因素问卷、用户信任问卷、参与成本问卷以及用户持续参与问卷五部分。

第一部分为用户基本信息问卷，主要调查被调查者的性别、年龄、学历、职业类型、相关平台使用情况等基本信息。

第二部分为用户感知因素问卷，其中包括平台因素感知及用户因素感知两部分。平台因素感知主要调查用户对平台制度、规范、流程等有效性的感知程度，用户因素感知主要调查用户在与平台其他用户发生交互时自身的真实感受。

第三部分为用户信任问卷，主要调查用户对于相关知识技能型共享经济平台信任程度的现状，包括制度信任和人际信任两部分。

第四部分为参与成本问卷，主要调查用户对于自身在相关平台参与知识技能共享活动时所消耗的经济成本、时间成本、精神成本等的主观判断。

第五部分为用户持续参与问卷，主要调查用户对于在有关平台持续参与知识技能共享活动的意愿情况。

问卷中的上述各潜在变量的观测变量均采用利克特量表 5 点计分法，被调查者根据自己在知识技能型共享经济平台的实际使用经验和真实感受，通过打分来衡量自己对于各个题项的认同程度。量表中各变量测量题项及参考来源如表 7-2 所示。

**表 7-2　量表中各变量测量题项及参考来源**

| 潜在变量 | 观测变量 | 参考来源 |
|---|---|---|
| 信息有效性感知 | INF1 平台用户的评价反馈信息是真实有用的 | Kim等[275]；Bonsón Ponte等[273]；李立威和李丹丹[340] |
| | INF2 平台用户的各类认证信息是真实权威的 | |
| | INF3 平台提供了完备的目标用户（或服务）信息 | |
| | INF4 我能够便捷地看到其他用户的等级、信用积分等信息 | |
| | INF5 我能够综合多种信息来辨别和选择优质的交易或分享对象 | |
| 权益保障性感知 | EQU1 平台采用了多项措施保障用户信息不被泄露 | Kim等[275]；刘斌等[341]；贺明华和梁晓蓓[342] |
| | EQU2 平台使用了第三方支付工具进行交易 | |
| | EQU3 平台有完善的知识产权保护制度 | |
| | EQU4 平台有便捷有效的维权举报机制 | |
| | EQU5 平台有公正完善的纠纷处理流程 | |
| | EQU6 平台有清晰有力的违规处罚制度 | |

续表

| 潜在变量 | 观测变量 | 参考来源 |
|---|---|---|
| 质量保障性感知 | QUA1 我在平台发布的需求一般会有多个知识技能提供者响应 | 陈传红等[343] |
| | QUA2 我能在多个方案或服务中选择自己最满意的那一个 | |
| | QUA3 平台支持供需双方及时地跟进订单完成情况 | |
| | QUA4 平台拥有合理完善的售后服务 | |
| | QUA5 平台的交易或分享流程设计合理规范，符合我的使用习惯 | |
| 制度信任 | INS1 平台上寻找解决方案是自然流畅的 | McKnight等[108]；戚玉觉等[344] |
| | INS2 平台上用户的各项权益是有保障的 | |
| | INS3 平台用户会依据各项规范在平台上开展活动 | |
| | INS4 平台在有效地执行各项规章制度 | |
| 供需方可靠性 | REL1 平台用户对于交易或分享的态度都是认真负责的 | Ridings等[345]；Hawlitschek等[296] |
| | REL2 平台用户能够及时地为我提供需要的方案或服务 | |
| | REL3 平台用户所提供的方案或服务是专业实用的 | |
| | REL4 平台用户所提供的方案或服务满足了我的需求 | |
| 供需方积极性 | ENTH1 交易或分享过程中，对方会细致询问我的需求 | 常亚平等[346] |
| | ENTH2 交易或分享过程中，对方能及时地回复我的疑问 | |
| | ENTH3 交易或分享过程中，对方与我有着良好的互动 | |
| | ENTH4 交易或分享过程中，对方表现出了较好的积极主动性 | |
| 关系强度 | RS1 我经常和平台上的用户进行交流互动 | Kim等[275]；唐方成和蒋沂桐[314]；李立威和李丹丹[340] |
| | RS2 我与平台上的用户有很多共同语言 | |
| | RS3 我与平台用户的合作是一种双赢关系 | |
| | RS4 我愿意同与我有过满意交易/分享经历的平台用户保持合作关系 | |
| 人际信任 | INT1 平台用户普遍是诚实可靠的 | Lewis和Weigert[110]；Chen[303]；王鹏等[280] |
| | INT2 平台用户能够帮助我解决问题 | |
| | INT3 我可以和平台用户自由地分享彼此的想法 | |
| | INT4 平台用户普遍值得信赖和尊重 | |
| 知识技能共享参与成本 | COS1 在平台上获得满意的知识技能服务经常会花费较长的时间 | Dahlberg等[347]；王传清和毕强[348] |
| | COS2 在平台上获得满意的知识技能服务经常会花费超出预期的经济成本 | |
| | COS3 在平台上参与知识技能共享活动经常会耗费我大量精力 | |
| | COS4 相较于实物交易，我需要花费更多的成本去降低交易风险 | |
| 持续参与 | CON1 总之，我对于我所使用的知识技能型共享经济平台是满意的 | Bhattacherjee[283]；赵文军等[349] |
| | CON2 我不会轻易地从我熟悉的平台转移到其他类似平台 | |
| | CON3 有需要时，我还会使用这些平台 | |
| | CON4 我愿意向身边的朋友推荐使用这些平台 | |
| | CON5 未来我会保持或增加对这些平台的使用频率 | |

2. 问卷数据收集

本次问卷发放及回收总历时 3 个月，问卷发放对象为知识技能型共享经济平台用户，如一品威客、猪八戒网、知乎用户群体，平台涉及众创、众包、虚拟社区等多种类型。问卷主要的发放形式包括：第一，在一品威客网站发布问卷填写式计件任务；第二，在知乎、百度知道、经管之家等平台寻找知识共享、众创、众包及虚拟社区等相关主题的发帖，并采用私信、建立主题讨论等形式发放问卷；第三，在猪八戒网等威客交流群、知乎 QQ 交流群等群内发布有偿作答问卷；第四，邀请身边有过相关平台使用经历的朋友进行有偿填写。

本次问卷共回收问卷 552 份，剔除被调查者随意填写等造成的无效问卷 54 份，回收有效问卷 498 份，问卷有效回收率为 90.22%。

## 7.2　数据统计与分析

本部分首先是对于问卷调查数据的描述性统计分析、信效度检验，其次运用回归分析检验上述相关假设。

### 7.2.1　样本的描述性统计分析

本部分运用 SPSS 23.0 对有效问卷的个人基本信息进行描述性统计分析，具体分析结果如表 7-3 所示。

**表 7-3　样本结构分析**

| 问题 | 选项 | 数量 | 占比 | 问题 | 选项 | 数量 | 占比 |
|---|---|---|---|---|---|---|---|
| 性别 | 男 | 260 | 52.2% | 学历 | 博士研究生 | 7 | 1.4% |
| | 女 | 238 | 47.8% | 职业类型 | 在校学生 | 148 | 29.7% |
| 年龄 | 18岁以下 | 26 | 5.2% | | 教育咨询类从业人员 | 27 | 5.4% |
| | 18～27岁 | 326 | 65.5% | | 经济管理类从业人员 | 38 | 7.6% |
| | 28～35岁 | 104 | 20.9% | | 信息传输、计算机服务和软件类从业人员 | 78 | 15.7% |
| | 36～45岁 | 32 | 6.4% | | 餐饮类从业人员 | 21 | 4.2% |
| | 45岁以上 | 10 | 2.0% | | 医疗类从业人员 | 38 | 7.6% |
| 学历 | 高中及以下 | 80 | 16.1% | | 土木建筑类从业人员 | 20 | 4.0% |
| | 大专或本科 | 334 | 67.1% | | 制造业从业人员 | 38 | 7.6% |
| | 硕士研究生 | 77 | 15.5% | | 电力、燃气及水的生产和供应业从业人员 | 14 | 2.8% |

续表

| 问题 | 选项 | 数量 | 占比 | 问题 | 选项 | 数量 | 占比 |
|---|---|---|---|---|---|---|---|
| 职业类型 | 交通运输、物流和邮政业从业人员 | 14 | 2.8% | 所使用过的知识技能型共享经济平台 | 春雨医生 | 36 | 7.2% |
| | 农、林、牧、渔业从业人员 | 15 | 3.0% | | 今日头条 | 215 | 43.2% |
| | 其他 | 47 | 9.4% | | 抖音 | 271 | 54.4% |
| 所使用过的知识技能型共享经济平台 | 猪八戒网 | 116 | 23.3% | | 知乎 | 307 | 61.6% |
| | 一品威客 | 233 | 46.8% | | 豆瓣 | 171 | 34.3% |
| | 时间财富网 | 49 | 9.8% | | 品牌社区 | 14 | 2.8% |
| | 优客工场 | 34 | 6.8% | | 大众菜谱网 | 19 | 3.8% |
| | 得到 | 41 | 8.2% | | 百度知道 | 216 | 43.4% |
| | 在行（分答） | 21 | 4.2% | | 百度文库 | 237 | 47.6% |
| | 蜻蜓FM | 62 | 12.4% | | 经管之家 | 33 | 6.6% |
| | 喜马拉雅 | 175 | 35.1% | | 其他平台 | 38 | 7.6% |
| | 丁香园 | 39 | 7.8% | | | | |

从表 7-3 可知，此次问卷调查对象在性别上分布均衡，男性和女性比例分别达到了 52.2%和 47.8%；在年龄构成方面，被调查对象的年龄主要分布在 18～27 岁，占比为 65.5%，28～35 岁的占比为 20.9%；在学历层次方面，被调查对象主要分布于大专或本科、高中及以下阶段，占比分别为 67.1%和 16.1%，硕士及博士研究生占比共计 16.9%；在职业类型方面，被调查对象以在校学生和信息传输、计算机服务和软件类从业人员居多，占比分别为 29.7%和 15.7%，其余成员以经济管理类、医疗类、制造业以及教育咨询类从业人员为主；被调查对象日常所使用过的知识技能型共享经济平台主要有知乎、抖音、百度文库、一品威客、百度知道、今日头条等，占比均为 40%以上。需要注意的是，本部分问卷发放途径在一定程度上对有关平台使用频率数据造成了影响。由此可知，此次问卷的调查对象分布范围广泛，具有一定的普适性。

### 7.2.2　信度与效度分析

为了评估本次调查样本的可靠程度，需要对样本数据进行信度检验和效度检验，只有通过信效度检验的数据才能做进一步的实证分析，且由此得出的结果才被认为是真实可靠的。

1. 信度分析

信度主要用来衡量样本数据的可靠性、稳定性和一致性。本部分采用 Cronbach's α 系数作为评价标准，对问卷量表进行信度测量，潜在变量的 Cronbach's α 系数越接近 1，则说明其信度越高。学界目前以 Cronbach's α 系数大于 0.7 作为评价标准，在此基础上，一般还会同时要求 CITC 大于 0.35，满足上述要求的数据才被认为是稳定和可靠的。本部分采用 SPSS 23.0 对数据进行信度分析，分析结果如表 7-4 所示。

**表 7-4　量表的信度分析**

| 潜在变量 | 题项数目 | CITC | Cronbach's α |
|---|---|---|---|
| 信息有效性感知（INF） | 5 | 0.747 | 0.917 |
| 权益保障性感知（EQU） | 6 | 0.704 | 0.908 |
| 质量保障性感知（QUA） | 5 | 0.667 | 0.889 |
| 制度信任（INS） | 4 | 0.657 | 0.873 |
| 供需方可靠性（REL） | 4 | 0.683 | 0.862 |
| 供需方积极性（ENTH） | 4 | 0.676 | 0.866 |
| 关系强度（RS） | 4 | 0.722 | 0.895 |
| 人际信任（INT） | 4 | 0.615 | 0.855 |
| 知识技能共享参与成本（COS） | 4 | 0.850 | 0.945 |
| 持续参与（CON） | 5 | 0.739 | 0.914 |

由表 7-4 可知，本部分所涉及的各变量的 Cronbach's α 信度系数均大于 0.7，同时其对应维度的测量 CITC 均大于 0.6，表明研究数据满足信度检验要求，不需要对变量测量题项进行删减，该测量变量具有较高的内部可靠性、稳定性和一致性。

2. 效度分析

效度即测量的有效性程度，它是指测量指标所测得结果反映所想要分析内容的程度，其可以用内容效度和构建效度两个指标来进行评价。

内容效度是指在研究的自变量与因变量之间存在一定关系的明确程度。本部分的问卷设计借鉴和参考了大量国内外文献及相关研究的成熟量表，并在此基础上，多次与导师、同学针对问卷每一个题项进行讨论和调整，在问卷形成的最后阶段，采取小范围预发放的形式，邀请身边的朋友进行填写，并对问卷做进一步的修改，确保所有题项都能准确表达其含义后，形成最终版调查问卷。因此，可以认定本问卷的内容效度符合要求。

构建效度是用来衡量所设计的量表是否能够准确地反映潜在变量的程度，构建效度的检验主要包括 EFA、CFA 和区分效度检验。本部分的研究采用 SPSS 23.0 和 AMOS 21.0 分别对样本数据进行 EFA 和 CFA，并结合各潜在变量的 AVE值和 CR 来进行效度检验。本部分的区分效度检验通过比较 AVE 值的平方根与相关系数的大小进行判定。

1）EFA

EFA 主要用来检验各测量题项之间的相关程度，相关程度高的题项可以提取出一个公因子。本部分运用 SPSS 23.0 进行 EFA，利用 KMO 检验和 Bartlett 球形检验作为评判依据，如果 KMO 值大于 0.7 且 Bartlett 球形检验显著，则可以进行后续分析。按照特征值大于 1 的标准抽取因子数目，随后进行最大方差法正交旋转，生成旋转后的因子载荷矩阵。

本部分将模型分为五个维度进行 EFA，分别为平台因素感知（信息有效性感知、权益保障性感知、质量保障性感知）、用户因素感知（供需方可靠性、供需方积极性、关系强度）、用户信任（制度信任、人际信任）、知识技能共享参与成本以及持续参与五个部分。表 7-5 的检验结果显示，各维度量表的 KMO 检验值均大于 0.7，且 Bartlett 球形检验 Sig.值为 0.000，拒绝原假设，说明了样本数据之间不是相互独立的，各量表适合做因子分析。

**表 7-5 相关变量 KMO 检验和 Bartlett 球形检验**

| 检验 | | 平台因素感知 | 用户因素感知 | 用户信任 | 知识技能共享参与成本 | 持续参与 |
|---|---|---|---|---|---|---|
| KMO 检验 | | 0.952 | 0.890 | 0.898 | 0.867 | 0.873 |
| Bartlett 球形检验 | 近似卡方 | 5598.757 | 3401.172 | 2214.473 | 1878.981 | 1722.053 |
| | df（自由度） | 120 | 66 | 28 | 6 | 10 |
| | Sig.（显著性水平） | 0.000 | 0.000 | 0.000 | 0.000 | 0.000 |

（1）平台因素感知因子分析。由表 7-6 可知，平台因素感知量表共提取了 3 个公因子，这 3 个公因子的方差解释率分别为 25.704%、22.976%、22.826%，累计解释率为 71.506%，超过了 60%的评价标准，同时每个题项在单一维度的因子载荷都大于 0.6，不存在跨因子负荷现象。总体上 3 个因子对平台因素感知具备较好的解释度，各观测变量能够较好地解释其潜在变量。

**表 7-6　平台因素感知旋转成分矩阵**

| 潜在变量 | 题项 | 成分 | | | 公因子方差 |
|---|---|---|---|---|---|
| | | 1 | 2 | 3 | |
| 信息有效性感知 | INF1 | 0.687 | 0.387 | 0.273 | 0.696 |
| | INF2 | 0.794 | 0.285 | 0.260 | 0.780 |
| | INF3 | 0.767 | 0.279 | 0.295 | 0.752 |
| | INF4 | 0.790 | 0.303 | 0.254 | 0.781 |
| | INF5 | 0.772 | 0.304 | 0.275 | 0.764 |
| 权益保障性感知 | EQU1 | 0.277 | 0.698 | 0.274 | 0.640 |
| | EQU2 | 0.290 | 0.769 | 0.128 | 0.692 |
| | EQU3 | 0.265 | 0.753 | 0.155 | 0.661 |
| | EQU4 | 0.239 | 0.806 | 0.252 | 0.770 |
| | EQU5 | 0.260 | 0.799 | 0.244 | 0.765 |
| | EQU6 | 0.270 | 0.657 | 0.362 | 0.635 |
| 质量保障性感知 | QUA1 | 0.326 | 0.213 | 0.674 | 0.606 |
| | QUA2 | 0.221 | 0.225 | 0.784 | 0.714 |
| | QUA3 | 0.209 | 0.198 | 0.858 | 0.820 |
| | QUA4 | 0.217 | 0.197 | 0.819 | 0.758 |
| | QUA5 | 0.256 | 0.285 | 0.678 | 0.606 |
| 方差解释百分比 | | 25.704% | 22.976% | 22.826% | |
| 方差解释累计 | | 25.704% | 48.680% | 71.506% | |

（2）用户因素感知因子分析。由表 7-7 可知，用户因素感知量表共提取了 3 个公因子，这 3 个公因子的方差解释率分别为 25.546%、24.036%、23.252%，累计解释率为 72.835%，超过了 60%的评价标准，同时每个题项在单一维度的因子载荷都大于 0.6，不存在跨因子负荷现象。总体上 3 个因子对用户因素感知具备较好的解释度，各观测变量能够较好地解释其潜在变量。

**表 7-7　用户因素感知旋转成分矩阵**

| 潜在变量 | 题项 | 成分 | | | 公因子方差 |
|---|---|---|---|---|---|
| | | 1 | 2 | 3 | |
| 供需方可靠性 | REL1 | 0.748 | 0.340 | 0.145 | 0.697 |
| | REL2 | 0.832 | 0.246 | 0.125 | 0.768 |
| | REL3 | 0.747 | 0.326 | 0.143 | 0.686 |
| | REL4 | 0.786 | 0.238 | 0.131 | 0.692 |

续表

| 潜在变量 | 题项 | 成分 | | | 公因子方差 |
|---|---|---|---|---|---|
| | | 1 | 2 | 3 | |
| 供需方积极性 | ENTH1 | 0.267 | 0.769 | 0.092 | 0.671 |
| | ENTH2 | 0.260 | 0.822 | 0.144 | 0.763 |
| | ENTH3 | 0.280 | 0.814 | 0.112 | 0.754 |
| | ENTH4 | 0.290 | 0.754 | 0.119 | 0.667 |
| 关系强度 | RS1 | 0.128 | 0.097 | 0.825 | 0.707 |
| | RS2 | 0.141 | 0.094 | 0.874 | 0.793 |
| | RS3 | 0.113 | 0.126 | 0.880 | 0.802 |
| | RS4 | 0.107 | 0.117 | 0.847 | 0.742 |
| 方差解释百分比 | | 25.546% | 24.036% | 23.252% | |
| 方差解释累计 | | 25.546% | 49.583% | 72.835% | |

（3）用户信任因子分析。由表 7-8 可知，用户信任量表共提取了 2 个公因子，这 2 个公因子的方差解释率分别为 36.827%、34.673%，累计解释率为 71.500%，超过了 60%的评价标准，同时每个题项在单一维度的因子载荷都大于 0.6，不存在跨因子负荷现象。总体上 2 个因子对用户信任具备较好的解释度，各观测变量能够较好地解释其潜在变量。

**表 7-8　用户信任旋转成分矩阵**

| 潜在变量 | 题项 | 成分 | | 公因子方差 |
|---|---|---|---|---|
| | | 1 | 2 | |
| 制度信任 | INS1 | 0.767 | 0.332 | 0.699 |
| | INS2 | 0.843 | 0.297 | 0.799 |
| | INS3 | 0.832 | 0.265 | 0.762 |
| | INS4 | 0.754 | 0.263 | 0.638 |
| 人际信任 | INT1 | 0.400 | 0.643 | 0.574 |
| | INT2 | 0.311 | 0.842 | 0.805 |
| | INT3 | 0.294 | 0.808 | 0.739 |
| | INT4 | 0.208 | 0.814 | 0.705 |
| 方差解释百分比 | | 36.827% | 34.673% | |
| 方差解释累计 | | 36.827% | 71.500% | |

（4）知识技能共享参与成本因子分析。由表 7-9 可知，知识技能共享参与成本量表共提取了 1 个公因子，这个公因子的累计解释率为 85.818%，超过了 60%的评价标准，每个题项的因子载荷均大于 0.6，并且公因子方差均大于 0.5，因此量表对知识技能共享参与成本具有较好的解释度。

**表 7-9　知识技能共享参与成本成分矩阵**

| 潜在变量 | 题项 | 成分1 | 公因子方差 |
|---|---|---|---|
| 知识技能共享参与成本 | COS1 | 0.925 | 0.856 |
| | COS2 | 0.926 | 0.858 |
| | COS3 | 0.938 | 0.880 |
| | COS4 | 0.916 | 0.839 |
| 方差解释百分比 | | 85.818% | |
| 方差解释累计 | | 85.818% | |

（5）持续参与因子分析。由表 7-10 可知，持续参与量表共提取了 1 个公因子，这个公因子的累计解释率为 74.698%，超过了 60%的评价标准，每个题项的因子载荷均大于 0.6，并且公因子方差均大于 0.5，因此量表对用户持续参与具有较好的解释度。

**表 7-10　持续参与成分矩阵**

| 潜在变量 | 题项 | 成分1 | 公因子方差 |
|---|---|---|---|
| 持续参与 | CON1 | 0.865 | 0.748 |
| | CON2 | 0.866 | 0.749 |
| | CON3 | 0.910 | 0.829 |
| | CON4 | 0.849 | 0.720 |
| | CON5 | 0.830 | 0.689 |
| 方差解释百分比 | | 74.698% | |
| 方差解释累计 | | 74.698% | |

2）CFA

此项研究内容采用 AMOS 21.0 来对各个潜在变量的测度题项进行 CFA。评判标准为：各因素的因子载荷应大于 0.5 且小于 0.95，各潜在变量 AVE 值大于 0.5，CR 值大于 0.7。进行 CFA，先需要构建 CFA 模型，根据各拟合指标来验证其收敛效度。另外，本部分采用 AVE 法对各潜在变量进行区分效度检验，依照各潜在变量的 AVE 值的平方根与其相关系数数值进行比较，如果 AVE 值的平方根大于变量间相关系数，则表明因素间具有较好的区分效度。

（1）平台因素感知的 CFA。对用户平台因素感知进行划分，分为信息有效性感知（INF）、权益保障性感知（EQU）、质量保障性感知（QUA）三个维度，每个维度以 5 个或 6 个题项进行测度，如图 7-2 所示。执行 CFA 后，由表 7-11 可知，$\chi^2$/df=2.245<3，RMSEA=0.050<0.08，NFI、RFI（relative fit index，相对拟合指数）、IFI、TLI（Tucker-Lewis index，塔克-路易斯指数）、CFI 的值都大于 0.9，均达到了理想水平，说明平台因素感知量表的拟合度良好。由表 7-12 可知，平台因素感知的所有测量题项对应的潜在变量的因子载荷均大于 0.5 且小于 0.95；组合信度 CR 值均大于 0.7，AVE 值均大于 0.5，说明本部分的平台因素感知的测量模型结构效度较为合理。

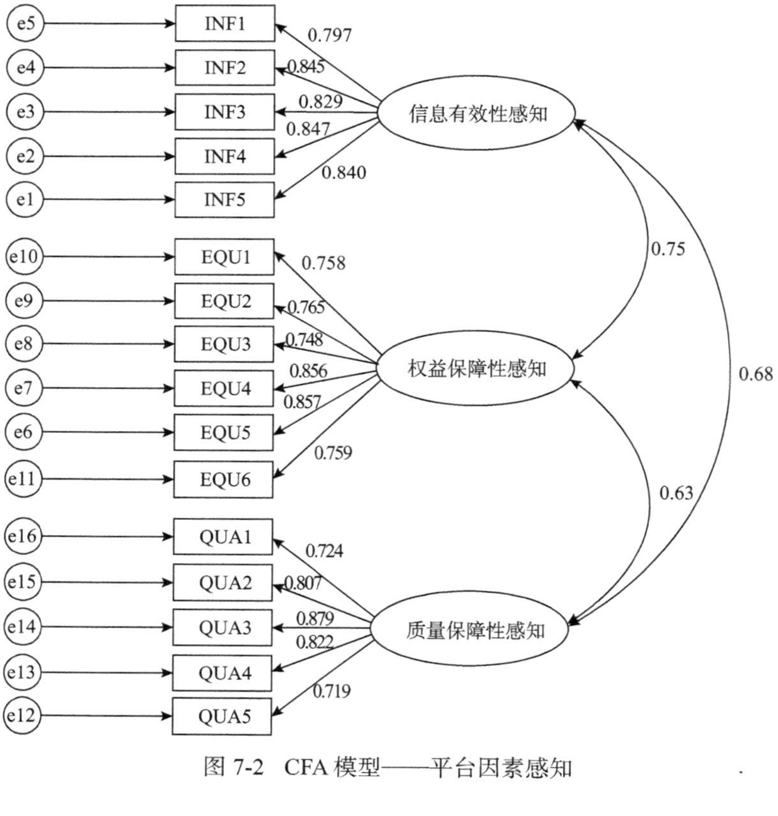


图 7-2　CFA 模型——平台因素感知

**表 7-11　CFA 模型拟合指标——平台因素感知**

| 项目 | $\chi^2$/df | RMSEA | NFI | RFI | IFI | TLI | CFI |
|---|---|---|---|---|---|---|---|
| 评判标准 | <3.000 | <0.080 | >0.900 | >0.900 | >0.900 | >0.900 | >0.900 |
| 对应结果 | 2.245 | 0.050 | 0.960 | 0.952 | 0.977 | 0.973 | 0.977 |

**表 7-12　CFA 结果——平台因素感知**

| 路径 | 估计值 | AVE | CR |
|---|---|---|---|
| INF1←信息有效性感知 | 0.797 | 0.692 | 0.918 |
| INF2←信息有效性感知 | 0.845 | | |
| INF3←信息有效性感知 | 0.829 | | |
| INF4←信息有效性感知 | 0.847 | | |
| INF5←信息有效性感知 | 0.840 | | |
| EQU1←权益保障性感知 | 0.758 | 0.627 | 0.910 |
| EQU2←权益保障性感知 | 0.765 | | |
| EQU3←权益保障性感知 | 0.748 | | |
| EQU4←权益保障性感知 | 0.856 | | |
| EQU5←权益保障性感知 | 0.857 | | |
| EQU6←权益保障性感知 | 0.759 | | |
| QUA1←质量保障性感知 | 0.724 | 0.628 | 0.894 |
| QUA2←质量保障性感知 | 0.807 | | |
| QUA3←质量保障性感知 | 0.879 | | |
| QUA4←质量保障性感知 | 0.822 | | |
| QUA5←质量保障性感知 | 0.719 | | |

由表 7-13 可知，在平台因素感知的研究模型中，各潜在变量的 AVE 值的平方根均大于此潜在变量与其他变量的相关系数，由此可知，在平台因素感知模型中各潜在变量间具有较好的区分效度。

**表 7-13　平台因素感知各潜在变量相关系数**

| 项目 | 信息有效性感知 | 权益保障性感知 | 质量保障性感知 |
|---|---|---|---|
| 信息有效性感知 | 0.692 | | |
| 权益保障性感知 | 0.747*** | 0.627 | |
| 质量保障性感知 | 0.679*** | 0.632*** | 0.628 |
| AVE平方根 | 0.832 | 0.792 | 0.792 |

***表示 $p<0.001$

（2）用户因素感知的 CFA。对用户因素感知进行划分，分为供需方可靠性（REL）、供需方积极性（ENTH）、关系强度（RS）三个维度，每个维度以 4 个题项进行测度，如图 7-3 所示。执行 CFA 后，由表 7-14 可知，$\chi^2$/df=2.182<3，RMSEA=0.049<0.08，NFI、RFI、IFI、TLI、CFI 的值都大于 0.9，均达到了理想水平，说明用户因素感知量表的拟合度良好。由表 7-15 可知，用户因素感知的所有测量题项在对应潜在变量的因子载荷均大于 0.5 且小于 0.95；组合信度 CR 值均大于 0.7，AVE 值均大于 0.5，说明本部分的用户因素感知的测量模型结构效度较为合理。

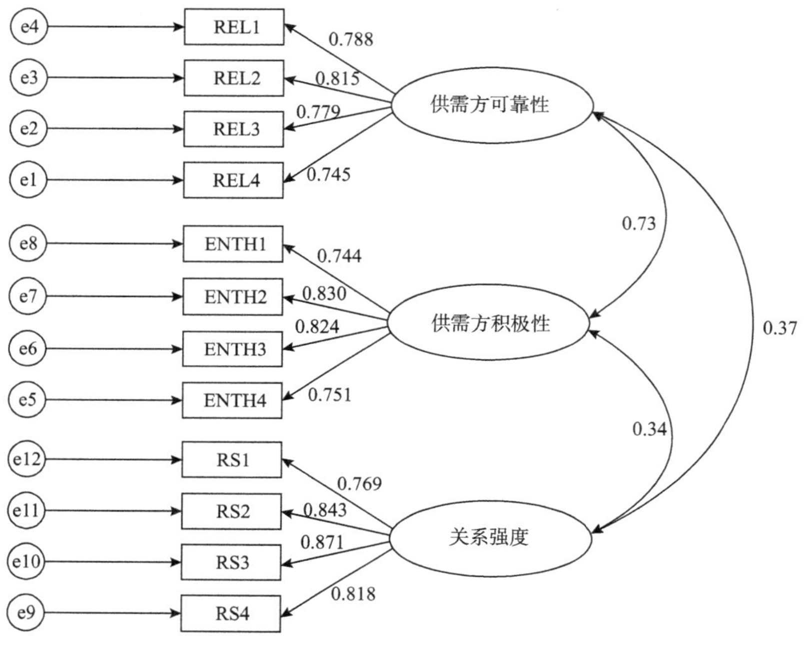


图 7-3　CFA 模型——用户因素感知

**表 7-14　CFA 模型拟合指标——用户因素感知**

| 项目 | $\chi^2$/df | RMSEA | NFI | RFI | IFI | TLI | CFI |
|---|---|---|---|---|---|---|---|
| 评判标准 | <3.000 | <0.080 | >0.900 | >0.900 | >0.900 | >0.900 | >0.900 |
| 对应结果 | 2.182 | 0.049 | 0.968 | 0.958 | 0.982 | 0.977 | 0.982 |

**表 7-15　CFA 结果——用户因素感知**

| 路径 | 估计值 | AVE | CR |
|---|---|---|---|
| REL1←供需方可靠性 | 0.788 | 0.612 | 0.863 |
| REL2←供需方可靠性 | 0.815 | | |
| REL3←供需方可靠性 | 0.779 | | |
| REL4←供需方可靠性 | 0.745 | | |

续表

| 路径 | 估计值 | AVE | CR |
| --- | --- | --- | --- |
| ENTH1←供需方积极性 | 0.744 | 0.621 | 0.868 |
| ENTH2←供需方积极性 | 0.830 | | |
| ENTH3←供需方积极性 | 0.824 | | |
| ENTH4←供需方积极性 | 0.751 | | |
| RS1←关系强度 | 0.769 | 0.682 | 0.896 |
| RS2←关系强度 | 0.843 | | |
| RS3←关系强度 | 0.871 | | |
| RS4←关系强度 | 0.818 | | |

由表 7-16 可知，在用户因素感知的研究模型中，各潜在变量的 AVE 值的平方根均大于此潜在变量与其他变量的相关系数，由此可知，在用户因素感知模型中各潜在变量间具有较好的区分效度。

**表 7-16　用户因素感知各潜在变量相关系数**

| 项目 | 供需方可靠性 | 供需方积极性 | 关系强度 |
| --- | --- | --- | --- |
| 供需方可靠性 | 0.612 | | |
| 供需方积极性 | $0.733^{***}$ | 0.621 | |
| 关系强度 | $0.336^{***}$ | $0.372^{***}$ | 0.682 |
| AVE平方根 | 0.782 | 0.788 | 0.826 |

***表示 $p<0.001$

（3）用户信任的 CFA。对用户信任进行划分，分为制度信任（INS）和人际信任（INT）两个维度，每个维度以 4 个题项进行测度，如图 7-4 所示。执行 CFA 后，由表 7-17 可知，$\chi^2$/df=2.640<3，RMSEA=0.057<0.08，NFI、RFI、IFI、TLI、CFI 的值都大于 0.9，均达到了理想水平，说明用户信任量表的拟合度良好。由表 7-18 可知，用户信任的所有测量题项对应的潜在变量的因子载荷均大于 0.5 且小于 0.95；组合信度 CR 值均大于 0.7，AVE 值均大于 0.5，说明本部分的用户信任的测量模型结构效度较为合理。

**表 7-17　CFA 模型拟合指标——用户信任**

| 项目 | $\chi^2$/df | RMSEA | NFI | RFI | IFI | TLI | CFI |
| --- | --- | --- | --- | --- | --- | --- | --- |
| 评判标准 | <3.000 | <0.080 | >0.900 | >0.900 | >0.900 | >0.900 | >0.900 |
| 对应结果 | 2.640 | 0.057 | 0.978 | 0.967 | 0.986 | 0.979 | 0.986 |

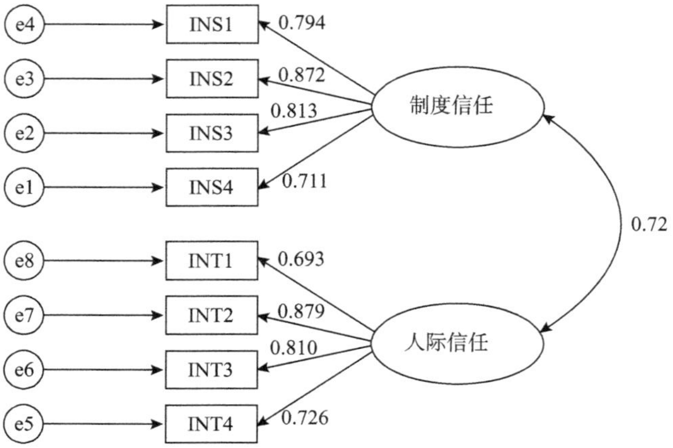

图 7-4　CFA 模型——用户信任

**表 7-18　CFA 结果——用户信任**

| 路径 | 估计值 | AVE | CR |
|---|---|---|---|
| INS1←制度信任 | 0.794 | 0.639 | 0.876 |
| INS2←制度信任 | 0.872 | | |
| INS3←制度信任 | 0.813 | | |
| INS4←制度信任 | 0.711 | | |
| INT1←人际信任 | 0.693 | 0.609 | 0.861 |
| INT2←人际信任 | 0.879 | | |
| INT3←人际信任 | 0.810 | | |
| INT4←人际信任 | 0.726 | | |

由表 7-19 可知，在用户信任的研究模型中，各潜在变量的 AVE 值的平方根均大于此潜在变量与其他变量的相关系数，由此可知，在用户信任模型中各潜在变量间具有较好的区分效度。

**表 7-19　用户信任各潜在变量相关系数**

| 项目 | 制度信任 | 人际信任 |
|---|---|---|
| 制度信任 | 0.639 | |
| 人际信任 | 0.724*** | 0.609 |
| AVE平方根 | 0.799 | 0.780 |

***表示 $p<0.001$

（4）知识技能共享参与成本的 CFA。对用户知识技能共享参与成本的四个题项进行测度，如图 7-5 所示。执行 CFA 后，由表 7-20 可知，$\chi^2$/df=2.896<3，RMSEA=0.062<0.08，NFI、RFI、IFI、TLI、CFI 的值都大于 0.9，均达到了理想水平，说明知识技能共享参与成本的测量模型拟合度良好。由表 7-21 可知，知识技能共享参与成本的所有测量题项对应的潜在变量的因子载荷均大于 0.5 且小于 0.95；组合信度 CR 值大于 0.7，AVE 值大于 0.5，说明本部分的知识技能共享参与成本的测量模型结构效度较为合理。该维度仅设置了一个潜在变量，因此不再对该部分数据进行区分效度检验。

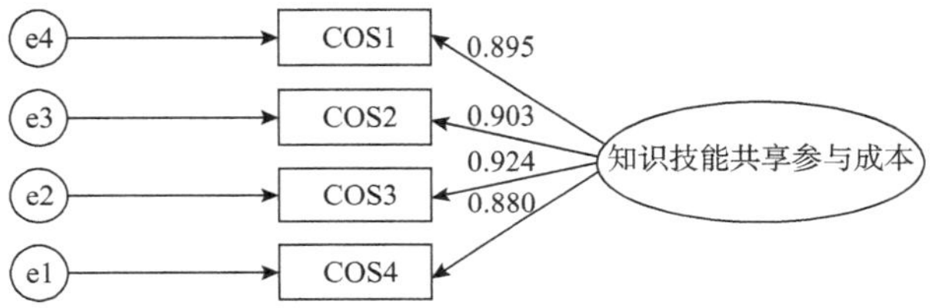


图 7-5　CFA 模型——知识技能共享参与成本

**表 7-20　CFA 模型拟合指标——知识技能共享参与成本**

| 项目 | $\chi^2$/df | RMSEA | NFI | RFI | IFI | TLI | CFI |
|---|---|---|---|---|---|---|---|
| 评判标准 | <3.000 | <0.080 | >0.900 | >0.900 | >0.900 | >0.900 | >0.900 |
| 对应结果 | 2.896 | 0.062 | 0.997 | 0.991 | 0.998 | 0.994 | 0.998 |

**表 7-21　CFA 结果——知识技能共享参与成本**

| 路径 | 估计值 | AVE | CR |
|---|---|---|---|
| COS1←知识技能共享参与成本 | 0.895 | 0.811 | 0.945 |
| COS2←知识技能共享参与成本 | 0.903 | | |
| COS3←知识技能共享参与成本 | 0.924 | | |
| COS4←知识技能共享参与成本 | 0.880 | | |

（5）持续参与的 CFA。对用户持续参与的五个题项进行测度，如图 7-6 所示。执行 CFA 后，由表 7-22 可知，$\chi^2$/df=2.953<3，RMSEA=0.074<0.08，NFI、RFI、IFI、TLI、CFI 的值都大于 0.9，均达到了理想水平，说明持续参与的测量模型拟合度良好。由表 7-23 可知，持续参与的所有测量题项对应的潜在变量的因子载荷均大于 0.5 且小于 0.95；组合信度 CR 值大于 0.7，AVE 值大于 0.5，说明本部分持续参与的测量模型结构效度较为合理。该维度仅设置了一个潜在变量，因此不再对该部分数据进行区分效度检验。

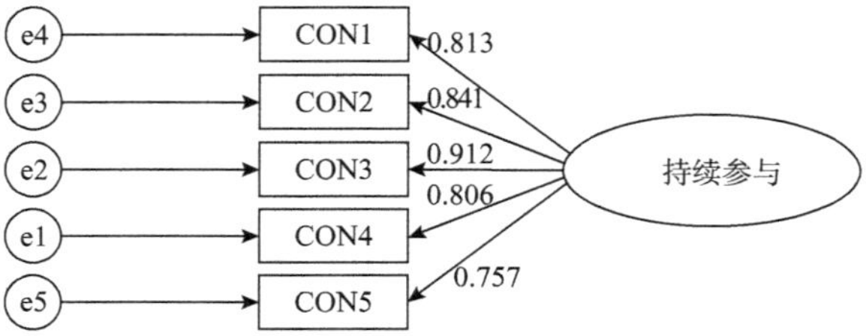


图 7-6　CFA 模型——持续参与

**表 7-22　CFA 模型拟合指标——持续参与**

| 项目 | $\chi^2$/df | RMSEA | NFI | RFI | IFI | TLI | CFI |
|---|---|---|---|---|---|---|---|
| 评判标准 | <3.000 | <0.080 | >0.900 | >0.900 | >0.900 | >0.900 | >0.900 |
| 对应结果 | 2.953 | 0.074 | 0.972 | 0.945 | 0.975 | 0.950 | 0.975 |

**表 7-23　CFA 结果——持续参与**

| 路径 | 估计值 | AVE | CR |
|---|---|---|---|
| CON1←持续参与 | 0.813 | 0.685 | 0.915 |
| CON2←持续参与 | 0.841 | | |
| CON3←持续参与 | 0.912 | | |
| CON4←持续参与 | 0.806 | | |
| CON5←持续参与 | 0.757 | | |

## 7.2.3　相关分析

在进行模型验证之前通常还会对各变量之间相关程度进行检验，以对研究假设是否成立做出初步判断。如表 7-24 所示，信息有效性感知（INF）、权益保障性感知（EQU）、质量保障性感知（QUA）与制度信任（INS）、持续参与（CON）均显著正相关，相关系数都在 0.6 以上；供需方可靠性（REL）、供需方积极性（ENTH）、关系强度（RS）与人际信任（INT）、持续参与（CON）显著正相关，但可以看出关系强度与二者的相关系数较低，分别为 0.366 和 0.224，与其他维度存在差距；在用户信任维度划分中，制度信任、人际信任均与持续参与显著正相关，相关系数分别为 0.767 和 0.606；知识技能共享参与成本（COS）与持续参与（CON）显著负相关。上述相关性的结果与各变量间的预期关系一致，为检验本部分相关假设奠定了基础。

**表 7-24　潜在变量相关系数矩阵**

| 潜在变量 | INF | EQU | QUA | INS | REL | ENTH | RS | INT | COS | CON |
|---|---|---|---|---|---|---|---|---|---|---|
| INF | 1 | | | | | | | | | |
| EQU | 0.696** | 1 | | | | | | | | |
| QUA | 0.640** | 0.598** | 1 | | | | | | | |
| INS | 0.803** | 0.861** | 0.815** | 1 | | | | | | |
| REL | 0.550** | 0.587** | 0.520** | 0.656** | 1 | | | | | |
| ENTH | 0.510** | 0.548** | 0.481** | 0.602** | 0.642** | 1 | | | | |
| RS | 0.287** | 0.286** | 0.218** | 0.296** | 0.331** | 0.298** | 1 | | | |
| INT | 0.571** | 0.601** | 0.507** | 0.653** | 0.861** | 0.765** | 0.366** | 1 | | |
| COS | −0.010 | 0.047 | 0.066 | 0.062 | 0.023 | 0.101* | 0.027 | 0.022 | 1 | |
| CON | 0.674** | 0.686** | 0.618** | 0.767** | 0.589** | 0.508** | 0.224** | 0.606** | −0.395** | 1 |
| 均值 | 3.661 | 3.768 | 3.398 | 3.826 | 3.743 | 3.660 | 3.541 | 3.766 | 3.131 | 3.767 |
| 标准差 | 0.530 | 0.530 | 0.496 | 0.536 | 0.563 | 0.560 | 0.622 | 0.514 | 0.882 | 0.535 |

*表示 $p<0.05$，**表示 $p<0.01$

### 7.2.4　回归分析

为进一步探讨各变量之间的关系，本部分运用 SPSS 23.0 进行回归分析，检验相关假设。

1. 平台因素感知与持续参与、制度信任回归分析

1）平台因素感知与持续参与的关系

本部分在控制性别、年龄、学历、职业类型的基础上，对用户持续参与进行回归分析，得到模型 1（M1）；然后加入平台因素感知中的信息有效性感知、权益保障性感知、质量保障性感知三个自变量，得到模型 2（M2），具体结果见表 7-25。

**表 7-25　平台因素感知与持续参与的关系**

| 潜在变量 | | 持续参与 | | 共线性诊断 | |
|---|---|---|---|---|---|
| | | M1 | M2 | VIF（M1） | VIF（M2） |
| 控制变量 | 性别 | 0.093* | 0.071* | 1.028 | 1.034 |
| | 年龄 | −0.011 | −0.015 | 1.197 | 1.198 |

续表

| 潜在变量 | | 持续参与 | | 共线性诊断 | |
|---|---|---|---|---|---|
| | | M1 | M2 | VIF（M1） | VIF（M2） |
| 控制变量 | 学历 | −0.112* | −0.009 | 1.048 | 1.080 |
| | 职业类型 | −0.203*** | −0.053 | 1.234 | 1.278 |
| 研究变量 | 信息有效性感知 | | 0.281*** | | 2.305 |
| | 权益保障性感知 | | 0.342*** | | 2.141 |
| | 质量保障性感知 | | 0.224*** | | 1.845 |
| $R^2$ | | 0.058 | 0.583 | | |
| 调整后$R^2$ | | 0.050 | 0.577 | | |
| $F$值 | | 7.536 | 205.774 | | |

*表示 $p<0.05$，***表示 $p<0.001$

由表 7-25 可知，用户对于知识技能型共享经济平台的信息有效性感知、权益保障性感知以及质量保障性感知对用户持续参与的影响都显著，说明信息有效性感知、权益保障性感知、质量保障性感知均对用户持续参与具有显著正向影响，H7.2、H7.4、H7.6 成立。除此之外，权益保障性感知对用户持续参与的回归系数（0.342）明显高于信息有效性感知（0.281）和质量保障性感知（0.224）。在共线性诊断方面，各变量 VIF（variance inflation factor，方差膨胀因子）值均小于 10，说明各变量之间没有较强的共线性问题。

2）平台因素感知与制度信任的关系

本部分在控制性别、年龄、学历、职业类型的基础上，对制度信任进行回归分析，得到模型 1（M1）；然后加入平台因素感知中的信息有效性感知、权益保障性感知、质量保障性感知三个自变量，得到模型 2（M2），具体结果见表 7-26。

**表 7-26　平台因素感知与制度信任的关系**

| 潜在变量 | | 制度信任 | |
|---|---|---|---|
| | | M1 | M2 |
| 控制变量 | 性别 | 0.052 | 0.023 |
| | 年龄 | 0.034 | 0.029 |
| | 学历 | −0.132** | −0.007 |
| | 职业类型 | −0.206*** | −0.020 |

续表

| 潜在变量 | | 制度信任 | |
|---|---|---|---|
| | | M1 | M2 |
| 研究变量 | 信息有效性感知 | | 0.226*** |
| | 权益保障性感知 | | 0.468*** |
| | 质量保障性感知 | | 0.390*** |
| $R^2$ | | 0.049 | 0.905 |
| 调整后$R^2$ | | 0.041 | 0.904 |
| $F$值 | | 6.300 | 1477.707 |

**表示 $p<0.01$，***表示 $p<0.001$

由表 7-26 可知，用户对于知识技能型共享经济平台的信息有效性感知、权益保障性感知以及质量保障性感知对用户制度信任的影响都显著，说明信息有效性感知、权益保障性感知、质量保障性感知均对用户制度信任具有显著正向影响，H7.1、H7.3、H7.5 成立。除此之外，权益保障性感知对用户制度信任的回归系数（0.468）明显高于质量保障性感知（0.390）和信息有效性感知（0.226）。

### 2. 用户因素感知与持续参与、人际信任回归分析

#### 1）用户因素感知与持续参与的关系

本部分在控制性别、年龄、学历、职业类型的基础上，对用户持续参与进行回归分析，得到模型 1（M1）；然后加入用户因素感知中的供需方可靠性、供需方积极性、关系强度三个自变量，得到模型 2（M2）。

由表 7-27 可知，知识技能型共享经济平台的供需方可靠性、供需方积极性对用户持续参与的影响都显著，说明供需方可靠性、供需方积极性均对用户持续参与具有显著正向影响，H7.8、H7.10 成立，而关系强度对于用户持续参与的影响不显著，H7.12 不成立。除此之外，供需方可靠性对用户持续参与的回归系数（0.429）明显高于供需方积极性（0.216）。在共线性诊断方面，各变量 VIF 值均小于 10，说明各变量之间没有较强的共线性问题。

**表 7-27　用户因素感知与持续参与的关系**

| 潜在变量 | | 持续参与 | | 共线性诊断 | |
|---|---|---|---|---|---|
| | | M1 | M2 | VIF（M1） | VIF（M2） |
| 控制变量 | 性别 | 0.093* | 0.074* | 1.028 | 1.034 |
| | 年龄 | −0.011 | −0.022 | 1.197 | 1.210 |
| | 学历 | −0.112* | −0.037 | 1.048 | 1.070 |
| | 职业类型 | −0.203*** | −0.104** | 1.234 | 1.273 |

续表

| 潜在变量 | | 持续参与 | | 共线性诊断 | |
|---|---|---|---|---|---|
| | | M1 | M2 | VIF（M1） | VIF（M2） |
| 研究变量 | 供需方可靠性 | | 0.429*** | | 1.782 |
| | 供需方积极性 | | 0.216*** | | 1.737 |
| | 关系强度 | | 0.000 | | 1.158 |
| $R^2$ | | 0. 058 | 0.395 | | |
| 调整后$R^2$ | | 0.050 | 0.386 | | |
| $F$值 | | 7.536 | 91.035 | | |

*表示 $p$<0.05，**表示 $p$<0.01，***表示 $p$<0.001

2）用户因素感知与人际信任的关系

本部分在控制性别、年龄、学历、职业类型的基础上，对用户人际信任进行回归分析，得到模型 1（M1）；然后加入用户因素感知中的供需方可靠性、供需方积极性、关系强度三个自变量，得到模型 2（M2），具体结果见表 7-28。

**表 7-28　用户因素感知与人际信任的关系**

| 潜在变量 | | 人际信任 | |
|---|---|---|---|
| | | M1 | M2 |
| 控制变量 | 性别 | 0.027 | −0.004 |
| | 年龄 | 0.052 | 0.031 |
| | 学历 | −0.171*** | −0.054** |
| | 职业类型 | −0.194*** | −0.040 |
| 研究变量 | 供需方可靠性 | | 0.614*** |
| | 供需方积极性 | | 0.346*** |
| | 关系强度 | | 0.051* |
| $R^2$ | | 0.050 | 0.824 |
| 调整后$R^2$ | | 0.042 | 0.822 |
| $F$值 | | 6.502 | 720.014 |

*表示 $p$<0.05，**表示 $p$<0.01，***表示 $p$<0.001

由表 7-28 可知，知识技能型共享经济平台的供需方可靠性、供需方积极性对于用户人际信任的影响都显著，说明供需方可靠性、供需方积极性均对用户人际信任具有显著正向影响，H7.7、H7.9 成立，而关系强度对于用户人际信任在 0.05 水平上具有显著影响，H7.11 也成立。除此之外，供需方可靠性对于用户人际信任的回归系数（0.614）明显高于供需方积极性（0.346）和关系强度（0.051）。

3. 用户信任与持续参与回归分析

本部分在控制性别、年龄、学历、职业类型的基础上，对用户持续参与进行回归分析，得到模型 1（M1）；然后加入用户信任中的制度信任、人际信任两个自变量，得到模型 2（M2），具体结果见表 7-29。

**表 7-29　用户信任与持续参与的关系**

| 潜在变量 | | 持续参与 | | 共线性诊断 | |
|---|---|---|---|---|---|
| | | M1 | M2 | VIF（M1） | VIF（M2） |
| 控制变量 | 性别 | 0.093* | 0.055 | 1.028 | 1.031 |
| | 年龄 | −0.011 | −0.043 | 1.197 | 1.200 |
| | 学历 | −0.112* | 0.003 | 1.048 | 1.079 |
| | 职业类型 | −0.203*** | −0.036 | 1.234 | 1.285 |
| 研究变量 | 制度信任 | | 0.636*** | | 1.768 |
| | 人际信任 | | 0.183*** | | 1.771 |
| $R^2$ | | 0.058 | 0.615 | | |
| 调整后$R^2$ | | 0.050 | 0.610 | | |
| $F$值 | | 7.536 | 355.515 | | |

*表示 $p$<0.05，***表示 $p$<0.001

由表 7-29 可知，用户对于知识技能型共享经济平台的制度信任、人际信任对用户持续参与的影响都显著，说明制度信任、人际信任均对用户持续参与具有显著正向影响，H7.13、H7.14 成立。除此之外，制度信任对于用户持续参与的回归系数（0.636）明显高于人际信任对用户持续参与的回归系数（0.183）。在共线性诊断方面，各变量 VIF 值均小于 10，说明各变量之间没有较强的共线性问题。

4. 用户信任中介效应回归分析

本部分的中介效应检验采用逐步检验法。逐步检验法是检验中介效应的方法中被运用较多的方法[207]，其主要包括以下三个步骤：第一步，因变量对自变量做回归，检验方程（$Y=cX+e_1$）的回归系数 $c$ 是否显著；第二步，中介变量对自变量做回归，检验方程（$M=aX+e_2$）的回归系数 $a$ 是否显著；第三步，因变量同时对中介变量和自变量做回归，检验方程（$Y=c'X+bM+e_3$）的回归系数 $b$ 和 $c'$ 是否显著。判断准则：①当回归系数 $c$、$a$、$b$、$c'$ 均显著时，说明中介变量起到了部分中介作用；②当回归系数 $c$、$a$、$b$ 均显著，同时回归系数 $c'$ 不显著时，说明中介变量起到了完全中介作用。

由上述分析过程可知，平台因素感知中信息有效性感知、权益保障性感知、质量保障性感知均对持续参与和制度信任具有显著正向影响，则证明回归系数 $c$ 和 $a$ 都显著。由表 7-30 可知，加入制度信任后，模型 2（M2）中信息有效性感知与制度信任对用户持续参与产生显著正向影响，而权益保障性感知及质量保障性感知则没有对用户持续参与产生显著影响。因此可以判定信息有效性感知的回归系数 $c$、$a$、$b$、$c'$均显著，说明制度信任在信息有效性感知和持续参与的关系中起部分中介作用，H7.15 部分成立。权益保障性感知及质量保障性感知的回归系数 $c$、$a$、$b$ 均显著，同时回归系数 $c'$不显著，说明制度信任在权益保障性感知和持续参与、质量保障性感知和持续参与的关系中均起到了完全中介作用，H7.16、H7.17 成立。

**表 7-30　用户信任中介效应检验**

| 潜在变量 | | 持续参与 | | |
|---|---|---|---|---|
| | | M1 | M2 | M3 |
| 控制变量 | 性别 | 0.093* | 0.071* | 0.074* |
| | 年龄 | −0.011 | −0.015 | −0.032 |
| | 学历 | −0.112* | −0.009 | −0.021 |
| | 职业类型 | −0.203*** | −0.053 | −0.092* |
| 研究变量 | 信息有效性感知 | | 0.165*** | |
| | 权益保障性感知 | | 0.102 | |
| | 质量保障性感知 | | 0.024 | |
| | 供需方可靠性 | | | 0.257*** |
| | 供需方积极性 | | | 0.119* |
| | 关系强度 | | | — |
| 中介变量 | 制度信任 | | 0.514*** | |
| | 人际信任 | | | 0.275*** |
| $R^2$ | | 0. 058 | 0.608 | 0.408 |
| 调整后$R^2$ | | 0.050 | 0.602 | 0.400 |
| $F$值 | | 7.536 | 171.659 | 96.824 |

注：“—”说明关系强度对于持续参与不具备显著影响

*表示 $p$<0.05，***表示 $p$<0.001

结合上述分析过程，用户因素感知中供需方可靠性、供需方积极性均对持续参与和人际信任具有显著正向影响，则证明回归系数 $c$ 和 $a$ 都显著，而关系强度对于持续参与不具有显著影响，因此可以说明，人际信任在关系强度和持续参与的关系中未起到中介作用，H7.20 不成立。由表 7-30 可知，加入人际信任后，模型 3（M3）中供需方可靠性、供需方积极性与人际信任均对用户持续参与产生了显著正向影响。因此可以判定供需方可靠性、供需方积极性的回归系数 $c$、$a$、$b$、$c'$ 均显著，说明人际信任在供需方可靠性和持续参与、供需方积极性和持续参与的关系中均起到了部分中介作用，H7.18、H7.19 部分成立。

5. 知识技能共享参与成本调节效应回归分析

本部分借鉴温忠麟等提出的层次回归分析方法对知识技能共享参与成本的调节效应进行检验[210]。第一步将控制变量（性别、年龄、学历、职业类型）对因变量（持续参与）进行回归分析；第二步在包含控制变量的回归方程中分别加入中介变量（制度信任、人际信任）及调节变量（知识技能共享参与成本），观察中介变量（制度信任、人际信任）及调节变量（知识技能共享参与成本）对因变量（持续参与）的影响；第三步，在原有回归方程上加入交互项（标准化处理过的中介变量与调节变量的乘积），观察其对因变量持续参与的影响和显著情况，观察交互项的显著情况。

**表 7-31　知识技能共享参与成本调节效应检验**

| 潜在变量 | | 持续参与 | | | | |
|---|---|---|---|---|---|---|
| | | M1 | M2 | M3 | M4 | M5 |
| 控制变量 | 性别 | 0.093* | 0.011 | 0.008 | 0.040 | |
| | 年龄 | −0.011 | −0.022 | −0.026 | −0.028 | |
| | 学历 | −0.112* | −0.019 | −0.022 | −0.019 | |
| | 职业类型 | −0.203*** | −0.042 | −0.044 | −0.087* | |
| 研究变量 | 制度信任 | | 0.794*** | 0.765*** | | |
| | 人际信任 | | | | 0.598*** | 0.569*** |
| | 知识技能共享参与成本 | | −0.444*** | −0.447*** | −0.401*** | −0.434*** |
| | 制度信任×知识技能共享参与成本 | | | 0.051* | | |
| | 人际信任×知识技能共享参与成本 | | | | | 0.167*** |
| $R^2$ | | 0.058 | 0.787 | 0.789 | 0.546 | 0.571 |
| 调整后 $R^2$ | | 0.050 | 0.785 | 0.786 | 0.540 | 0.565 |
| $F$ 值 | | 7.536 | 841.385 | 5.172 | 263.601 | 29.530 |

*表示 $p<0.05$，***表示 $p<0.001$

由表 7-31 可以看出，当在回归方程中加入自变量制度信任以及调节变量知识技能共享参与成本构成模型 2（M2）时，二者均对用户持续参与具有显著影响，其中，知识技能共享参与成本为显著负向影响；进一步检验模型 3（M3），发现制度信任、知识技能共享参与成本以及二者的交互项同时加入回归方程时，三者都对持续参与产生了显著影响，因此可以判定，知识技能共享参与成本负向调节制度信任与持续参与之间的关系，H7.21 成立。同理，可以判定知识技能共享参与成本负向调节人际信任与持续参与之间的关系，H7.22 成立。

## 7.3 假设验证结果汇总与分析

1. 假设验证结果汇总

根据上述分析结果，本部分对假设验证结果进行了总结，具体见表 7-32。

**表 7-32 假设检验结果汇总**

| 假设 | 结论 |
|---|---|
| H7.1：信息有效性感知对于用户的制度信任具有正向影响 | 接受 |
| H7.2：信息有效性感知对于用户的持续参与具有正向影响 | 接受 |
| H7.3：权益保障性感知对于用户的制度信任具有正向影响 | 接受 |
| H7.4：权益保障性感知对于用户的持续参与具有正向影响 | 接受 |
| H7.5：质量保障性感知对于用户的制度信任具有正向影响 | 接受 |
| H7.6：质量保障性感知对于用户的持续参与具有正向影响 | 接受 |
| H7.7：供需方可靠性对于用户的人际信任具有正向影响 | 接受 |
| H7.8：供需方可靠性对于用户的持续参与具有正向影响 | 接受 |
| H7.9：供需方积极性对于用户的人际信任具有正向影响 | 接受 |
| H7.10：供需方积极性对于用户的持续参与具有正向影响 | 接受 |
| H7.11：关系强度对于用户的人际信任具有正向影响 | 接受 |
| H7.12：关系强度对于用户的持续参与具有正向影响 | 拒绝 |
| H7.13：制度信任对用户的持续参与具有正向影响 | 接受 |
| H7.14：人际信任对用户的持续参与具有正向影响 | 接受 |
| H7.15：用户建立的制度信任在信息有效性感知与持续参与之间起中介作用 | 部分接受 |
| H7.16：用户建立的制度信任在权益保障性感知与持续参与之间起中介作用 | 接受 |
| H7.17：用户建立的制度信任在质量保障性感知与持续参与之间起中介作用 | 接受 |

续表

| 假设 | 结论 |
|---|---|
| H7.18：用户建立的人际信任在供需方可靠性与持续参与之间起中介作用 | 部分接受 |
| H7.19：用户建立的人际信任在供需方积极性与持续参与之间起中介作用 | 部分接受 |
| H7.20：用户建立的人际信任在关系强度与持续参与之间起中介作用 | 拒绝 |
| H7.21：知识技能共享参与成本负向调节制度信任与用户持续参与的关系 | 接受 |
| H7.22：知识技能共享参与成本负向调节人际信任与用户持续参与的关系 | 接受 |

### 2. 假设验证结果分析

根据前文得出的知识技能型共享经济平台用户信任的实证研究结果进行分析与讨论，具体分析如下。

1）平台因素感知与用户制度信任

制度信任是合作双方在不确定情形下均相信制度和规范能够确保双方未来行为达到预期结果的一种心理状态。信息有效性感知、权益保障性感知、质量保障性感知将会在知识技能共享交易/分享过程的流畅性、环境保障性等多个方面提供制度信任信念支持。

信息有效性感知显著增强用户制度信任。模型分析结果表明信息有效性感知对于用户制度信任的建立具有显著正向影响，也就是说当平台所提供的各项信息真实有效，足以支持用户决策时，用户对于平台的制度信任将显著增强。

用户的决策信息主要来源于平台的评价反馈机制、审核认证机制、信息推送机制等渠道，用户在决定是否参与知识技能共享以及选择自己满意的交易/共享对象等方面都需要通过上述渠道获取相关信息来支撑自身决策。当知识技能共享涉及经济交易或较高成本时，用户将会更加依赖上述渠道信息，以降低参与风险，平台信息的真实性和有效性也就成为相关活动开展的基础。除此之外，用户在平台开展知识技能共享活动之前能够快速、全面收集自身所需要的各类信息，也将会增强其对平台规范性以及活动开展流畅性的感知，从而进一步增强自身信任。由此，用户对于平台的信息有效性感知也可认为是用户建立信任以及参与知识技能共享活动的起点。

权益保障性感知显著增强用户制度信任。模型分析结果表明权益保障性感知对于用户制度信任的建立具有显著正向影响，也就是说当平台开展活动时，用户对于自身安全、隐私、财产等各项权益得到有效保护的认可程度越高，其对于平台的制度信任也将越强。

对于平台用户而言，互联网平台所涉及的如隐私泄露、网络诈骗等风险一直都是阻碍其深入开展网络活动的主要原因之一。在知识技能型共享经济领域，相关主体在面临传统风险的同时，个人隐私安全、知识产权等权益保障和维护方面也在面临更大的挑战。与传统的 B2C 交易相比，知识技能共享主体往往需要披露更多（或更敏感）的个人信息来“推销自己”，才能获得有关各方的认可，而这也将会进一步加深平台用户对于自身隐私泄露的担忧，从而抑制其持续参与知识技能共享的意愿和行为。另外，由于网络知识的高传播性以及复制的低成本，自身知识成果极易被窃取和滥用、用户知识产权遭受侵犯……当平台的各项规章制度在用户面临风险时没有为其提供有效保护时，用户也将丧失对平台的信任，继而选择减少甚至停止自身的知识共享活动。因此，用户对于平台的权益保障性感知会显著影响用户对于平台制度信任的建立。

质量保障性感知显著增强用户制度信任。模型分析结果表明质量保障性感知对于用户制度信任的建立具有显著正向影响，也就是说平台用户对于知识技能共享主体之间的交互活动在平台各项制度措施以及流程规范下能够取得满意结果的信任程度越高，其对于平台的制度信任也将越强。

对于多数的平台用户而言，参与知识技能共享活动主要是为了满足自身生产生活需要，因此获取高质量的知识技能服务是他们最主要的参与目的。知识技能型共享经济平台通过信息推送、供需匹配等多种机制和流程设计为供需双方主体找到最合适的交互对象；供需方能够及时交流、跟进订单完成进度，来提升合作效率；设立售后保障流程保障知识技能服务质量等。合理规范的平台交易或分享流程设计，不仅有助于提升用户体验，也将对知识技能服务质量提供一定的保障，增强用户对于共享活动最终结果的信心。只有真正满足了平台用户的生产生活需要，才能调动用户的知识技能共享持续参与热情。

权益保障性感知是影响用户制度信任建立最主要的维度。模型分析结果表明权益保障性感知对于制度信任以及持续参与的回归系数明显高于信息有效性感知和质量保障性感知，也就是说三者之中，权益保障性感知是影响用户制度信任建立最主要的维度。

多数学者已经证实，诸如隐私安全等各项权益能否得到保障是共享经济平台用户决定是否参与共享以及共享程度最重要的动机。平台用户不会在自身权益无法得到保障、共享活动面临诸多风险的情况下开展知识技能共享活动，用户权益保障性感知是其参与知识技能共享活动的基础。平台所设立的各项制度规范中绝大部分都会涉及保障用户的各项权益，规范用户的各类行为，因此用户所感知到的权益保障性的强弱很大程度上也反映了平台各项制度规范的完整性和有效性，权益保障性感知将直接影响甚至决定用户的制度信任。

2）用户因素感知与用户人际信任

人际信任可以细分为认知性信任和情感性信任两种，认知性信任与个人的可用知识、责任和能力相关联，情感性信任则基于人物之间的情感纽带。供需方可靠性、供需方积极性将主要从用户认知性信任维度提供人际信任信念支持。

供需方可靠性显著增强用户人际信任。模型分析结果表明供需方可靠性对于用户的人际信任建立具有显著正向影响，也就是说供需方专业能力越强、态度越认真负责，用户对于平台其他用户的人际信任也将越强。

认知性信任的建立会与双方主体的知识、责任感、能力相联系，知识技能型共享经济平台用户人际信任的建立通常要求提供者对共享的知识技能内容具备一定的专业能力，同时需要需求者对共享的知识技能具备一定的学习和吸收能力，以使双方之间能够顺利地完成知识技能共享的交互过程。除此之外，供需双方之间对于共享过程认真负责、展现自身高可靠性的表现，将会不断增强主体之间的信任程度。当供需双方的需求因为对方的高可靠性不断得到满足时，双方之间的信任将会不断得到巩固与发展，继而选择持续参与知识技能共享活动。

供需方积极性显著增强用户人际信任。模型分析结果表明供需方积极性对于用户的人际信任建立具有显著正向影响，也就是说供需方良好的互动体验以及双方之间表现出的积极主动性，将会显著增强平台用户的人际信任。

互联网平台使陌生的主体之间能够建立联系，但网络本身的虚拟性往往使交互主体之间无法产生确切的认知，从而导致双方信任难以建立。在该种情形下，双方主体之间每一次的交互经历都将对信任的建立与维持产生较大影响，在供需双方之间缺乏认知时，需要通过双方之间良好的互动体验来减少其对于知识技能共享过程中不确定风险的担忧。另外，积极主动的沟通交流将会使供需方更加深入地了解对方需求，从而提升知识技能共享的效率和内容质量。因此，知识技能型共享经济平台用户人际信任的建立除了要求双方具备一定的专业能力外，也在双方对于共享交互的态度上提出了更高的要求。

模型分析结果表明供需方关系强度虽然对于用户的人际信任建立具有显著正向影响，但回归系数仅有 0.051，影响力相对较弱，并且对于用户持续参与知识技能共享也未产生显著影响，这与以往研究有所不同。

上述发现可能的原因在于：第一，就目前而言，用户参与知识技能共享更多是为了满足自身生产以及生活需要，因此在共享活动展开过程中，需求者最关心知识技能共享内容的质量，提供者主要关注参与知识技能共享所带来的回报，因此供需双方对于无法提升知识技能共享内容质量、满足自身需求的一些因素缺乏关注；第二，知识技能型共享经济近些年虽发展迅速，但由于发展时间还相对较短，该领域各细分业态发展还缺乏稳定性，相关监管审核机制尚待完善，这导致网络个体难以在上述背景下建立长期有效的合作关系；第三，知识技能型共享经济平台包含众创、众包、虚拟社区等多种类型，而本部分调查对象涵盖了上述多种类型的平台，对于部分平台而言，供需双方关系强度对于其参与意愿和参与行为影响相对较小。

供需方可靠性是用户人际信任建立最主要的维度。模型分析结果表明供需方可靠性对于用户人际信任以及持续参与的回归系数明显高于供需方积极性以及关系强度，也就是说三者之中，供需方可靠性是用户人际信任建立最主要的维度。

供需方可靠性成为用户人际信任建立最主要的影响因素，这与人际信任传统维度划分相一致。对于陌生主体而言，双方人际信任的建立以基于个人责任和能力的认知性信任为主。对于知识技能型共享经济平台用户而言，保障共享的知识技能能够满足自身需要往往是最重要的。当供需主体对对方的能力以及最终共享结果抱有信心时，也将在其他信任影响维度上给予更高的容忍度。

3）用户信任的中介作用分析

在有关知识技能共享的研究中，信任已被广泛接受为个体之间知识共享流程的重要促成因素，其对用户持续参与知识共享的意愿以及共享程度具有直接和间接的影响。

用户信任显著增强用户持续参与。模型分析结果表明用户信任对于用户持续参与具有显著正向影响，也就是说用户在对平台建立起足够的制度信任以及人际信任时，将会显著提升其持续参与知识技能共享的意愿和行为。

信任是与关系维度相关的最常见因素，在文献中经常提到它是知识共享的促进者。用户信任的建立在帮助用户克服威胁和不安全感时起到了重要作用，尤其是在个体行为决策中至关重要。双方之间的信任减少了感知成本对知识技能共享的负面影响，并降低了机会主义的可能性[324]。另外，用户信任调节了个体知识共享与预期成功感知之间的关系，当个体信任水平增强时，预期成功感知对知识共享的作用也随之增强，继而提升其持续参与知识技能共享的意愿和行为。

在信任维度中，制度信任是影响用户持续参与的最主要维度。模型分析结果表明制度信任对于持续参与的回归系数（0.636）明显高于人际信任（0.183），也就是说二者之中，制度信任是推动用户持续参与知识技能共享的主要因素。

在共享经济领域的研究中，学者认为共享经济的发展需要用户建立起对于共享经济平台的信任（制度信任）以及共享主体之间的信任（人际信任），但是由于在网络平台上陌生人之间的人际信任难以建立，因此普遍认为制度信任是推动用户参与共享的必要因素，这也与本部分结论相一致。除了网络人际信任相对难以建立的原因之外，在用户参与知识技能共享活动动机研究中，需求者的参与动机更多是满足自身任务需求，而提供者更多是满足自身经济需求，因此用户制度信任的建立会比人际信任对其参与意愿和参与行为造成更深的影响。知识技能共享参与成本的调节作用分析模型表明，知识技能共享参与成本会对用户信任与持续参与之间的关系施加显著的负向调节作用，也就是说，较高的知识技能共享参与成本将会显著降低用户信任对于持续参与的正向影响效应。

知识技能共享活动的开展会产生多种类型的成本。比如，从匹配到合适的知识技能共享对象以及最终获得满意的知识技能服务所需要的时间成本，因为知识技能共享服务质量的非标准化所带来的超出服务本身价值的经济成本，除此之外，还包括精神成本、风险防范成本等。上述成本的存在，将会促使平台用户不断衡量参与知识技能共享活动所带来的成本与风险是否能与最终收益相匹配，感知成本的高低将直接影响用户的感知价值，继而影响其持续参与。当网络知识技能共享活动参与成本超出预期时，供需双方均会中断并减少其共享行为，转而在线下寻求其相应的替代品。

# 第 8 章　管理启示与建议

## 8.1　提升知识技能双边参与者积极性的启示与建议

提高大众参与知识技能型共享经济的积极性，对于促进知识技能型共享经济平台的快速发展，建设“知识型、技能型、创新型劳动者大军”和“集众智汇众力，跑出中国创新‘加速度’”具有重要的意义。因此，本部分围绕所得的研究结果和深度访谈资料，分别从提高知识技能提供者参与积极性和提高知识技能使用者参与积极性两个方面，提出具体可行的对策建议，以期为促进知识技能型共享经济的发展提供实践指导。

### 8.1.1　提高知识技能提供者参与积极性的建议

1. 采取多元化激励措施，广泛提高共享热情

当提供者通过知识技能型共享经济平台共享自己的知识技能信息时，其参与动机都是多样化的。比如，根据研究结论得出的主要共享动机有：经济动机、利他动机、社交需求、地位需求。据此，建议各知识技能型共享经济平台应当注重采取多元化的激励措施来满足不同群体的需求。如用户在平台上首次注册身份时，让其选择自己感兴趣的板块，如现金支付问答区、金币支付问答区、名人堂问答区等；还可以制定一些积分政策，如积分可以换取现金收入，以及会员政策，如共享的知识技能信息点赞数超过 5000 可以成为高赞会员，并享受一些特殊待遇；还可以在平台内定期举行某个领域的高质量共享者选举活动，同时设置相对应的经济奖励。通过这种方式，一方面可以通过给予经济奖励来吸引他们积极参与知识技能共享，另一方面可以通过扩大他们在该领域的知名度或地位等级来吸引。一旦平台内所共享的知识技能的信息质量得到提高，又可以吸引更多的使用者来获取他们所需的知识技能信息。长远来看，这会激励他们的持续参与行为，提高用户黏性。

另外，根据研究结论：经济动机对提供者的知识技能共享行为总的影响力最大，其他依次是利他动机、地位需求、社交需求。据此，建议各知识技能型共享经济平台在采取多元化的激励措施时，可以按照首先制定满足提供者的经

济动机的相关措施，其次制定满足提供者的利他动机、地位需求、社交需求的相关措施。

2. 推动经济动机转化为智慧创业动机

由研究结论可知，经济动机是提供者参与知识技能型共享经济的主要动机之一，且对激发提供者的共享行为的推动作用是最大的。因此，可以考虑从持续加强经济刺激入手，推动提供者的经济动机转化为智慧创业动机，特别是对一些知识技能资源储备非常丰富的提供者来说，如医生、律师等。知识技能型共享经济平台所具有的不可估量的经济价值与市场需求可以为这些知识技能提供者带来可观的个人收益，也必将吸引更多的社会主体将知识技能共享作为自身创业增收的主要渠道。然而，共享经济平台内的交易规则是否清晰明确、是否合法规范等问题将会变成他们所关注的重要问题。因此，建议相关知识技能型共享经济平台完善平台内部的交易规则，加强平台内部的交易监管，从而保护提供者的知识产权。还可以在平台中设立专门的创业扶持板块，为那些想利用共享经济平台进行智慧创业的提供者营造一个便捷、安全、规范的创业氛围，从而极大地调动他们进行知识技能共享、智慧创业的积极性。

3. 弘扬利他精神，营造共享互助的社会氛围

根据研究结果，利他主义也是促使提供者参与知识技能型共享经济的主要动机之一，而对于弘扬利他精神这种非营利性宣传推广活动，政府部门将更加具有权威性与影响力。因此，建议政府相关部门通过公益广告、举办利他精神文明评比活动等，在全社会大范围推广利他精神、共享互助精神，以期激发全社会普通大众的共享热情，为建设“知识型、技能型、创新型劳动者大军”打下良好的群众基础。

4. 定期举办最具影响力等评比活动，助力提供者地位升级

地位需求对大部分的提供者参与知识技能共享行为的影响力，虽然并不像经济动机那么大，但对部分急需在短期内提升自己在专业领域的地位的提供者来说，地位需求也是促使他们共享知识技能的强有力的推动剂。因此，建议各知识技能型共享经济平台可以定期举办每个专业问答区内的最高赞或者最有影响力回答的评比活动，并将获得最高赞或者最有影响力回答的知识技能提供者的个人主页链接，在评比活动结束后的一周内推送到网站的首页。通过举办此类的活动，可以帮助知识技能的提供者提升他们在自己的专业领域甚至其他领域的知名度、地位，极大地满足提供者对于地位提升的渴望。

5. 采取实名制注册机制，帮助提供者建立真实有效的社交网

对具有社交需求的知识技能提供者来说，他们往往比较关心的是自己真实有效的社交圈，而不是一些对自己的社交网络不活跃粉丝。因此，要求各知识技能型共享经济平台在用户注册时采取实名制注册政策，不但可以帮助提供者建立真实有效的社交网，还可以在一定程度上维护他们的知识产权。

6. 优化平台设计，提高感知易用性

通过与线下调查对象的深度访谈发现，提供者比使用者更加在意网络平台的感知易用性。因为使用者有时是为了一些很客观的需求，如某个问题急需解决或者某个方法需要学习，而不得不在网络平台中搜寻与之相关的知识技能信息。此时，对于使用者而言，他们更关心的是所获取的知识技能信息的质量，即是否能够快速有效地帮助他们解决问题。对于提供者而言，他们共享自己的知识技能信息来帮助其他用户解决问题就比较主观一点，并没有那么急迫或者必要。因此，平台的系统设计，如便捷性、规范性等问题，更会影响到提供者的共享热情，而一旦有了特别不愉快的共享体验之后，提供者以后很可能会抗拒再在此网络平台共享自己的知识技能信息。

### 8.1.2 提高知识技能使用者参与积极性的建议

1. 细分使用需求，精准推送所需

由研究结果发现，对使用者来说，任务需求、学习需求、娱乐需求对其参与知识技能型共享经济的动机均具有正向影响。但是，细分到每一个微观个体又会有所差别，或者这三类动机对每个使用者参与知识技能型共享经济的影响程度不尽相同。平台系统可以根据每个用户近期的浏览或者搜索范围所涉及的领域内容，推测出该用户近期参与知识技能共享的需求类型，等用户下次再登录到平台首页时，为其推送该领域内的相关知识技能信息，提高用户的使用满意度。未来还可以根据学历、年龄、性别等人口统计特征描绘用户画像，进而采取多种不同的定制化推送策略。

2. 提高平台内知识技能共享的质量，满足使用者的任务需求、学习需求

任务需求、学习需求是大部分知识技能使用者参与知识技能型共享经济的主要动机。因此，他们在平台中所获取的知识技能共享信息能否高效地帮助他们解决任务需求、学习需求就变得十分关键。只有当网络平台内所共享的知识技能的质量较高时，才能给这些使用者创造一种良好的使用体验，而这种良好的体验可

以刺激他们往后的持续参与行为，对知识技能型共享经济平台的长远发展具有重要的推动作用。

3. 营造全民学习、终身学习的社会风气，形成学习型社会

学习是人类认识自然和社会、完善自我发展和提高自身价值的重要渠道。党的十六大报告强调要“形成全民学习、终身学习的学习型社会，促进人的全面发展”[①]。全民学习强调的是学习的主体范围是全民，“一花独放不是春，百花齐放春满园”。建设“知识型、技能型、创新型劳动者大军”，更加强调的是全民学习，提升整体国民的综合实力。终身学习强调的是学习的时间范围，如今的世界科技发展日新月异，知识的更新迭代速度极快，只有全民学习、终身学习才能跑出中国创新“加速度”。据此，建议政府各相关部门可以通过科学普及、智慧讲座、创设开放的教学资源体系等方式来营造全民学习、终身学习的社会风气。

4. 营造宽松、自由的互动氛围，满足使用者的娱乐需求

娱乐需求也是使用者参与知识技能型共享经济的一个不可被忽视的动机。当今社会生活节奏快、工作压力大，不少“手机族们”进行放松休息的方式之一便是在自己感兴趣的话题下面浏览一些别人共享的经验、技巧等。通过这种方式可以帮助使用者更加高效地工作或更好地生活。因此，需要各知识技能型共享经济平台为用户营造一个宽松、自由的互动氛围，使用户可以畅所欲言，从而帮助用户放松心情，娱乐消遣。

5. 开设专业化的精品课程，帮助使用者提升自我效能感

通过表 5-5 对研究样本的知识技能型共享经济平台用户使用习惯可以看出，被调研的对象中大部分时间作为知识技能信息使用者的有 298 人，而大部分时间作为知识技能信息提供者的只有 170 人，远少于使用者人数。此数据也反映了现实中提供者少、而使用者多的一个现象，通过与部分使用者调查对象进行访谈发现，他们较少地进行知识技能共享的原因是他们觉得自己的知识储备不够。当他们面对其他用户的提问时，往往不确定自己的解答是否正确，因此很少将自己的知识技能共享给别人。可以认为这是使用者缺乏信心，自我效能感低的一种表现。基于此，建议各知识技能型共享经济平台充分利用提供者的重要参与动机——经济动机和地位动机，吸引更多的知识技能专家们在平台中开设一些专业化的精品课程，来帮助使用者提升自我效能感。当使用者具有较强

① 《全面建设小康社会，开创中国特色社会主义事业新局面——在中国共产党第十六次全国代表大会上的报告》，https://fuwu.12371.cn/2012/09/27/ARTI1348734708607117.shtml，2024 年 12 月 12 日。

的自我效能感时，又可以转化为潜在的提供者，这有助于改善当前提供者少而使用者多的现状。

## 8.2 提升知识技能型共享经济平台活跃度的对策与建议

当前，实物型共享经济平台与商品买卖型电商平台的活跃度已经远远超过传统的以促进知识技能共享、技术转移为目的产学研合作网络平台，以及猪八戒网、时间财富网等随着互联网平台经济、共享经济浪潮而兴盛的知识技能型共享经济平台。调查显示，知识技能型共享经济平台的知识技能共享现状并不尽如人意，在听说或使用过知识技能型共享经济平台的接受调查人群中，有 81.95%的人在平台上搜寻过所需信息，但只有 27.18%的人在平台上发布过知识或技术需求（包括针对某个知识提问），而愿意主动应答或提供知识服务的人更是仅有 12.66%。总之，知识技能型共享经济平台有一定的浏览量，但知识技能等智慧需求面与供给面并不活跃。基于这些定量分析及其分析结果，本节分别从平台生态系统的结构与功能优化、平台企业内部管控对策、政府监管与治理建议三个层面提出相应的对策与建议。

### 8.2.1 平台生态系统的结构与功能优化

1. 优化平台的功能设计

由前文分析可知，平台的操作界面友好性和功能完备性对用户的共享意愿和程度有重要影响。因此，改善知识技能型共享经济平台自身层面的功能与设计等基础设施是至关重要的。首先，深入分析并设计有助于驱动平台良好运作所需的平台功能，加强平台功能设计研究；其次，平台网页设计应追求美观、高效，确保用户在使用过程中的体验感。此外，应采取强有力措施吸引各类知识技能提供者入驻平台，展现才能、共享智慧，目的是让平台能够满足用户几乎所有的知识技能服务需求，实现“只有没想到，没有搜不到”，并提供精准推送，满足用户的多样化需求。以用户为中心，满足大众需求是平台建设的核心。

2. 整合平台生态圈资源

提升知识技能型共享经济平台的运行水平与活跃度，需要从多个角度努力。这不仅包括平台自身维度（平台的运营、规范、制度、管理等）、知识、创意、技能提供方与需求方、交易内容等方面的协同与配合，还涉及整个平台所处生态圈中的物流、信息流、资金流、法律、担保等其他利益相关者资源的整合，以此实现与平台互补，共同向用户提供多元服务，满足平台用户的全方位需求，推动这些利益相关者自发演变为网络平台价值共创生态系统里的关键组成部分。实现平台内的知识共享，需要以生态成员间的资源共享为前提，相互配合为保障，建设生态群落，发挥群落间的竞争协同作用，优化平台生态系统的结构与功能，促进生态圈的协同共生。

### 8.2.2　平台企业内部管控对策

1. 丰富平台的运营路径

由前文分析可知，平台运营途径的多样性对用户的共享意愿和共享程度有显著的正向影响。因此，需要创新多种方式来吸引用户参与平台活动，增强成员间的互动。定期举办多样化活动以吸引并保持平台人气是关键。在知识技能型共享经济平台中，知识技能提供方和需求方的关系互动是保持平台活跃的关键。可以通过拓展交流渠道，如大量开展线上 Live 直播，搭建线上技术对接平台，以及开放更多获取知识、创意、技能的新途径。还可以在重大节日或平台用户生日之际，提供温馨的祝福，给予知识、创意、技能需求者知识付费交易服务的折扣或更高的权限等优惠。同时，举办专业领域的知识技能分享会，鼓励更多外围人员参与。通过邀请相关知识技术领域的专家，开展系列的定期或不定期线下主题活动，增强平台用户的社区归属感与自我价值实现的满足感，从而提高用户在网络平台上的参与度和互动性。

2. 制定合理的管理制度

由前文分析可知，平台安全保障对用户的共享意愿和共享程度有显著的正向影响。因此，建立一套完善的平台安全保障制度，保护供需双方的利益，促进成员之间的信任建立是非常重要的。这包括确保平台上展示信息的真实性和客观性，以及为知识、创意、技能的供需双方提供互相评价的机制，同时设立多渠道的不诚信行为举报路径。由于网络平台交易存在风险，人们对知识和技能服务交易的风险感知更敏感，因此，知识技能型共享经济平台需提供完善的安全保障制度，确保资金和交流内容的安全。此外，平台的知识服务质量和知识服务价格水平也是影响用户共享意愿和共享程度的关键因素。为了提升平台活跃度，需要在保证平台知识服务质量的同时，为消费者提供合理的价格。平台作为中介，应提供公正的知识服务价格标准和审核管理制度，以确保平台的知识服务质量与合理价格之间的平衡。由于知识服务及其定价的特殊性，交易双方对价格和质量的感知敏锐，这直接影响合作满意度。平台管理者需确保价格标准的公平、公正、公开，充分调研市场，理顺关系，听取意见，尽可能制定让需求方和提供方都满意的价格标准。

3. 分析用户的心理需求

为了更好地提供知识服务，知识技能型共享经济平台需关注参与者的基本特征，提升大数据挖掘能力，分析用户的心理需求和行为特征。这包括收集普通用户对知识技能型共享经济平台的界面、功能、性能的体验反馈，以及他们对服务的满意度和质量的意见。通过倾听普通用户的建议，网络平台可以改进功能开发和设计，以满足不同行业用户的多样化使用需求，这对平台企业内部建设具有一定指导意义。知识技能型人才通常有复杂的心理需求，因此，如何增强用户黏性，有效利用智慧资源为他们服务，以及识别当前热门和迫切需要集中力量发展的知识技能，真正做到有的放矢，这些都是摆在知识技能型共享经济平台企业面前的内部管控方面的棘手问题。

4. 拓展内容的广度及深度

获取到知识技能提供方和需求方的心理需求后，平台就需要相应地调整知识付费交易的内容，以满足供需双方对于新知识的好奇心，进而提高平台整体交流的活跃度。拓展知识付费交易的广度和深度，可以增强用户黏性，将平台打造为知识、创意、技能的“智库”，并与其他平台拉开差距，迅速提升市场占有率。拓展交易内容的广度及深度，实际上也是对知识服务的质量和人员提出了更高的要求，内容的广度及深度更多依赖于高水平的专家人士、技能娴熟的行家里手、具有一技之长的普通大众，这些优质的知识技能提供者将助力平台内部的知识服务质量发展与管控。

### 8.2.3　政府监管与治理建议

1. 建立科学的信用体系

根据问卷调查、典型访谈和对多个网络问答社区平台（知乎、新浪爱问、百度知道等）的调研整理发现，知识技能型共享经济平台的交易双方都存在一定的不诚信行为。知识、创意、技能需求方存在骗稿、盗取创意等恶劣行为；同时，存在一部分的知识、创意、技能提供方敷衍了事、以次充好等行为。这些问题出现的部分原因是当前互联网平台的失信成本较低，这不仅阻碍了平台的健康快速发展，还带来了交易风险和信任问题。科学的信用体系构建是共享经济生态系统健康发展的先决条件。随着互联网的快速发展，个人信息泄露、信用缺失和消费者权益受损等问题日益增多，这就需要政府加快与第三方合作，共同搭建科学的信用体系。因此，政府需要与银行、互联网企业等机构合作，通过合法途径收集信用信息，共同构建科学的信用评价体系，并提高失信成本，强化惩罚机制。

2. 营造宽松的发展氛围

我国提出推动“双创”发展，需要利用“互联网+”打造支撑平台，大力推动众创、众包、众扶、众筹等新模式的发展，这有助于加强供需两方的合作，落实供给侧结构性改革，促进传统行业与新兴产业相融，汇聚全民智慧资源推进共享经济的蓬勃发展，形成以创新为驱动力的新发展格局。对于知识技能型共享经济平台等新兴模式，政府应采取宽容态度，利用新技术和新模式来趋利避害，促进其蓬勃发展，并为其发展创造一个宽松的环境，不过早干预初创企业的萌芽阶段。政府相关部门需要给予市场足够的调整时间，并抓住新技术带来的发展机遇。同时，政府相关部门应采取创新适度的监管理念，坚持底线，推出更多激励全民创新创业的新举措，营造积极的社会氛围。这有助于提高公众对“互联网+创新创业”和“共享经济”的认识，加强对知识溢出行为的监管和引导，增强创意企业间的合作意识，并积极营造有利的知识共享社会氛围，从而实现共享经济集群效应。

3. 完善相关的法律法规

目前，我国在共享经济的法律法规方面尚不完善，知识产权管理整体处于初级阶段，尤其是知识技能型共享经济平台在知识产权管理上缺乏经验，应对纠纷的能力有待提升。共享经济商业模式近几年才兴起，其中的共享行为存在安全隐患和监管“灰色地带”。针对知识技能型共享经济的法律法规相对匮乏，目前鲜有关于交通出行、网络直播、互联网金融等领域的指导意见。鉴于此，政府需根据共享经济创新模式的发展特点完善相关法律法规，听取各方意见，明确交易双方的权责。联合共享经济平台的第三方及用户，共同制定新领域的法律法规，推动共享经济的健康发展。

## 8.3　强化平台用户持续参与知识技能共享的对策与建议

“没有信任，何谈共享”，在当前“互联网+共享”潮流下，知识技能型共享经济的未来可持续发展所面临的最为紧迫和重要的问题，便是如何为大众建立有效的信任机制，从而吸引更多的人才、知识等资源注入，全面提升知识技能型共享经济发展及社会创新效率。本部分围绕上述研究结论，分别从平台和政府两大主体，从制度信任和人际信任两大视角提出切实可行的对策建议，以期为促进知识技能型共享经济及相关平台未来可持续发展、提升社会知识流动效率提供实践指导。

### 8.3.1 品牌建设与营销推广

通过对以往信任主题文献梳理发现，信任的建立需要确切的受信主体，当个体对受信方缺乏认知时，信任也就无从谈起。对于知识技能型共享经济平台用户信息调研结果也显示，平台用户在年龄阶段、学历层次、职业类型以及平台使用方面均表现出了较为明显的集中性，说明该领域平台未能有效吸引社会大众的广泛参与。在我国无论是知识技能型共享经济领域发展已久的众创、众包、虚拟社区等共享经济平台，还是近些年新兴的产学研合作创新平台以及其他各类知识付费网络平台，都因为缺乏民众认知而无法有效吸引并留住广大用户，平台发展面临诸多瓶颈。因此，提升用户信任、吸引大众参与的前提是进一步提升社会各界对于知识技能型共享经济的认知与理解。

1. 加强宣传力度，提升社会认知

本书开展的调查显示，以用户年龄阶段分布为例，知识技能型共享经济平台用户年龄分布主要集中于 18～27 岁，占比达到了 65.5%。对于一个行业或领域深度的理解与认知，往往需要个体对于该领域有着长时间的研究与积累，而过于年轻化的用户分布会对知识技能共享的质量造成影响，而且不同年龄阶段的用户群体对于知识技能共享的内容与领域也多有不同。因此，平台用户年龄的过度集中化表明，该领域平台缺乏广泛的社会认知与用户使用，平台市场未得到充分的挖掘。为进一步维持知识技能型共享经济未来可持续发展，有关主体需要在提升社会大众的认知、吸引更多用户参与方面做出努力。

我国共享经济在迅速崛起并带来经济快速增长的同时，也造成了社会大众普遍对这个大刀阔斧闯入自己工作和生活的新概念缺乏认知，而同实物型共享经济相比，知识技能型共享经济更是如此。如“威客”等一些名词对于大多数国人而言，还是一个完全陌生的概念，而更多的情况则是人们正在普遍参与网络知识技能共享，但是对这类行为本身还缺乏认知。解决上述问题的主要途径便是不断加大知识技能型共享经济及其相关平台的宣传力度，加快利用广告媒介、公关宣传、营销策略等多种方式提升社会认知。

2. 创新营销模式，加强品牌建设

根据相关经济理论，企业发展必须具备三种优势——成本优势、产品优势、品牌优势，三者中唯独品牌优势不可被复制和模仿。人们往往对品牌企业更容易建立信任，在需要时，也会更多地选择该类企业的产品和服务。相较于其他领域，知识技能型共享经济本身因其虚拟性、非实物交易等诸多固有特性，其品牌建设对于用户信任更为重要。

需要不断创新营销模式，以多种方式推进品牌建设。第一，重视平台口碑营销。深度挖掘平台种子用户、意见领袖等用户群体价值，合作探索和实现平台精准定位，并基于上述用户群体的口碑传播，来吸引更多的同领域用户参与。第二，结合热点时事，展开接地气的营销活动。深度结合新时代营销模式，对于热点时事快速反应，鼓励员工创新营销模式，以多种方式快速吸引大众关注。第三，重视领域明星效应。龙头企业、行业专家的加入将会提升大众关注，带来很好的引流效果，同时将进一步提升用户对于平台知识内容质量的信任。第四，跨界整合品牌资源。跨界整合平台资源，扩大品牌宣传，如以设计竞赛的模式开展企业面试活动，吸引更多有相关需求的用户和企业加入。

3. 重视用户需求，吸引大众参与

由用户信任的相关文献可知，平台用户数量及平台活跃度将会对用户信任造成重要影响，只有具备充分且平衡的供需方数量，该平台才能实现利润最大化，社会福利也将最高[350]。前文回归分析结果也表明用户信任建立同个体性别、年龄、学历和职业类型都有着不同程度的相关关系，因此，相关平台应当结合不同用户群体需求，展开针对性平台建设。

为吸引更广大社会群体参与平台知识技能共享活动，平台应当从以下方面入手。第一，快速融资，扩充平台体量。对于 B2C、C2C 等多种类型的知识技能型共享经济平台而言，广泛的用户参与是推动平台发展的首要因素。吸引和维持用户的广泛参与、撬动企业服务万亿市场则需要平台拥有雄厚的资金支持。第二，重视客户需求。知识技能型共享经济平台的服务对象主要是平台知识技能的供需主体，而其中又以需求方为主，服务交易的核心将由用户需求驱动，因此有关平台发展需要做好对于用户需求的管理，以客户的角度去深度挖掘市场。第三，挖掘细分市场。知识技能型共享经济包括研发创意、生活服务、知识内容等多种类型，涉及企业研发、设计、医疗、餐饮等多个领域，可以说每个社会个体都会有相应的知识技能服务需求，相关平台发展应当关注各个细分市场需求，找准自身定位，针对性吸引用户参与。

4. 转变盈利模式，实现平台与用户双赢

由用户持续参与知识技能共享的相关文献可知，经济动机是知识技能提供者参与平台活动的主要动机之一，为进一步强化用户持续性知识共享意愿及共享行为，平台应当调整其盈利模式，以平台与用户双赢的姿态吸引更多用户参与。

为进一步保障平台用户经济利益，平台应当从以下方面入手。第一，转变平台盈利模式。以众包网站为例，多数平台盈利模式包含抽取任务酬金交易额、广告收入、收取会员费等，其中部分抽取用户利益的盈利方式在为平台获取大量利润的同时，也在严重破坏用户持续参与知识技能共享活动的积极性。因此，平台应当以平台与用户双赢为基本出发点，转变自身盈利模式，使其尽可能地不去影响平台用户的经济收益。第二，简化平台收费模式。平台的收费模式应当清晰合理，杜绝平台乱收费、重复收费现象，让用户能够清楚地知道自己所缴纳的费用的缘由及去处。第三，降低平台技术服务费抽取比例。多数涉及经济交易的知识技能型共享经济平台都会按照成交金额的一定比例向知识工作者收取技术服务费。以猪八戒网为例，其会向低等级会员或非会员服务商抽取20%的技术服务费，如此高额的抽取比例将会极大损害用户的经济利益及共享积极性，也将进一步加重用户“跳单”频率（即供需双方避开平台而进行直接交易）。第四，转让平台部分利润，提升优质用户福利。该方式是一种“短期利润转让→平台体量增长→长期利润获取”的发展模式，其可以有效带动平台与用户实现双赢，从而吸引更多用户参与。

### 8.3.2　用户制度信任提升的启示与建议

1. 平台角度的启示与建议

研究结果表明，用户信任对用户持续参与知识技能共享具有显著正向影响，而在信任维度中，制度信任是影响用户持续参与的主要维度。因此，平台应当对自身规范、机制、流程等制度化因素做出改进，以增强用户制度信任，从而进一步提升用户持续参与意愿及参与行为。

1）完善平台信誉机制，提升用户决策信息支持

研究结果表明，信息有效性感知对于用户制度信任建立及用户持续参与均具有显著正向影响。平台信息有效性的核心标准在于平台上各类信息能否有效支撑用户决策。在共享商务平台中，供需双方会综合用户评价反馈、认证信息等相关信息来降低共享活动风险，辨别和选择优质的交易或分享对象。因此，知识技能型共享经济平台应当建立自身完善的信誉机制、审核认证机制以及信息推送机制。

首先，完善平台信誉机制建设。平台信誉机制（评价反馈机制）在用户提升对产品或服务的认识、支撑用户决策方面起着至关重要的作用，由用户生成的社交推荐往往被认为比其他信息来源更加可靠，更值得信赖。所以，平台需要在保证用户评价信息的真实性方面做出足够的努力，严防严控刷单行为，对试图滥用

信任系统的用户应立即在系统中识别并阻止。另外，知识技能型共享经济平台需设计合理的信用评级体系，及时淘汰平台不合格产品或服务提供者，以提升知识技能提供者犯错成本，降低其他用户决策风险。

其次，严格把关平台信息真实有效性。相较于传统电子商务而言，知识技能型共享经济产品或服务往往具有定制化、非标准化的特殊属性，因此，平台用户将更加重视审查有关方的个人认证信息，来增强自身对于此次交易或共享知识内容质量的信心。用户有关自身以往成功案例的信息也将对其他用户决策造成重要影响。为防范和降低知识技能共享活动开展风险，平台应当对用户各类认证信息、案例展示信息等进行严格审查，制定明确制度规范以防止用户提供虚假信息。

最后，平台共建信誉互联机制。现阶段，在多数知识技能型共享经济平台中，用户当出现违规行为而导致信誉无法挽回时，往往只需要转到同类型的其他平台便可以继续开展活动，而类似情况的不断发生将会对整个行业的市场环境及用户信任造成严重的破坏。所以，有关平台必须采取有效措施，防范用户以切换平台等方式重新获取声誉的行为。行业平台信誉互联便是一种可行的解决方式，如果用户因在某平台违规而处于账号被封的惩罚期时，那么该用户在其他同类型平台开展活动将会受到限制或强制性终止，以此来提升用户犯错成本，实现平台间联防联治。

2）制度与技术齐发力，切实保障用户权益

研究结果表明，权益保障性感知是平台因素感知中影响用户制度信任建立和用户持续参与的最主要维度。自身权益能够得到有效保护被多数网络用户视为在互联网开展活动的前提和底线。知识技能型共享经济平台在面临传统网络平台用户隐私泄露、网络诈骗等诸多风险的同时，还面临着如知识成果被盗用、滥用等知识产权保护的诸多困境。上述风险如果无法得到有效的防范和解决，将会严重制约知识技能型共享经济及其相关平台的未来发展。

首先，升级网络技术，保障用户隐私、财产安全。在不涉及人身安全的情况下，隐私和财产安全可以说是网络用户最为重视的两项权益，知识技能型共享经济平台为确保知识内容质量，降低共享、交易风险，通常会要求平台用户公布更多的个人信息，以及在部分类型平台（如众包平台）设置交易保证金等，因此相关平台必须采取更为有效的制度和技术以保障用户隐私和财产安全。

其次，完善权益保障制度，提升制度有效性感知。平台必须设置合理完善的权益保障制度，针对用户的各项合法权益形成有效性保护文件或条例，对于用户违规行为做出更为快速和有效的处理，以增强用户对于平台制度有效性的感知，从而规范自身行为。对于知识技能型共享经济平台而言，在设立其他权益保障制度的同时，必须针对用户知识产权保护设立专项制度与措施，设立专项的用户举报路径，严格处理涉及知识成果盗用、滥用等行为的平台用户，切实保障用户权益。

最后，重视第三方维权介入，增强用户共享信任。在以往的信任研究中，基于第三方的信任是制度信任的重要维度，在知识技能供需双方发生纠纷时，需要平台等第三方的有效介入来保障双方权益。另外，其他第三方工具的使用（如第三方支付、第三方担保、第三方认证等）往往也能够极大地推动供需双方之间信任的建立。因此，知识技能型共享经济平台需要创新模式，在供需双方交易或共享活动中加入更多的第三方元素。

3）创新质量保障措施，重视用户需求满足

研究结果表明，质量保障性感知对于用户制度信任建立及用户持续参与均具有显著正向影响。为了吸引用户在平台持续开展知识技能共享活动，平台需要赢得用户信任，而用户的信任能否得到进一步增强和维持，其关键在于用户在平台的活动结果最终是否有效满足了其自身需求。因此，知识技能型共享经济平台必须采用多种措施保证平台上知识内容的质量，切实解决用户生产生活需要。另外，用户对于平台使用流畅程度的感知也将极大增强其对平台制度信任的建立。

首先，规范平台交易流程和共享流程，分阶段推进质量保障。知识内容的非实物化和非标准化让其本身的质量变得难以衡量，相关平台需要更多创新和规范交易流程、共享流程来保障知识技能共享质量。平台应当设置阶段化的知识技能共享流程机制，以供需方匹配机制—互动跟单机制—成果验收机制—售后服务机制，来分割用户从需求发布到需求满足的整个流程，严格把控每一阶段流程规范，逐步推进知识技能共享质量保障。依照上述流程机制，配套质量保障措施。比如，在供需方匹配机制中，依照需求相关性优先匹配具有较高用户认可度的知识内容或服务提供商；在互动跟单机制中，设置定期跟单制度，支持供需方及时跟进订单完成进度；在成果验收机制中，依照任务各项指标要求，实施需求方逐项打分验收流程；在售后服务机制中，强制设置一定时间的知识技能售后服务期等。综合上述流程及相关措施，我们认为完善的质量保障机制需要满足阶段化、可追溯性、有效的第三方介入以及较高的犯错成本等特性。

其次，完善平台业务模式，重视多方案比选。知识技能型共享经济涵盖业务范围广泛，用户需求相较于传统电商及实物型共享经济领域也更加个性化和多样化，因此，平台需要不断创新和补充不同业务模式来满足用户需求。在此基础之上，当用户需求发布时，平台需要为用户推送不同的知识技能服务提供者及知识内容方案，让用户依照自身需求做出最为合适的选择，以此保障最终的知识内容质量，这也将对平台用户体量及平台活跃度提出更高的要求。

### 2. 政府角度的启示与建议

通过对以往信任主题文献梳理发现，政府是用户制度信任建立最有力的支撑主体。知识技能型共享经济及其相关平台的发展离不开政府的鼓励和支持，在提升社会认知、赢得民众信任方面，政府扮演着重要角色。用户对于网络平台的制度信任，很大程度上也来源和寄托于其对国家制度及法律的信任。

1）鼓励支持平台发展，助力推广社会认知

政府应从生命周期评估角度确定最有利于社会的共享模式，并通过经济激励措施（如降低税收和补贴）和非经济激励措施（如宣传活动和标签）支持相关平台发展。在经济激励措施上，优先考虑通过从共享活动中收取的税款来鼓励相关企业，以促进可持续性。在非经济激励措施上，优先助力知识技能型共享经济及其相关平台宣传，推广该领域的社会认知，以进一步增强社会大众对于该领域的支持和信任。

2）完善相关法律制度，规范市场健康发展

无论是共享经济还是其下的各个领域，在近几年表现出强劲实力的同时，也暴露出各类的问题与发展瓶颈，对于这一正处于探索期的新生事物，相关市场的秩序整体还处于一种较为混乱的状态，政府应在包容审慎的态度下出台相关法律规范，支持其未来发展。除此之外，平台制度规范的建立与实施最终都需要法律的解释与支撑，尤其是知识产权保护方面，政府需对相关法律做出进一步的补充和完善。

3）设置权威认证机构，发放平台信任图章

相较于国外而言，我国在网站认证机构的整体建设和权威性方面都有着较大的差距。政府是社会大众建立制度信任最重要的受信主体，由政府或行业建立的认证机构将会被知识技能型共享经济平台用户视为市场中强有力的第三方介入，从而进一步建立和巩固用户制度信任。除此之外，第三方信任图章的发放将会使用户搜索变得更加快捷高效，从而有效降低用户信任建立成本。对于知识技能型共享经济平台而言，为获取第三方的信任图章，必须进一步加强平台的建设和运营以满足相应的标准，这也将会进一步规范该领域平台建设与发展。

### 8.3.3　用户人际信任提升的启示与建议

研究结果表明，用户人际信任对用户持续参与知识技能共享具有显著正向影响。因此，平台应当从自身角度出发，为增强用户之间人际信任氛围感提供支持，从而进一步提升用户持续参与意愿及参与行为。

1. 规范各类业务市场，动态设置准入门槛

研究结果表明，供需方可靠性对于用户人际信任建立与持续参与知识技能共享活动均具有显著正向影响，其是用户因素感知中影响人际信任、持续参与的最

主要维度。知识技能质量差、部分平台用户整体素质较低是诸如众包、虚拟社区等多种类型的知识技能型共享经济平台长期以来发展缓慢、社会认可度低的主要原因之一。平台内充斥大量低质量或灌水式知识技能共享内容、抱有不良目的（如诈骗）的用户的存在都将极大影响平台用户的使用体验，而被这类体验破坏的用户信任将很难再被修复和重建，维持平台用户持续参与需要有关方在规范其平台业务上做出努力。

首先，依照平台业务类型，动态设置知识技能提供者准入门槛。知识技能型共享经济平台包含众创、众包、虚拟社区等多种类型，每一类型网络平台都涉及多种不同领域、不同模式的知识技能服务。比如，从业务领域看，有研发创意、知识内容、生活服务、娱乐休闲等，从业务模式看，有悬赏制、招标制、雇佣制和计件制等。平台需要依据不同的业务领域及用户需要设置不同的准入门槛。比如，在提供者需要相应资质或知识内容会造成重大影响的医疗、法律等领域设置较高的准入门槛，而在娱乐休闲领域设置较低的用户准入门槛。提供者准入门槛的设置虽然会对平台活跃度造成一定的影响，但从长期来看，其对知识技能型共享经济平台健康长远发展，提升用户信任方面都具有重要意义。

其次，规范各类业务市场，及时惩处违规用户。规范化的业务市场，除了可以为用户人际信任建立提供稳定的支持环境之外，还将进一步约束和规范知识技能供需双方的行为。在此基础上，平台还需设置严谨有效的审核举报机制，以对用户的违规行为做出快速反应和有效介入，如对提供灌水式的知识技能服务的用户进行举报。及时有力的违规处罚将增大用户的犯错成本，从而进一步约束用户行为，增强其可靠性。

### 2. 设置有效激励机制，鼓励平台优质用户

研究结果表明，供需方积极性对于用户人际信任建立与持续参与知识技能共享活动均具有显著正向影响。供需双方在交互过程中所表现出的积极态度，将会显著提升其对于平台的使用体验以及对于交互结果的成功预期。平台必须设置有吸引力的激励机制，鼓励提供高质量知识技能服务、高服务积极性、高活跃度的平台用户，从而带动平台用户将自身的各项表现提升至更高的标准，不断强化提升平台知识技能共享质量及平台用户整体素养。

首先，重构模式，以客户体验作为平台用户核心考核指标。知识技能型共享经济平台需要重视用户使用体验及平台活跃氛围建设，以此来强化平台用户持续参与知识技能共享的意愿及行为。为此，平台可以参考淘宝的五星考核体系，在保障知识技能共享服务质量的基础上，将知识技能提供者服务态度、活跃度等纳入考核指标体系，并以此为依据为各业务领域内优秀用户颁发平台认证奖励，如

“知识达人” “平台精英”等此类型称号或图章。

其次，将信誉与绩效和收入相挂钩，为“优质”用户提供经济或非经济方式的奖励。强化理论认为人的行为是其所受刺激的函数，为了不断提升平台用户及知识内容服务质量，平台需要设置专项激励资金，以高质量知识技能服务、高服务积极性、高活跃度为评价标准定期评选平台“优质”用户，并发放经济或非经济方式的奖励，从而不断带动和强化用户此类正向的表现行为。

### 8.3.4 用户参与成本控制的启示与建议

研究结果表明，知识技能共享参与成本会对用户信任与持续参与之间的关系施加显著的负向调节作用。知识技能共享活动的开展除了受情感和意愿的支配外，往往还会伴生大量的经济成本、时间成本、精神成本等，上述成本的存在将会显著影响用户参与知识技能共享活动的感知价值，继而影响其持续参与意愿及行为。

1. 提升平台质量，降低用户使用成本

平台质量的提升需要平台在对用户有用的网站属性上不断改进，这些属性包括信息质量、易用性、可用性、美观性、建立信任的技术以及情感吸引力等。上述属性的不断提升依赖于网络技术进步与平台的规范化设计，其中，大数据等技术的广泛使用以及平台流程的优化设计可以在平台精准化知识技能服务匹配、高质量信息推送、平台易用性提升等方面提供支持，从而大幅降低用户参与知识技能共享的时间成本与精神成本。除此之外，目前随着智能手机的普及应用及其性能的提升，平台加强移动客户端建设、优化移动端用户使用体验将会进一步降低用户使用成本，并吸引更多社会群体的广泛参与。

2. 均衡服务价格，控制用户参与成本

基于知识资源分享的知识技能型共享经济本身具有如非实物化服务、服务的非标准化和定制化需求等诸多特性，上述特性的存在决定了其市场活动开展的复杂性要远高于实物型共享经济，因此，知识技能服务定价面临着诸多困境。为了进一步降低用户参与成本、降低用户风险感知，平台需要在规范平台知识技能服务价格方面做出努力。

首先，吸引更广泛的社会大众参与，提升供需定价效力。市场经济活动的开展，由市场供需决定市场价格仍是最具效力的均衡方式。因此，平台从均衡服务价格的角度出发，也应进一步吸引广大社会群体参与平台知识技能共享活动。

其次，尝试协商服务定价。就目前的知识技能型共享经济而言，多数涉及经济交易的知识技能服务均会被供需方设置唯一确定的价格，如提供者/需求者设置商业 logo（标志）设计 500 元/次。有关定价可能会因为相关主体对于活动开展成本缺乏了解、市场价格认知缺失等问题而出现偏差，因此平台可以尝试支持用户在交易开始前对知识技能服务进行范围定价（如商业 logo 设计 500～600 元/次）来匹配最初的交易对象，在此基础上，双方通过线上互动沟通各自需求并协商服务最终定价，以更好地满足供需双方的价格预期。需要注意的是，范围定价的最低价格和最高价格之间不应差距过大，以免导致市场价格的混乱。

最后，依托平台制度，规范服务价格。知识技能服务的非实物化、非标准化等特性虽然增加了市场价格的规范化难度，但相关平台并不能完全放开对于知识技能服务价格的管控。例如，为进一步保障平台用户合法权益，平台应对正在进行中的知识技能服务价格调整做出严格限制；平台应对市场高价服务进行更为严格的审核与监控等。

# 第9章 总结与展望

## 9.1 研究总结

### 9.1.1 知识技能型共享经济双边参与动机研究

本书分别从提供者和使用者视角出发，构建结构方程模型，一方面来探索经济动机、利他动机、社交需求、地位需求对提供者共享行为的影响以及提供者的共享意愿在其中所发挥的中介作用；另一方面来探索任务需求、学习需求、社交需求、娱乐需求对使用者获取行为的影响及使用者的获取意愿在其中所发挥的中介作用。根据对数据的描述性统计分析与结构方程模型分析，本书主要得出了如下研究结论。

总之，从知识技能型共享经济双边参与者的数量来看，提供者的数量明显少于使用者的数量；被调研者对本书所列举的众多的知识技能型共享经济平台（猪八戒网、知乎、创意牛、百度知道、豆丁网、春雨医生、分答、丁香园、大众菜谱网、蜻蜓 FM、得到、喜马拉雅、今日头条、经管之家、小木虫、百度文库、新浪爱问）中的百度知道、知乎、百度文库的熟知度较高。

（1）从提供者视角来看，①经济动机、利他动机、社交需求、地位需求均对提供者的知识技能共享行为具有显著的正向影响；②从各因素对提供者的知识技能共享行为总的影响力的大小来看，经济动机对提供者的知识技能共享行为总的影响力最大，其他依次是利他动机、地位需求、社交需求；③经济动机、利他动机、社交需求、地位需求均对提供者的知识技能共享意愿具有显著的正向影响；④提供者的知识技能共享意愿对共享行为具有显著的正向影响；⑤经济动机、利他动机对共享行为的直接影响显著，社交需求、地位需求对共享行为的直接影响不显著；⑥提供者的知识技能共享意愿在经济动机、利他动机对提供者的知识技能共享行为影响机制中均起到了部分中介的作用；⑦提供者的知识技能共享意愿在社交需求、地位需求对提供者的知识技能共享行为影响机制中均起到了完全中介的作用。

（2）从使用者视角来看，①任务需求、学习需求、娱乐需求均对使用者的知识技能获取行为具有显著的正向影响，社交需求对使用者知识技能获取行为的影响不显著；②从各动机对使用者的知识技能获取行为的总的影响力的大小来看，学习需求对使用者的知识技能获取行为的总的影响力最大，其他依次是任务需求、娱乐需求；③任务需求、学习需求、娱乐需求均对使用者的知识技能获取意愿具有显著的正向影响，社交需求对使用者知识技能获取意愿的影响不显著；④使用者的知识技能获取意愿对获取行为具有显著的正向影响；⑤任务需求、学习需求、娱乐需求对使用者的知识技能获取行为均具有显著的直接影响，但社交需求对使用者的知识技能获取行为的直接影响不显著；⑥使用者的知识技能获取意愿在学习需求、任务需求、娱乐需求对使用者的知识技能获取行为影响机制中均起到了部分中介的作用。

（3）从提供者视角与使用者视角的对比分析来看，社交需求对提供者的知识技能共享行为、共享意愿均有显著的正向影响；但社交需求对使用者的知识技能获取行为、获取意愿并不存在显著的影响。

### 9.1.2 知识技能型共享经济平台活跃度影响机理研究

本书研究致力于探索“如何提升知识技能型共享经济平台的活跃度，促进平台自发有序开展知识技能共享交互活动”这一核心问题，针对目前我国知识技能型共享经济平台的使用情况，诸如共享内容泛娱乐化、用户规模有限且参与度不高、整体活跃度不足以及失信行为等诸多问题，基于现有理论和研究，对InnoCentive和猪八戒网进行案例分析，识别出对此类共享经济平台活跃度有影响的三个关键要素。在第6章围绕核心议题，对共享经济活跃度的影响因素展开深入研究，收集并分析大量文献资料和模型，推导文献中描述的模型，利用前人研究中成熟的量表，并结合研究团队的意见，设计开发问卷并收集相关数据，进行问卷的信度和效度的检验分析。在此基础上，构建了针对知识技能型共享经济平台活跃度影响因素的结构方程模型，对6.2节七个假设关系进行路径系数的估计和检验，以明确变量之间的相互作用及其影响力。研究得出以下主要结果及结论。

（1）通过共享意愿与共享程度来衡量知识技能型共享经济平台的活跃度，并从平台自身因素、用户及交易内容、外部支持环境三个维度运用结构方程模型进行实证分析，结果表明“平台自身因素”（如操作界面友好性、功能完备性、运营途径多样性和安全保障）以及“用户及交易内容”（如智慧提供者数量、服务需求方规模、价格水平和服务质量）对平台上网络用户的“共享意愿”和“共享程度”具有显著的正向影响，而“外部支持环境”（如相关领域的整合及协同、政府环境营造和社会认同感培育）对平台的影响不显著。综上，影响知识技能型共享经济平台活跃度的两个主要因素是平台自身因素和用户及交易内容。

（2）就影响力而言，可以参考图6-5和表6-15来了解平台自身因素和用户及交易内容对共享意愿和共享程度的具体影响。实证研究结果表明，无论是提升共享意愿或者是共享程度，平台自身因素和用户及交易内容都扮演着至关重要的角色，只有将这两个因素有效整合，才能显著提升国内知识技能型共享经济的发展水平，并有效促进知识技能型共享经济平台的活跃度。

（3）从平台自身因素、用户及交易内容、外部支持环境三个维度出发，对知识技能型共享经济平台活跃度的结构方程模型分析结果进行了深入探讨。在此基础上，研究提出了一系列策略和建议，旨在通过改进优化平台生态系统结构与功能、平台企业内部管理政策和政府监管治理三个维度，来推动知识技能型共享经济平台的发展。

### 9.1.3　基于信任的知识技能型共享经济平台用户持续参与研究

前文分别从制度信任和人际信任视角出发，构建理论模型并进行实证研究，一方面探索用户对于平台使用过程中的信息有效性感知、权益保障性感知、质量保障性感知对用户持续参与平台知识技能共享的影响，以及制度信任在其中所发挥的中介作用；另一方面探索供需方可靠性、供需方积极性、关系强度对用户持续参与平台知识技能共享的影响，以及人际信任在其中所发挥的中介作用；在此基础上，对知识技能共享参与成本在“用户信任→持续参与”关系中所起到的调节作用进行分析。根据上述对于数据的实证分析结果，主要得出了如下结论。

（1）从样本总体信息来看，平台用户在年龄阶段、学历层次、职业类型以及平台使用方面均表现出了较为明显的集中性，说明目前的知识技能型共享经济平台未能有效吸引社会大众的广泛参与。

（2）从制度信任视角来看，①信息有效性感知、权益保障性感知、质量保障性感知对于用户持续参与平台知识技能共享均具有显著正向影响；②信息有效性感知、权益保障性感知、质量保障性感知对于用户制度信任建立均具有显著正向影响；③权益保障性感知是影响用户制度信任建立以及持续参与知识技能共享的最主要维度；④用户制度信任的建立对于用户持续参与知识技能共享具有显著正向影响；⑤制度信任在信息有效性感知对用户持续参与知识技能共享的影响机制中起到了部分中介作用；⑥制度信任在权益保障性感知、质量保障性感知对用户持续参与知识技能共享的影响机制中起到了完全中介作用。

（3）从人际信任视角来看，①供需方可靠性、供需方积极性对于用户持续参与平台知识技能共享均具有显著正向影响；②关系强度对于用户持续参与平台知识技能共享不具有显著影响；③供需方可靠性、供需方积极性、关系强度对于用户人际信任的建立均具有显著影响，其中，关系强度对于用户人际信任的影响相对较低；④供需方可靠性是影响用户人际信任建立以及持续参与知识技能共享的最主要维度；⑤用户人际信任的建立对于用户持续参与知识技能共享具有显著正向影响；⑥人际信任在供需方可靠性、供需方积极性对用户持续参与知识技能共享的影响机制中均起到了部分中介作用。

（4）从信任综合视角来看，①用户信任显著增强用户持续参与；②在信任维度中，制度信任是影响用户持续参与的最主要维度；③知识技能共享参与成本会对用户信任与持续参与之间的关系施加显著的负向调节作用。

## 9.2　研究创新点

（1）本书围绕“如何提高大众参与知识技能共享的热情？”这一核心问题，基于技术接受模型理论、计划行为理论、社会交换理论、理性行为理论，分别从提供者和使用者的视角来探究其参与知识技能型共享经济的动机，然后通过一些线上的知识技能型共享经济平台（如猪八戒网、在行、知乎、新浪爱问、经管之家）及其用户交流群开展大规模有偿调查研究，并结合线下与不同职业类型、不同年龄、不同教育程度等的知识技能参与者进行的深度访谈，来获取数据并进行实证研究，并根据研究结果分别提出相应的对策建议，来提高大众参与知识技能共享的热情，这对于激发与调动全社会的共享激情、营造万众创新氛围具有重要意义。

本书的创新之处体现在将研究聚焦于大众们的知识技能型共享，目前，大部分有关知识技能共享的研究并没有区分知识技能提供者与使用者，尽管知识技能共享中的知识技能提供者本身也可能是知识技能使用者，但是提供者共享知识技能、使用者获取知识技能，双方参与知识技能共享的驱动因素可能存在差异。因此，本书区分知识技能提供者的共享动机与使用者的获取动机的对比研究，无疑是对没有区分参与者的现有研究的笼统结论的丰富和完善。

（2）本书针对 InnoCentive 和猪八戒网进行了案例分析，并对知识技能型共享经济平台活跃度影响机理进行了理论与实证研究。与现有研究相比，本书存在的特色及创新之处有以下三点。

第一，选题创新性。考虑到发展知识技能型共享经济对于国家经济社会发展的战略意义，结合现有理论的局限性，本书深入探讨了平台活跃度的影响机制。本书响应国家创新驱动发展战略要求，不仅在相关研究的基础上进行了扩展，还在知识技能型共享经济的理论层面具有前瞻性，扩展了现有研究，并在国际研究前沿具有显著的实用性和创新性。

第二，在研究方法上，本书采用了结构方程模型的整体分析，还结合了中国、美国知名知识技能型共享经济平台（InnoCentive、猪八戒网）的案例分析，增强了研究的全面性和说服力。

第三，研究角度创新性。本书基于哈耶克的知识与秩序理论，提供了对共享经济的新颖解释视角。这一视角突破了当前学界对共享经济定义和特征的争议，揭示了共享经济不仅仅是资源共享的模式，更是一种深层次的知识经济现象。这种分析不仅深化了对共享经济本质的理解，还解释了在信息技术和互联网发展的背景下，共享经济如何得以实现。通过这些创新性研究角度和方法，本书为知识技能型共享经济的发展提供了理论支持和实践指导。

（3）本书从用户对于知识技能型共享经济平台的制度信任与人际信任两个角度，分别探索用户对于参与知识技能共享的信任建立机制及其影响因素，并在此基础上对用户信任和持续参与之间的关系进行进一步的分析研究。与现有研究相比，主要有以下创新之处。①对知识技能型共享经济这一新兴主题开展研究，拓展了知识共享信任研究领域。知识共享一直都是管理学领域的研究热点，高效的知识共享促进了知识的快速流通与溢出，提升了组织及社会整体创新效率。近些年来，互联网的高速发展为个体及组织间知识共享提供了更为广阔、高效的平台，为充分利用社会人力及知识资源提供了支持，而知识技能型共享经济概念与商业模式的兴起正是顺应网络知识共享快速发展的产物。就目前而言，国内对于知识技能型共享经济这一新兴主题的研究尚处于起步阶段，该领域的发展急需更多的理论支持。本书不仅是对知识技能型共享经济主题理论的补充，还是对知识共享研究领域的进一步拓展。②系统研究“用户感知因素—用户信任—持续参与”之间的作用机制。信任是与关系维度相关的最常见因素，在文献中经常提到信任是知识共享的促进者。但是相关文献大多数是针对“影响因素→信任”的主题研究，或者是将信任作为影响用户持续参与的众多维度之一开展相关研究，而具有系统性、针对性的网络知识共享信任主题研究还相对缺乏。尤其对于知识技能型共享经济这一特殊领域而言，用户信任与否直接决定了该领域未来能否存活和发展，系统性、针对性开展该类型平台用户信任主题研究是必要的。③区分制度信任、人际信任，揭示不同信任类型对用户持续参与的影响。传统的电子商务信任、知识共享信任主题研究更多的是将信任作为一个整体维度进行研究，相关的“影响因素→信任”研究则较少地对影响因素进行区分。本书则是在以往信任研究的基础上，将知识技能型共享经济平台用户信任区分为制度信任、人际信任两种，并分别设置了其各自的前置影响因素，探究了不同信任类型对用户持续参与的影响。④论证知识技能共享参与成本的调节作用。现有网络知识共享主题的研究往往只考虑动机、情绪、情感等对用户信任及持续参与的直接影响，而知识共享活动的开展除了受情感和意愿的支配外，往往还会伴生大量的经济成本、时间成本、精神成本等。如果将知识共享看作一种经济活动，那么参与者对于知识共享活动效益与成本的衡量，也将显著影响其持续参与意愿及参与行为。本书分析了知识技能共享参与成本在用户信任与用户持续参与关系间的调节作用，完善了现有研究的不足。

## 9.3　不足与展望

国内外关于共享经济的研究越来越多，对于共享经济的内涵、分类，消费者们的参与动机与影响因素等都有不少学者进行了研究。但其中关于知识技能型共享经济的研究数量并不太多，虽然大部分有关知识技能共享的研究围绕参与行为展开，但从区分提供者和使用者视角来进行研究的却少之又少。因此，本书便从区分提供者和使用者这一视角入手，进行理论和实证分析，力求丰富有关知识技能共享的相关研究，但本书还是存在一些不足之处。

（1）本书虽然区分了提供者和使用者这一视角，通过对相关文献进行了梳理和线下访谈，选取了经济动机、利他动机、社交需求、地位需求、学习需求、任务需求、娱乐需求等作为本书的研究变量，但并没有对用户的个体特征差异性进行过多分析，如年龄、性格、职业类型等，而用户的个体特征会对其参与意愿产生不同程度的影响。

（2）虽然本书的问卷调查在一些真实的知识技能型共享经济平台上或其用户的交流群内进行发布，力求调查对象是参与过知识技能共享的用户，后期的数据分析也都通过了信效度检验，但由于问卷作答存在一定的主观性，问卷结果可能会有所偏差，进而可能影响到研究结果。

（3）本书主要聚焦于对已建成共享经济平台的静态研究，而对平台的构建过程和成长机制的探讨相对不足。

根据对现有文献的梳理并结合当前研究的不足之处，未来可以从以下五个方面展开。

第一，重视用户的个体特征因素对其参与知识技能型共享经济的影响。在目前关于知识技能共享参与者行为的研究中，大多集中于参与动机、影响因素、感知有用性、感知易用性、信任等维度，却较少考虑用户的个体特征差异，因此，未来的研究可以重视用户个体差异性对其参与行为的影响。

第二，选择不同行业或不同类型的具有代表性的知识技能型共享经济平台作为样本来提升研究结论的普适性。通过文献梳理发现，目前知识技能共享已经快速地渗透到多个行业当中，但有关知识技能型共享经济的研究大多没有区分不同的行业或者类型，但是每一个行业或类型的知识技能型共享经济平台可能会有自己独有的特征，因此得出的结论可能会有所偏差。

第三，追踪用户的持续参与行为，在不同的时间跨度上展开纵向比较研究。

现有的研究大多是基于单一时间维度的横截面数据，缺少对用户的参与行为进行长期的持续追踪研究。随着时间的推移，用户的参与行为特征可能会发生一定程度的变化。

第四，未来研究可以通过单个或多个案例分析，结合演化仿真模拟技术，来观察共享经济平台在创建、成长和自组织演化阶段中的动态变化、演进规律以及成长机制，这将加深对平台运作的深入理解。

第五，共享经济为现有理论的拓展和创新提供了极佳的背景。未来的研究应当从特定的理论视角出发，探讨共享经济的多个方面。例如，可以利用平台战略理论来研究共享经济企业如何构建和运营平台；通过资源整合理论来分析企业如何有效利用闲置资源；利用商业生态系统理论分析相关企业如何在共享经济中构建生态协同共创等。

# 参 考 文 献


[1] 刘根荣. 共享经济: 传统经济模式的颠覆者[J]. 经济学家, 2017, (5): 97-104.

[2] Jiang B J, Tian L. Collaborative consumption: strategic and economic implications of product sharing[J]. Management Science, 2018, 64(3): 1171-1188.

[3] 田帆. 共享经济分析框架的构建及应用研究[J]. 中国软科学, 2018, (12): 178-186.

[4] Fang C C, Zhang J T. Users' continued participation behavior in social Q&A communities: A motivation perspective[J]. Computers in Human Behavior, 2019, 92, 87-109.

[5] Martinez M G, Walton B. The wisdom of crowds: the potential of online communities as a tool for data analysis[J]. Technovation, 2014, 34(4): 203-214.

[6] Chen K T, Chang C J, Wu C C, et al. Quadrant of Euphoria: a crowdsourcing platform for QoE assessment[J]. IEEE Network, 2010, 24(2): 28-35.

[7] 谢志刚. "共享经济"的知识经济学分析: 基于哈耶克知识与秩序理论的一个创新合作框架[J]. 经济学动态, 2015, (12): 78-87.

[8] 李晓方. 激励设计与知识共享: 百度内容开放平台知识共享制度研究[J]. 科学学研究, 2015, 33(2): 272-278, 312.

[9] Martin C J. The sharing economy: a pathway to sustainability or a nightmarish form of neoliberal capitalism?[J]. Ecological Economics, 2016, 121: 149-159.

[10] Greenwood B, Burtch G, Carnahan S. Unknowns of the gig-economy[J]. Communications of the ACM, 2017, 60(7): 27-29.

[11] Cohen B, Kietzmann J. Ride on! mobility business models for the sharing economy[J]. Organization & Environment, 2014, 27(3): 279-296.

[12] Schor J B, Fitzmaurice C J. Collaborating and connecting: the emergence of the sharing economy[EB/OL]. https://www.academia.edu/13505589/Collaborating_and_Connecting_The_Emergence_of_a_Sharing_Economy[2024-12-19].

[13] 刘奕, 夏杰长. 共享经济理论与政策研究动态[J]. 经济学动态, 2016, (4): 116-125.

[14] Lamberton C P, Rose R L. When is ours better than mine? A framework for understanding and altering participation in commercial sharing systems[J]. Journal of Marketing, 2012, 76(4): 109-125.

[15] 李文明, 吕福玉. 分享经济起源与实态考证[J]. 改革, 2015, (12): 42-51.

[16] Hartl B, Hofmann E, Kirchler E. Do we need rules for "what's mine is yours" ? Governance in collaborative consumption communities[J]. Journal of Business Research, 2016, 69(8): 2756-2763.

[17] 何超, 张建琦, 刘衡. 分享经济: 研究评述与未来展望[J]. 经济管理, 2018, 40(1): 191-208.

[18] Felson M, Spaeth J L. Community structure and collaborative consumption: a routine activity

approach[J]. American Behavioral Scientist, 1978, 21(4): 614-624.
[19] 戎珂，马潇南，王勇．分享经济的十字路口：向左分担，向右经营[J]. 环境经济，2017, (4): 20-23.
[20] 许晓敏，张立辉．共享经济模式下我国光伏扶贫产业的商业模式及发展路径研究[J]. 管理世界, 2018, 34(8): 182-183.
[21] Botsman R, Rogers R B A R. What's Mine is Yours: the Rise of Collaborative Consumption[M]. New York: Harper Business, 2010.
[22] Kulp H S, Koof A L. You help me, he helps you: dispute systems design in the sharing economy[J]. Washington University Journal of Law & Policy, 2015, 48.
[23] Lawson S J, Gleim M R, Perren R, et al. Freedom from ownership: an exploration of access-based consumption[J]. Journal of Business Research, 2016, 69(8): 2615-2623.
[24] Guttentag D A, Smith S L J. Assessing airbnb as a disruptive innovation relative to hotels: substitution and comparative performance expectations[J]. International Journal of Hospitality Management, 2017, 64: 1-10.
[25] Malhotra A, van Alstyne M. The dark side of the sharing economy …and how to lighten it[J]. Communications of the ACM, 2014, 57(11): 24-27.
[26] 蒋大兴，王首杰．共享经济的法律规制[J]. 中国社会科学, 2017, (9): 141-162, 208.
[27] 陈元志．面向共享经济的创新友好型监管研究[J]. 管理世界, 2016, (8): 176-177.
[28] 耿瑞利，申静．社交网络群组用户知识共享行为动机研究：以 Facebook Group 和微信群为例[J]. 情报学报, 2018, 37(10): 1022-1033.
[29] 张生太，刘露露．社会资本对微信群用户知识共享意愿的影响[J]. 科研管理，2018, 39(10): 108-119.
[30] Nezakati H, Amidi A, Jusoh Y Y, et al. Review of social media potential on knowledge sharing and collaboration in tourism industry[J]. Procedia-Social and Behavioral Sciences, 2015, 172: 120-125.
[31] 魏莹，刘冠，李锋．知识扩散路径上节点的分类和聚类分析：以知识分享平台“知乎”数据为例[J]. 情报科学, 2018, 36(5): 76-84, 109.
[32] 张劲松，黄华，胡子祥．知识管理视角下开源社区知识流转机制研究：以 GitHub 为例[J]. 情报科学, 2018, 36(7): 130-136.
[33] 金辉，贾昱，钱志发．基于社会网络分析的虚拟社区知识共享研究进展可视化分析[J]. 运筹与管理, 2017, 26(4): 149-157.
[34] 何晓红，张春阳．虚拟社区知识共享研究的文献计量分析[J]. 情报科学，2017, 35(1): 115-120.
[35] 盛东方，孙建军．国外虚拟社区环境下知识分享行为影响因素研究综述[J]. 情报科学, 2016, 34(9): 166-172.
[36] 万晨曦，郭东强．虚拟社区知识共享研究综述[J]. 情报科学, 2016, 34(8): 165-170.
[37] 张蒙，刘国亮，毕达天．多视角下的虚拟社区知识共享研究综述[J]. 情报杂志, 2017, 36(5): 175-180.
[38] 祝琳琳，李贺，洪闯，等．开放式创新模式下知识共享研究综述[J]. 现代情报，2018, 38(1): 169-177.

[39] 李杰, 李欢, 杨芳, 等. 基于理论视角的虚拟社区知识共享研究综述[J]. 情报科学, 2018, 36(5): 171-176.

[40] 唐厚兴. 社会网络结构对企业间知识共享影响研究综述[J]. 情报科学, 2017, 35(6): 164-170.

[41] Battistella C, de Toni A F, Pillon R. Inter-organisational technology/knowledge transfer: a framework from critical literature review[J]. The Journal of Technology Transfer, 2016, 41: 1195-1234.

[42] 杨德林, 夏青青, 马晨光. 在线技术转移平台的供需匹配效率分析[J]. 管理科学, 2017, 30(6): 104-112.

[43] Landry R, Amara N, Cloutier J S, et al. Technology transfer organizations: services and business models[J]. Technovation, 2013, 33(12): 431-449.

[44] 刘志迎, 谭敏. 纵向视角下中国技术转移系统演变的协同度研究: 基于复合系统协同度模型的测度[J]. 科学学研究, 2012, 30(4): 534-542, 533.

[45] 王芳, 邓明然. 战略性新兴产业系统自组织条件: 耗散结构研究[J]. 科技进步与对策, 2016, 33(1): 64-68.

[46] Li C L, Lan T, Liu S J. Patent attorney as technology intermediary: a patent attorney-facilitated model of technology transfer in developing countries[J]. World Patent Information, 2015, 43: 62-73.

[47] Al-Tabbaa O, Ankrah S. Social capital to facilitate ‘engineered’ university-industry collaboration for technology transfer: a dynamic perspective[J]. Technological Forecasting and Social Change, 2016, 104: 1-15.

[48] 李小丽, 余翔. 区域三螺旋强度及 TTO 特征对 TTO 效率的影响研究[J]. 科研管理, 2014, 35(9): 115-122.

[49] Brescia F, Colombo G, Landoni P. Organizational structures of knowledge transfer offices: an analysis of the world’s top-ranked universities[J]. The Journal of Technology Transfer, 2016, 41(1): 132-151.

[50] 刘志迎, 陈青祥, 徐毅. 众创的概念模型及其理论解析[J]. 科学学与科学技术管理, 2015, 36(2): 52-61.

[51] 陈夙, 项丽瑶, 俞荣建. 众创空间创业生态系统: 特征、结构、机制与策略: 以杭州梦想小镇为例[J]. 商业经济与管理, 2015, (11): 35-43.

[52] 李燕萍, 陈武, 李正海. 驱动中国创新发展的创客与众创空间培育: 理论与实践: 2016 年首届“创新发展 • 创客 • 众创空间” 论坛评述[J]. 科技进步与对策, 2016, 33(20): 154-160.

[53] 张玉利, 白峰. 基于耗散理论的众创空间演进与优化研究[J]. 科学学与科学技术管理, 2017, 38(1): 22-29.

[54] Howe J. The rise of crowdsourcing[J]. Wired Magazine, 2006, 14(6): 176-183.

[55] 李晓华, 张亚豪. 个体如何参与企业的价值创造?——众包理论与实践研究评述[J]. 经济管理, 2013, 35(11): 48-58.

[56] 孙茜, 刘海波, 杨绪勇, 等. 创新众包平台对接包方中标率的影响机制研究[J]. 科学学研究, 2016, 34(2): 279-287.

[57] 郝琳娜, 侯文华, 郑海超. 基于众包竞赛的虚拟社区内知识共享行为[J]. 系统工程, 2016,

34(6): 65-71.

[58] Gefen D, Gefen G, Carmel E. How project description length and expected duration affect bidding and project success in crowdsourcing software development[J]. Journal of Systems and Software, 2016, 116: 75-84.

[59] Liu Y, Zhou J Y, Chen L L, et al. Highly flexible freestanding porous carbon nanofibers for electrodes materials of high-performance all-carbon supercapacitors[J]. ACS Applied Materials & Interfaces, 2015, 7(42): 23515-23520.

[60] Philip H E, Ozanne L K, Ballantine P W. Examining temporary disposition and acquisition in peer-to-peer renting[J]. Journal of Marketing Management, 2015, 31(11/12): 1310-1332.

[61] Tussyadiah I P. Factors of satisfaction and intention to use peer-to-peer accommodation[J]. International Journal of Hospitality Management, 2016, 55: 70-80.

[62] Bardhi F, Eckhardt G M. Access-based consumption: the case of car sharing[J]. Journal of Consumer Research, 2012, 39(4): 881-898.

[63] Bellotti V, Ambard A, Turner D, et al. A muddle of models of motivation for using peer-to-peer economy systems[R]. 2015, New York: Association for Computing Machinery.

[64] Davenport T, Prusak L. Learn how valuable knowledge is acquired, created, bought and bartered[J]. The Australian Library Journal, 1998, 47(3): 268-272.

[65] 刘征驰，田小芳，石庆书. 网络虚拟社区知识分享治理机制[J]. 管理学报，2015，12(9): 1394-1401.

[66] Hamari J, Sjöklint M, Ukkonen A. The sharing economy: why people participate in collaborative consumption[J]. Journal of the Association for Information Science and Technology, 2016, 67(9): 2047-2059.

[67] Schor J B, Fitzmaurice C, Carfagna L B, et al. Paradoxes of openness and distinction in the sharing economy[J]. Poetics, 2016, 54: 66-81.

[68] Gullstrand Edbring E, Lehner M, Mont O. Exploring consumer attitudes to alternative models of consumption: motivations and barriers[J]. Journal of Cleaner Production, 2016, 123: 5-15.

[69] Bucher E, Fieseler C, Lutz C. What's mine is yours (for a nominal fee): exploring the spectrum of utilitarian to altruistic motives for internet-mediated sharing[J]. Computers in Human Behavior, 2016, 62: 316-326.

[70] Jia P, Bayaerta T, Li X Q, et al. Relationships between flowering phenology and functional traits in eastern Tibet alpine meadow[J]. Arctic, Antarctic, and Alpine Research, 2011, 43(4): 585-592.

[71] Benoit S, Baker T L, Bolton R N, et al. A triadic framework for collaborative consumption (CC): motives, activities and resources & capabilities of actors[J]. Journal of Business Research, 2017, 79: 219-227.

[72] 秦敏，乔晗，陈良煌. 基于 CAS 理论的企业开放式创新社区在线用户贡献行为研究：以国内知名企业社区为例[J]. 管理评论, 2015, 27(1): 126-137.

[73] Böcker L, Meelen T. Sharing for people, planet or profit? Analysing motivations for intended sharing economy participation[J]. Environmental Innovation and Societal Transitions, 2017, 23: 28-39.

[74] Möhlmann M. Collaborative consumption: determinants of satisfaction and the likelihood of

using a sharing economy option again[J]. Journal of Consumer Behaviour, 2015, 14(3): 193-207.
[75] Hellwig K, Morhart F, Girardin F, et al. Exploring different types of sharing: a proposed segmentation of the market for “sharing” businesses[J]. Psychology & Marketing, 2015, 32(9): 891-906.
[76] Bock G W, Zmud R W, Kim Y G, et al. Behavioral intention formation in knowledge sharing: examining the roles of extrinsic motivators, social-psychological factors, and organizational climate[J]. MIS Quarterly, 2005, 29(1): 87-111.
[77] Eichhorn C, Sahm M. Why were FIFA World Cup tickets so cheap? Monopoly pricing, demand quality and two-sided markets[J]. Journal of Economic Psychology, 2010, 31(2): 212-217.
[78] 曲创, 刘洪波. 平台非中立性策略的圈定效应: 基于搜索引擎市场的试验研究[J]. 经济学动态, 2017, (1): 28-40.
[79] 王勇, 冯骅. 平台经济的双重监管: 私人监管与公共监管[J]. 经济学家, 2017, (11): 73-80.
[80] 李凌. 平台经济发展与政府管制模式变革[J]. 经济学家, 2015, 7(7): 27-34.
[81] Liu C C, Lin C C, Deng K Y, et al. Online knowledge sharing experience with creative commons[J]. Online Information Review, 2014, 38(5): 680-696.
[82] Ali Al-Busaidi K, Olfman L. Knowledge sharing through inter-organizational knowledge sharing systems[J]. VINE Journal of Information and Knowledge Management Systems, 2017, 47(1): 110-136.
[83] 肖邦明, 黄敏学, 廖俊云. 交易型社区的网络闭包机制研究[J]. 管理科学, 2015, 28(5): 129-144.
[84] 刁丽琳, 朱桂龙. 区域产学研合作活跃度的空间特征与影响因素[J]. 科学学研究, 2014, 32(11): 1679-1688, 1731.
[85] 万岩, 范静, 高锦萍, 等. 网络社群的凝聚力与活跃度提升研究: 品牌与信任的角度[J]. 系统管理学报, 2017, 26(4): 611-623.
[86] Hudson S, Huang L, Roth M S, et al. The influence of social media interactions on consumer-brand relationships: a three-country study of brand perceptions and marketing behaviors[J]. International Journal of Research in Marketing, 2016, 33(1): 27-41.
[87] 王怀明, 刘融. P2P 网络借贷平台交易活跃度影响因素的实证分析[J]. 统计与决策, 2017, 33(6): 160-164.
[88] Pi S M, Chou C H, Liao H L. A study of Facebook Groups members’ knowledge sharing[J]. Computers in Human Behavior, 2013, 29(5): 1971-1979.
[89] Forstenlechner I, Selim H, Baruch Y, et al. Career exploration and perceived employability within an emerging economy context[J]. Human Resource Management, 2014, 53(1): 45-66.
[90] Wang S, Noe R A. Knowledge sharing: a review and directions for future research[J]. Human Resource Management Review, 2010, 20(2): 115-131.
[91] 侯赟慧, 杨琛珠. 网络平台商务生态系统商业模式选择策略研究[J]. 软科学, 2015, 29(11): 30-34.
[92] 邢大宁, 赵启兰, 宋志刚. 基于云生态的物流信息平台服务模式创新研究[J]. 商业经济与管理, 2016, (8): 5-15.
[93] 曾建丽, 刘兵, 梁林. 科技人才生态系统的构建研究: 以中关村科技园为例[J]. 技术经济

与管理研究, 2017, (11): 42-46.
[94] Gawer A. Bridging differing perspectives on technological platforms: toward an integrative framework[J]. Research Policy, 2014, 43(7): 1239-1249.
[95] Kapoor R, Lee J M. Coordinating and competing in ecosystems: how organizational forms shape new technology investments[J]. Strategic Management Journal, 2013, 34(3): 274-296.
[96] 江积海, 李琴. 平台型商业模式创新中连接属性影响价值共创的内在机理: Airbnb 的案例研究[J]. 管理评论, 2016, 28(7): 252-260.
[97] Evans D S. How catalysts ignite: the economics of platform-based start-ups[C]// Gawer A. Platforms, Markets and Innovation. Cheltenham: EdwardElgar Publishing, 2009: 99-128.
[98] 陈传红, 赵学锋, 张金隆. 三维视角的电子商务信任特性及应对策略研究[J]. 图书情报工作, 2012, 56(8): 128-134.
[99] Sherchan W, Nepal S, Paris C. A survey of trust in social networks[J]. ACM Computing Surveys, 2013, 45(4): 1-33.
[100] McEvily B, Tortoriello M. Measuring trust in organisational research: review and recommendations[J]. Journal of Trust Research, 2011, 1(1): 23-63.
[101] Mayer R C, Davis J H, Schoorman F D. An integrative model of organizational trust[J]. The Academy of Management Review, 1995, 20(3): 709-734.
[102] Deutsch M. Trust and suspicion[J]. Journal of Conflict Resolution, 1958, 2(4): 265-279.
[103] Wingreen S C, Mazey N C H L, Baglione S L, et al. Transfer of electronic commerce trust between physical and virtual environments: experimental effects of structural assurance and situational normality[J]. Electronic Commerce Research, 2019, 19(2): 339-371.
[104] Zucker L G. Production of trust: institutional sources of economic structure, 1840-1920[J]. Research in Organizational Behavior, 1986, 8: 53-111.
[105] 王秀为, 胡珑瑛, 白忠博, 等. 贷方对网贷平台初始信任向借方转移的研究[J]. 管理世界, 2018, 34(8): 176-177.
[106] Pavlou P A. Consumer acceptance of electronic commerce: integrating trust and risk with the technology acceptance model[J]. International Journal of Electronic Commerce, 2003, 7(3): 101-134.
[107] Gefen D, Benbasat I, Pavlou P. A research agenda for trust in online environments[J]. Journal of Management Information Systems, 2008, 24(4): 275-286.
[108] McKnight D H, Cummings L L, Chervany N L. Initial trust formation in new organizational relationships[J]. Academy of Management Review, 1998, 23(3): 473-490.
[109] Luhmann N. Trust and Power[M]. New York: Wiley, 1979.
[110] Lewis J D, Weigert A. Trust as a Social Reality[J]. Social Forces, 1985, 63(4): 967-985.
[111] Moorman C , Zaltman G , Deshpande R . Relationships between providers and users of market research: the dynamics of trust within and between organizations[J]. Journal of Marketing Research, 1992, 29(3): 314-328.
[112] 严中华, 关士续, 米加宁. 基于制度的 B2B 电子商务信任模式的理论研究[J]. 科研管理, 2004, 25(2): 76-81.
[113] Ciziceno M , Travaglino G A . Perceived corruption and individuals' life satisfaction: the

mediating role of institutional trust[J]. Social Indicators Research, 2018, 141(2): 685-701.

[114] Abrams D, Travaglino G A. Immigration, political trust, and brexit: testing an aversion amplification hypothesis[J]. British Journal of Social Psychology, 2018, 57(2): 310-316.

[115] 史燕伟, 徐富明, 罗教讲, 等. 行为经济学中的信任: 形成机制及影响因素[J]. 心理科学进展, 2015, 23(7): 1236-1244.

[116] Ben-Ner A, Putterman L, Ren T. Lavish returns on cheap talk: two-way communication in trust games[J]. The Journal of Socio-Economics, 2011, 40(1): 1-13.

[117] Hendrikx F, Bubendorfer K, Chard R. Reputation systems: a survey and taxonomy[J]. Journal of Parallel and Distributed Computing, 2015, 75: 184-197.

[118] Chang L J, Doll B B, van't Wout M, et al. Seeing is believing: trustworthiness as a dynamic belief[J]. Cognitive Psychology, 2010, 61(2): 87-105.

[119] Algan Y, Cahuc P. Trust, growth, and well-being: new evidence and policy implications[C]//Aghion P, Durlauf S N. Handbook of Economic Growth. Amsterdam: Elsevier, 2014: 49-120.

[120] Ureña R, Kou G, Dong Y C, et al. A review on trust propagation and opinion dynamics in social networks and group decision making frameworks[J]. Information Sciences, 2019, 478: 461-475.

[121] Arrow K J. The Limits of Organization[M]. New York: Norton, 1974.

[122] Cook K S , State B . Trust and Economic Organization[M]. Hoboken: John Wiley & Sons, Inc, 2015.

[123] McKnight D H, Chervany N L. What trust means in E-commerce customer relationships: an interdisciplinary conceptual typology[J]. International Journal of Electronic Commerce, 2001, 6(2): 35-59.

[124] 董纪昌, 王国梁, 沙思颖, 等. P2P网贷平台信任形成机制研究[J]. 管理学报, 2017, 14(10): 1532-1537.

[125] 张新香, 胡立君. O2O商业模式中闭环的形成机制研究: 基于信任迁移的视角[J]. 经济管理, 2017, 39(10): 62-81.

[126] Schor J. Debating the sharing economy[J]. Journal of Self-Governance and Management Economics, 2016, 4(3): 7-22.

[127] Botsman R, Rogers R. What's Mine is Yours: How Collaborative Consumption is Changing the Way We Live[M]. London: Collins, 2011.

[128] Frenken K, Schor J. Putting the sharing economy into perspective[J]. Environmental Innovation and Societal Transitions, 2017, 23: 3-10.

[129] Yoon H S, Occeña L G. Influencing factors of trust in consumer-to-consumer electronic commerce with gender and age[J]. International Journal of Information Management, 2015, 35(3): 352-363.

[130] ter Huurne M, Ronteltap A, Corten R, et al. Antecedents of trust in the sharing economy: a systematic review[J]. Journal of Consumer Behaviour, 2017, 16(6): 485-498.

[131] Rosen D, Lafontaine P R, Hendrickson B. Couchsurfing: belonging and trust in a globally cooperative online social network[J]. New Media & Society, 2011, 13(6): 981-998.

[132] Sankowska A. Relationships between organizational trust, knowledge transfer, knowledge creation, and firm's innovativeness[J]. Learning Organization, 2013, 20(1): 85-100.
[133] Khvatova T, Block M, Zhukov D, et al. How to measure trust: the percolation model applied to intra-organisational knowledge sharing networks[J]. Journal of Knowledge Management, 2016, 20(5): 918-935.
[134] Olaisen J, Revang O. The dynamics of intellectual property rights for trust, knowledge sharing and innovation in project teams[J]. International Journal of Information Management, 2017, 37(6): 583-589.
[135] Nerstad C G L, Searle R, Černe M, et al. Perceived mastery climate, felt trust, and knowledge sharing[J]. Journal of Organizational Behavior, 2018, 39(4): 429-447.
[136] Killingsworth B, Xue Y, Liu Y. Factors influencing knowledge sharing among global virtual teams[J]. Team Performance Management, 2016, 22(5/6): 284-300.
[137] 黄凤, 洪建中. 虚拟社区用户知识分享环境影响因素研究述评[J]. 情报科学, 2016, 34(4): 169-176.
[138] Tamjidyamcholo A, Baba M S B, Tamjid H, et al. Information security-professional perceptions of knowledge-sharing intention under self-efficacy, trust, reciprocity, and shared-language[J]. Computers & Education, 2013, 68: 223-232.
[139] Wu G, Hu X, Wu Y. Effects of perceived interactivity, perceived web assurance and disposition to trust on initial online trust[J]. Journal of Computer-mediated Communication, 2010, 16(1): 1-26.
[140] 侯楠, 赵希男, 杨皎平. 虚拟社区中个人需求、共享动机与竞优行为[J]. 管理评论, 2018, 30(6): 112-122.
[141] Mair J, Reischauer G. Capturing the dynamics of the sharing economy: Institutional research on the plural forms and practices of sharing economy organizations[J]. Technological Forecasting and Social Change, 2017, 125: 11-20.
[142] Joo J. Motives for participating in sharing economy: intentions to use car sharing services[J]. Journal of Distribution Science, 2017, 15(2): 21-26.
[143] Belk R. Sharing versus pseudo-sharing in web 2. 0[J]. Anthropologist, 2014, 18(1): 7-23.
[144] Stephany A. The Business of Sharing: Making It in the New Sharing Economy[M]. London: Palgrave Macmillan, 2015.
[145] Gregory A, Halff G. Understanding public relations in the 'sharing economy'[J]. Public Relations Review, 2017, 43(1): 4-13.
[146] Stephany F, Braesemann F. An exploration of Wikipedia data as a measure of regional knowledge distribution[C]//Social Informatics(SocInfo 2017) . Cham: Springer, 2017: 31-40.
[147] 梁晓蓓, 江江. 共享经济模式下消费者持续共享意愿影响因素研究[J]. 软科学, 2018, 32(9): 103-107.
[148] 唐亚汇, 李凌. 分享经济: 理论辨析、模式比较与规制思路[J]. 经济学家, 2017, (12): 42-49.
[149] 戴克清, 陈万明, 李小涛. 共享经济研究脉络及其发展趋势[J]. 经济学动态, 2017, (11): 126-140.

[150] 刘利, 苏欣, 成栋. 沟通技术平台支持的高校科研团队创新行为影响因素研究: 团队领导支持的跨层调节作用[J]. 科技进步与对策, 2018, 35(10): 138-144.
[151] Davis F D. Perceived usefulness, perceived ease of use, and user acceptance of use, and user acceptance of information technology[J]. MIS Quarterly, 1989, 13(3): 319-337.
[152] 陈为东, 王萍, 王美月. 学术虚拟社区用户社会性交互的影响因素模型与优化策略研究[J]. 情报理论与实践, 2018, 41(6): 117-123.
[153] 朱哲慧, 袁勤俭. 技术接受模型及其在信息系统研究中的应用与展望[J]. 情报科学, 2018, (12): 168-176.
[154] 徐向东, 何丹丹. 图书馆移动服务使用意愿影响因素实证研究: 基于信息安全感知和移动性等变量的技术接受模型[J]. 图书馆, 2019, (2): 79-85.
[155] 明均仁, 郭财强, 张俊. 我国基于技术接受模型的移动图书馆用户感知行为研究综述[J]. 图书馆论坛, 2017, 37(7): 125-131.
[156] Marangunić N, Granić A. Technology acceptance model: a literature review from 1986 to 2013[J]. Universal Access in the Information Society, 2015, 14(1): 81-95.
[157] Schepers J, Wetzels M. A meta-analysis of the technology acceptance model: investigating subjective norm and moderation effects[J]. Information & Management, 2007, 44(1): 90-103.
[158] Burton-Jones A, Hubona G S. The mediation of external variables in the technology acceptance model[J]. Information & Management, 2006, 43(6): 706-717.
[159] 边鹏. 技术接受模型研究综述[J]. 图书馆学研究, 2012, (1): 2-6, 10.
[160] 张培. 技术接受模型的理论演化与研究发展[J]. 情报科学, 2017, 35(9): 165-171.
[161] Bandura A. Social Foundations of Thought and Action: A Social Cognitive Theory[M]. New Jersey: Prentice-Hall, Inc, 1986.
[162] 杨建林, 陆阳琪. 基于认知视角的社会化信息搜寻影响因素分析[J]. 情报理论与实践, 2017, 40(5): 44-49.
[163] Bandura A. Social cognitive theory: an agentic perspective[J]. Asian Journal of Social Psychology, 1999, 2(1): 21-41.
[164] 何丹丹, 郭东强. 基于社会认知理论的移动社区个体知识贡献影响因素研究: 以个人结果期望为中介[J]. 情报理论与实践, 2016, 39(9): 82-89.
[165] 李志宏, 朱桃, 罗芳. 组织气氛对知识共享行为的影响路径研究: 基于华南地区IT企业的实证研究与启示[J]. 科学学研究, 2010, 28(6): 894-901.
[166] 中国人民大学课题组. 跨层次实证研究中的理论基础: 以三份国际期刊的最新论文为例[J]. 经济管理, 2017, 39(5): 193-208.
[167] 胡玮玮, 丁一志, 罗佳, 等. 个性化契约、组织自尊与知识共享行为研究[J]. 科研管理, 2018, 39(4): 134-143.
[168] 屠兴勇, 张琪, 王泽英, 等. 知识工作者内生动机、知识共享意愿与创造力[J]. 科研管理, 2017, 38(10): 111-118.
[169] 陈传红, 李雪燕. 市民共享单车使用意愿的影响因素研究[J]. 管理学报, 2018, 15(11): 1601-1610.
[170] Ajzen I, Fishbein M. Understanding Attitudes and Social Behavior[M]. Upper Saddle River: Prentice Hall, 1980.

[171] Bansal H S, Taylor S F. Investigating interactive effects in the theory of planned behavior in a service-provider switching context[J]. Psychology & Marketing, 2002, 19(5): 407-425.

[172] Fontana R, Geuna A, Matt M. Factors affecting university-industry R&D projects: the importance of searching, screening and signalling[J]. Research Policy, 2006, 35(2): 309-323.

[173] 王发明, 朱美娟. 创新生态系统价值共创行为影响因素分析: 基于计划行为理论[J]. 科学学研究, 2018, 36(2): 370-377.

[174] 唐厚兴. 市场竞争结构对“市场换技术” 战略的影响研究[J]. 科学学研究, 2017, 35(6): 907-916.

[175] 李钢, 卢艳强, 滕树元. 用户在线知识付费行为研究: 基于计划行为理论[J]. 图书馆学研究, 2018, (10): 49-60.

[176] 刘宏, 张小静, 张亚男. 社交网络营销信息分享行为的动机研究[J]. 图书馆学研究, 2017, (18): 83-89, 40.

[177] Hsu C L, Lin J C C. Acceptance of blog usage: the roles of technology acceptance, social influence and knowledge sharing motivation[J]. Information & Management, 2008, 45(1): 65-74.

[178] Beck L, Ajzen I. Predicting dishonest actions using the theory of planned behavior[J]. Journal of Research in Personality, 1991, 25(3): 285-301.

[179] 刘百灵, 杨世龙, 李延晖. 隐私偏好设置与隐私反馈对移动商务用户行为意愿影响及交互作用的实证研究[J]. 中国管理科学, 2018, 26(8): 164-178.

[180] 段文婷, 江光荣. 计划行为理论述评[J]. 心理科学进展, 2008, 16(2): 315-320.

[181] Ajzen I. Perceived behavioral control, self-efficacy, locus of control, and the theory of planned behavior[J]. Journal of Applied Social Psychology, 2002, 32(4): 665-683.

[182] Blau P M. Exchange and Power in Social Life[M]. Hoboken : Wiley, 1964.

[183] 杨吕乐, 张敏, 张艳. 国内外知识共享研究的系统综述: 基础理论、知识体系与未来展望[J]. 图书馆学研究, 2018, (8): 2-11.

[184] Prasarnphanich P, Wagner C. The role of wiki technology and altruism in collaborative knowledge creation[J]. Journal of Computer Information Systems, 2015, 49(4): 33-41.

[185] 赵亮, 冯蒙朝, 王瑞花. 企业虚拟社区用户知识共享动机的演变机制研究[J]. 情报理论与实践, 2017, 40(11): 96-100.

[186] Ma W W K, Chan A. Knowledge sharing and social media: altruism, perceived online attachment motivation, and perceived online relationship commitment[J]. Computers in Human Behavior, 2014, 39: 51-58.

[187] Davis F D, Bagozzi R P, Warshaw P R. User acceptance of computer technology: a comparison of two theoretical models[J]. Management Science, 1989, 35(8): 982-1003.

[188] 刘琦, 杜荣. 基于参与动机的网络社区知识共享质量、创新及满意度关系研究[J]. 情报理论与实践, 2013, 36(3): 56-61.

[189] Lee W K. An analysis of the roles of experience in information system continuance[J]. Asia Pacific Journal of Information Systems, 2011, 21(4): 45-62.

[190] Liu Z L, Min Q F, Zhai Q G, et al. Self-disclosure in Chinese micro-blogging: a social exchange theory perspective[J]. Information and Management, 2016, 53(1): 53-63.

[191] Lu Y B, Zhou T, Wang B. Exploring Chinese users' acceptance of instant messaging using the theory of planned behavior, the technology acceptance model, and the flow theory[J]. Computers in Human Behavior, 2009, 25(1): 29-39.
[192] 王楠, 陈详详, 陈劲. 物质奖励对知识共享的作用研究: 争论与整合[J]. 科技进步与对策, 2019, 36(2): 135-143.
[193] Yin F S, Liu M L, Lin C P. Forecasting the continuance intention of social networking sites: assessing privacy risk and usefulness of technology[J]. Technological Forecasting and Social Change, 2015, 99: 267-272.
[194] 冯竹青, 葛岩. 物质奖励对内在动机的侵蚀效应[J]. 心理科学进展, 2014, 22(4): 685-692.
[195] 方陈承, 张建同. 社会化问答社区中用户研究的述评与展望[J]. 情报杂志, 2018, 37(9): 185-193.
[196] Shaari R, Bakri N, Mannan A A. Antecedents of knowledge sharing behavior among nurses: towards research agenda[J]. Procedia: Social and Behavioral Sciences, 2015, 171: 635-641.
[197] 龚立群, 方洁. 虚拟团队中知识提供者的知识共享动机及其激励机制研究[J]. 图书情报工作, 2013, 57(12): 129-135, 148.
[198] 黄维, 赵鹏. 虚拟社区用户知识共享行为影响因素研究[J]. 情报科学, 2016, 34(4): 68-73, 103.
[199] 侯楠, 赵希男, 杨皎平. 虚拟社区中个人需求、共享动机与竞优行为[J]. 管理评论, 2018, 30(6): 112-122.
[200] 李贺, 张克永, 洪闯. 开放式创新社区创客知识共享影响因素研究[J]. 图书情报工作, 2017, 61(21): 13-21.
[201] 耿瑞利, 申静. 不同文化视域下社交网络用户知识共享行为动机研究[J]. 中国图书馆学报, 2019, 45(1): 60-81.
[202] 刘海鑫, 刘人境, 李圭泉. 社会资本、技术有效性与知识贡献的关系研究: 基于企业虚拟社区的实证研究[J]. 管理评论, 2014, 26(12): 10-19.
[203] 李林, 谢莉莉, 何建洪. 社会资本影响社交网络知识共享效果的实证研究: 以"知乎"为例[J]. 科技进步与对策, 2017, 34(15): 127-135.
[204] 袁庆宏, 张宇, 张艾诗, 等. 分享还是有所保留? 留学归国人员国内嵌入程度与知识分享行为[J]. 科学学与科学技术管理, 2017, 38(11): 168-180.
[205] 张敏, 唐国庆, 张艳. 基于 S-O-R 范式的虚拟社区用户知识共享行为影响因素分析[J]. 情报科学, 2017, 35(11): 149-155.
[206] Pi S M, Chou C H, Liao H L. A study of Facebook Groups members' knowledge sharing[J]. Computers in Human Behavior, 2013, 29(5): 1971-1979.
[207] 温忠麟, 张雷, 侯杰泰, 等. 中介效应检验程序及其应用[J]. 心理学报, 2004, 36(5): 614-620.
[208] 赵杨, 王林, 时勘. 微博网民情绪敏感度、行为意向与执行意向的关系[J]. 心理与行为研究, 2015, 13(1): 99-105.
[209] Choi D, Kim J. Why people continue to play online games: in search of critical design factors to increase customer loyalty to online contents[J]. CyberPsychology & Behavior, 2004, 7(1): 11-24.

[210] 温忠麟，叶宝娟．中介效应分析：方法和模型发展[J]．心理科学进展，2014，22(5): 731-745.
[211] 吴明隆. SPSS 统计应用实务：问卷分析与应用统计[M]．北京：科学出版社, 2003.
[212] Nonaka I, Takeuchi H. The Knowledge-Creating Company: How Japanese Companies Create the Dynamics of Innovation[M]. New York: Oxford University Press, 1995: 56-61.
[213] 赵欣，张之光，向希尧．专业虚拟社区研究综述与 PVC 知识创造模型构建[J]．科研管理, 2018, 39(11): 132-145.
[214] Fishbein M, Ajzen I. Belief, Attitude, Intention, and Behavior: an Introduction to Theory and Research[M]. Reading: Addison-Wesley, 1975.
[215] Ajzen I. The theory of planned behavior[J]. Organizational Behavior and Human Decision Processes, 1991, 50(2): 179-211.
[216] 杨学成，涂科．平台支持质量对用户价值共创公民行为的影响：基于共享经济背景的研究[J]．经济管理, 2018, 40(3): 128-144.
[217] 陈武，李燕萍．众创空间平台组织模式研究[J]．科学学研究, 2018, 36(4): 593-600, 608.
[218] 于鹏，赵景华．基于软环境视角的跨国公司内部知识转移影响因素研究[J]．管理评论, 2011, 23(6): 99-107.
[219] 卢新元，龙德志，陈勇．基于忠诚度的众包模式下用户参与意愿影响因素分析[J]．管理学报, 2016, 13(7): 1038-1044.
[220] à Campo S, Khan V J, Papangelis K, et al. Community heuristics for user interface evaluation of crowdsourcing platforms[J]. Future Generation Computer Systems, 2019, 95: 775-789.
[221] 张晓娟，周学春．社区治理策略、用户就绪和知识贡献研究：以百度百科虚拟社区为例[J]．管理评论, 2016, 28(9): 72-82.
[222] 杨冠淳，卢向华．促进用户粘性的虚拟社区技术与管理设计创新：基于实证的研究[J]．研究与发展管理, 2009, 21(5): 29-38.
[223] 张红兵，张乐．学术虚拟社区知识贡献意愿影响因素的实证研究：KCM 和 TAM 视角[J]．软科学, 2017, 31(8): 19-24.
[224] 王鹏，艾时钟．基于生命周期的虚拟社区知识共享博弈分析[J]．中国管理科学，2016，24(S1): 74-80.
[225] Chen L T, Baird A, Straub D. Why do participants continue to contribute? Evaluation of usefulness voting and commenting motivational affordances within an online knowledge community[J]. Decision Support Systems, 2019, 118: 21-32.
[226] Jin J H, Li Y J, Zhong X J, et al. Why users contribute knowledge to online communities: an empirical study of an online social Q&A community[J]. Information & Management, 2015, 52(7): 840-849.
[227] Osei-Frimpong K, Wilson A, Lemke F. Patient co-creation activities in healthcare service delivery at the micro level: the influence of online access to healthcare information[J]. Technological Forecasting and Social Change, 2018, 126: 14-27.
[228] Chang H H, Chuang S. Social capital and individual motivations on knowledge sharing: Participant involvement as a moderator [J]. Information & Management, 2011, 48(1): 9-18.
[229] 张宝生，张庆普．基于扎根理论的社会化问答社区用户知识贡献行为意向影响因素研究[J].

情报学报, 2018, 37(10): 1034-1045.
[230] Gefen D, Straub D W. Consumer trust in B2C e-commerce and the importance of social presence: experiments in e-products and e-services[J]. Omega, 2004, 32(6): 407-424.
[231] Kim B S. An investigation of gender differences in on-line privacy concerns and resultant behaviors[J]. Journal of Interactive Marketing, 1999, 13(4): 24-38.
[232] Kumar V, Lahiri A, Dogan O B. A strategic framework for a profitable business model in the sharing economy[J]. Industrial Marketing Management, 2018, 69: 147-160.
[233] 钱春海. 团队内知识分享行为影响因素的结构性研究[J]. 南开管理评论, 2010, 13(5): 36-44.
[234] Yan Y L, Davison R M. Exploring behavioral transfer from knowledge seeking to knowledge contributing: the mediating role of intrinsic motivation[J]. Journal of the American Society for Information Science and Technology, 2013, 64(6): 1144-1157.
[235] 唐权, 杨振华. 案例研究的 5 种范式及其选择[J]. 科技进步与对策, 2017, 34(2): 18-24.
[236] 胡海波, 黄涛. 全球化视角下我国汽车制造企业创新网络演化路径: “江铃”与“奇瑞”双案例研究[J]. 科技进步与对策, 2016, 33(22): 69-77.
[237] Beach D, Pedersen R B. Causal Case Study Methods: Foundations and Guidelines for Comparing, Matching, and Tracing[M]. Ann Arbor: University of Michigan Press, 2016.
[238] 欧阳桃花. 试论工商管理学科的案例研究方法[J]. 南开管理评论, 2004, 7(2): 100-105.
[239] 芮正云, 庄晋财. 创业网络对小微企业财务绩效的影响[J]. 企业经济, 2014, 33(4): 84-88.
[240] Zhang Y, Zhang G Q, Chen H S, et al. Topic analysis and forecasting for science, technology and innovation: methodology with a case study focusing on big data research[J]. Technological Forecasting and Social Change, 2016, 105: 179-191.
[241] Rinaldi S, Bonamente E, Scrucca F, et al. Water and carbon footprint of wine: methodology review and application to a case study[J]. Sustainability, 2016, 8(7): 621.
[242] Azad N, Hassini E, Verma M. Disruption risk management in railroad networks: an optimization-based methodology and a case study[J]. Transportation Research Part B: Methodological, 2016, 85: 70-88.
[243] Tremblay J, Abi-Zeid I. Value-based argumentation for policy decision analysis: methodology and an exploratory case study of a hydroelectric project in québec[J]. Annals of Operations Research, 2016, 236(1): 233-253.
[244] 孟庆良, 郭鑫鑫. 基于 BP 神经网络的众包创新关键用户知识源识别研究[J]. 科学学与科学技术管理, 2017, 38(3): 139-148.
[245] 江积海, 张烁亮. 平台型商业模式创新中价值创造的属性动因及其作用机理[J]. 中国科技论坛, 2015, (7): 154-160.
[246] Zervas G, Proserpio D, Byers J W. The rise of the sharing economy: estimating the impact of airbnb on the hotel industry[J]. Journal of Marketing Research, 2017, 54(5): 687-705.
[247] Demir S S. Brokering knowledge in biosciences with innocentive[J]. IEEE Engineering in Medicine and Biology Magazine, 2003, 22(4): 26-27.
[248] Allio R J. CEO interview: the InnoCentive model of open innovation[J]. Strategy & Leadership, 2004, 32(4): 4-9.

[249] 李文元, 向雅丽, 顾桂芳. 创新中介在开放式创新过程中的功能研究: 以 InnoCentive 为例[J]. 科学学与科学技术管理, 2012, 33(4): 54-59.

[250] Group E, Limited P. InnoCentive takes the incentive: how open innovation boosts R&D[J]. Strategic Direction, 2005, 21(8): 6-8.

[251] Wise S, Paton R A, Gegenhuber T. Value co-creation through collective intelligence in the public sector[J]. Vine, 2012, 42(2): 251-276.

[252] 郝金磊, 尹萌. 分享经济: 赋能、价值共创与商业模式创新: 基于猪八戒网的案例研究[J]. 商业研究, 2018, (5): 31-40.

[253] Lin H F. Understanding behavioral intention to participate in virtual communities[J]. CyberPsychology & Behavior, 2006, 9(5): 540-547.

[254] Kankanhalli A, Tan B C Y, Wei K K. Contributing knowledge to electronic knowledge repositories: an empirical investigation[J]. MIS Quarterly: Management Information Systems, 2005, 29(1): 113-143.

[255] McDermott R. Why information technology inspired but cannot deliver knowledge management[J]. California Management Review, 1999, 41(4): 103-117.

[256] 徐小龙, 王方华. 虚拟社区的知识共享机制研究[J]. 自然辩证法研究, 2007, 23(8): 83-86.

[257] Chang Y P, Zhu D H. Understanding social networking sites adoption in China: a comparison of pre-adoption and post-adoption[J]. Computers in Human Behavior, 2011, 27(5): 1840-1848.

[258] Yoon C. Ethical decision-making in the Internet context: development and test of an initial model based on moral philosophy[J]. Computers in Human Behavior, 2011, 27(6): 2401-2409.

[259] 王瑞花. 创新组织内知识共享的演化博弈[J]. 运筹与管理, 2016, 25(4): 31-38.

[260] Hong D, Suh E, Koo C. Developing strategies for overcoming barriers to knowledge sharing based on conversational knowledge management: a case study of a financial company[J]. Expert Systems with Applications, 2011, 38(12): 14417-14427.

[261] Li J. Knowledge sharing in virtual communities: a social exchange theory perspective[J]. Journal of Industrial Engineering and Management, 2015, 8(1): 170-183.

[262] Chen C J, Hung S W. To give or to receive? Factors influencing members' knowledge sharing and community promotion in professional virtual communities[J]. Information & Management, 2010, 47(4): 226-236.

[263] 杜智涛. 网络知识社区中用户“知识化” 行为影响因素: 基于知识贡献与知识获取两个视角[J]. 图书情报知识, 2017, 34(2): 105-119.

[264] Hultman M, Kazeminia A, Ghasemi V. Intention to visit and willingness to pay premium for ecotourism: the impact of attitude, materialism, and motivation[J]. Journal of Business Research, 2015, 68(9): 1854-1861.

[265] Ardichvili A, Page V, Wentling T. Motivation and barriers to participation in virtual knowledge-sharing communities of practice[J]. Journal of Knowledge Management, 2003, 7(1): 64-77.

[266] 刘灿辉, 安立仁. 经济奖励与个体知识共享意愿: 认知风格和知识隐性程度的调节作用[J]. 华东经济管理, 2016, 30(12): 170-177.

[267] Boudreau J, Hopp W, McClain J O, et al. On the interface between operations and human

resources management[J]. Manufacturing & Service Operations Management, 2003, 5(3): 179-202.

[268] 吴明隆. 结构方程模型: AMOS 的操作与应用[M]. 重庆: 重庆大学出版社, 2009.

[269] Ege Oruç Ö, Tatar Ç. An investigation of factors that affect internet banking usage based on structural equation modeling[J]. Computers in Human Behavior, 2017, 66: 232-235.

[270] Wang Q F, Sun X. Crude oil price: demand, supply, economic activity, economic policy uncertainty and wars-from the perspective of structural equation modelling (SEM)[J]. Energy, 2017, 133: 483-490.

[271] Yilmaz R. Knowledge sharing behaviors in e-learning community: exploring the role of academic self-efficacy and sense of community[J]. Computers in Human Behavior, 2016, 63: 373-382.

[272] Shepherd G J, O'Keefe D J. Separability of attitudinal and normative influences on behavioral intentions in the Fishbein-Ajzen model[J]. The Journal of Social Psychology, 1984, 122(2): 287-288.

[273] Bonsón Ponte E, Carvajal-Trujillo E, Escobar-Rodríguez T. Influence of trust and perceived value on the intention to purchase travel online: integrating the effects of assurance on trust antecedents[J]. Tourism Management, 2015, 47: 286-302.

[274] Yeon J, Park I, Lee D. What creates trust and who gets loyalty in social commerce?[J]. Journal of Retailing and Consumer Services, 2019, 50: 138-144.

[275] Kim D J, Ferrin D L, Rao H R. A trust-based consumer decision-making model in electronic commerce: the role of trust, perceived risk, and their antecedents[J]. Decision Support Systems, 2008, 44(2): 544-564.

[276] Lou J, Lim K H, Fang Y, et al. Drivers of knowledge contribution quality and quantity in online question and answering communities[EB/OL]. https://core.ac.uk/download/pdf/301351871.pdf[2024-12-20].

[277] Rusman E, van Bruggen J, Sloep P, et al. Fostering trust in virtual project teams: towards a design framework grounded in a TrustWorthiness ANtecedents schema[J]. International Journal of Human-Computer Studies, 2010, 68(11): 834-850.

[278] Malinen S, Ojala J. Perceptions of trust between online auction consumers[J]. International Journal of Web Portals, 2011, 3(4): 15-26.

[279] 常亚平, 邱媛媛, 阎俊, 等. 虚拟社区知识共享主体对首购意愿的作用机理研究[J]. 管理科学, 2011, 24(2): 74-84.

[280] 王鹏, 朱方伟, 宋昊阳, 等. 人际信任与知识隐藏行为: 个人声誉关注与不确定性感知的联合调节[J]. 管理评论, 2019, 31(1): 155-170.

[281] 赵竞, 孙晓军, 周宗奎, 等. 网络交往中的人际信任[J]. 心理科学进展, 2013, 21(8): 1493-1501.

[282] 龚主杰, 赵文军, 熊曙初. 基于感知价值的虚拟社区成员持续知识共享意愿研究[J]. 图书与情报, 2013, (5): 89-94.

[283] Bhattacherjee A. Understanding information systems continuance: an expectation-confirmation model[J]. MIS Quarterly, 2001, 25(3): 351-370.

[284] 梁文玲，杨文举. 虚拟品牌社区信息质量对社区用户持续参与意愿的影响研究[J]. 情报杂志, 2016, 35(11): 195-201.
[285] Alfina I, Ero J, Hidayanto A N, et al. The impact of cognitive trust and e-wom on purchase intention in C2C e-commerce site[J]. Journal of Computer Science, 2014, 10(12): 2518-2524.
[286] Zhang S Z, Zhong H D. Mining users trust from e-commerce reviews based on sentiment similarity analysis[J]. IEEE Access, 2019, 7: 13523-13535.
[287] Ert E, Fleischer A, Magen N. Trust and reputation in the sharing economy: the role of personal photos in Airbnb[J]. Tourism Management, 2016, 55: 62-73.
[288] Resnick P, Kuwabara K, Zeckhauser R, et al. Reputation systems[J]. Communications of the ACM, 2000, 43(12): 45-48.
[289] Tadelis S. Reputation and feedback systems in online platform markets[J]. Annual Review of Economics, 2016, 8: 321-340.
[290] Basili M, Rossi M A. Platform-mediated reputation systems in the sharing economy and incentives to provide service quality: the case of ridesharing services[J]. Electronic Commerce Research and Applications, 2020, 39: 100835.
[291] Ba S, Pavlou P A. Evidence of the effect of trust building technology in electronic markets: price premiums and buyer behavior[J]. MIS Quarterly, 2002, 26(3): 243-268.
[292] Pavlou P A, Gefen D. Building effective online marketplaces with institution-based trust[J]. Information Systems Research, 2004, 15(1): 37-59.
[293] Zulman D M, Kirch M, Zheng K, et al. Trust in the internet as a health resource among older adults: analysis of data from a nationally representative survey[J]. Journal of Medical Internet Research, 2011, 13(1).
[294] Keetels L. Collaborative consumption: the influence of trust on sustainable peer-to-peer product-service systems[D]. Utrecht : Utrecht University, 2013.
[295] Teubner T, Flath C M. Privacy in the sharing economy[EB/OL]. https://aisel.aisnet.org/cgi/viewcontent.cgi?article=1851&context=jais[2021-12-20].
[296] Hawlitschek F, Teubner T, Gimpel H. Consumer motives for peer-to-peer sharing[J]. Journal of Cleaner Production, 2018, 204: 144-157.
[297] Hsiao J C Y, Moser C, Schoenebeck S, et al. The role of demographics, trust, computer self-efficacy, and ease of use in the sharing economy[C] // Conference on Computing and Sustainable Societies (COMPASS) . Proceedings of the 1st ACM SIGCAS Conference on Computing and Sustainable Societies. Menlo Park and San Jose : ACM, 2018: 1-11.
[298] Mazzella F, Sundararajan A, D'Espous V B, et al. How digital trust powers the sharing economy[J]. IESE Insight, Third Quarter, 2016, (30): 24-30.
[299] Kong Y, Wang Y C, Hajli S, et al. In sharing economy we trust: examining the effect of social and technical enablers on millennials' trust in sharing commerce[J]. Computers in Human Behavior, 2020, 108: 105993.
[300] San-Martín S, Camarero C. How can E-vendors create trust in B2C and C2C contexts?[M]//IRMA. Mobile Commerce: Concepts, Methodologies, Tools, and Applications. Hershey : IGI Global, 2017(3): 1390-1412.

[301] Lee Y S. Toward a new knowledge sharing community: collective intelligence and learning through web-portal-based question-answer services[EB/OL]. https://repository.digital.georgetown.edu/handle/10822/551586

[302] 张杨燚, 彭子健, 刘齐凯. 问答平台用户付费围观持续参与意愿的影响因素[J]. 图书馆论坛, 2018, 38(6): 86-94.

[303] Chen I Y L. The factors influencing members' continuance intentions in professional virtual communities: a longitudinal study[J]. Journal of Information Science, 2007, 33(4): 451-467.

[304] Sbaffi L, Rowley J. Trust and credibility in web-based health information: a review and agenda for future research[J]. Journal of Medical Internet Research, 2017, 19(6): e218.

[305] Doney P M, Cannon J P. An examination of the nature of trust in buyer-seller relationships[J]. Journal of Marketing, 1997, 61(2): 35-51.

[306] Coulter K S, Coulter R A. Determinants of trust in a service provider: the moderating role of length of relationship[J]. Journal of Services Marketing, 2002, 16(1): 35-50.

[307] Deng C Q, Ravichandran T. How Consumers Perceive Trustworthiness of Providers in Sharing Economy: Effects of Photos and Comments on Demand at Airbnb[R]. Boston: 23rd Americas Conference on Information Systems, 2017.

[308] 周军杰, 左美云. 线上线下互动、群体分化与知识共享的关系研究: 基于虚拟社区的实证分析[J]. 中国管理科学, 2012, 20(6): 185-192.

[309] Renzl B. Trust in management and knowledge sharing: the mediating effects of fear and knowledge documentation[J]. Omega, 2008, 36(2): 206-220.

[310] Strader T J, Ramaswami S N. The value of seller trustworthiness in C2C online markets[J]. Communications of the ACM, 2002, 45(12): 45-49.

[311] Kim S, Park H. Effects of various characteristics of social commerce (s-commerce) on consumers' trust and trust performance[J]. International Journal of Information Management, 2013, 33(2): 318-332.

[312] de Wulf K, Odekerken-Schröder G, Iacobucci D. Investments in consumer relationships: a cross-country and cross-industry exploration[J]. Journal of Marketing, 2001, 65(4): 33-50.

[313] 潘松挺, 蔡宁. 企业创新网络中关系强度的测量研究[J]. 中国软科学, 2010, (5): 108-115.

[314] 唐方成, 蒋沂桐. 虚拟品牌社区中顾客价值共创行为研究[J]. 管理评论, 2018, 30(12): 133-143.

[315] Ratan R A, Chung J E, Shen C H, et al. Schmoozing and smiting: trust, social institutions, and communication patterns in an MMOG[J]. Journal of Computer-Mediated Communication, 2010, 16(1): 93-114.

[316] Dutton W H , Shepherd A . Trust in the internet: the social dynamics of an experience technology[EB/OL]. http://www.worldinternetproject.net/publishedarchive/RR3.pdf [2024-11-12].

[317] Hajli N, Sims J, Zadeh A H, et al. A social commerce investigation of the role of trust in a social networking site on purchase intentions[J]. Journal of Business Research, 2017, 71: 133-141.

[318] Oliveira T, Alhinho M, Rita P, et al. Modelling and testing consumer trust dimensions in e-commerce[J]. Computers in Human Behavior, 2017, 71: 153-164.

[319] Ben Yahia I, Al-Neama N, Kerbache L. Investigating the drivers for social commerce in social media platforms: importance of trust, social support and the platform perceived usage[J]. Journal of Retailing and Consumer Services, 2018, 41: 11-19.

[320] Leonard L N K. Attitude influencers in C2C e-commerce: buying and selling[J]. Journal of Computer Information Systems, 2012, 52(3): 11-17.

[321] Pérez I J, Cabrerizo F J, Alonso S, et al. On dynamic consensus processes in group decision making problems[J]. Information Sciences, 2018, 459: 20-35.

[322] Cheng J H, Yeh C H, Tu C W. Trust and knowledge sharing in green supply chains[J]. Supply Chain Management, 2008, 13(4): 283-295.

[323] Hau Y S, Kim B, Lee H, et al. The effects of individual motivations and social capital on employees' tacit and explicit knowledge sharing intentions[J]. International Journal of Information Management, 2013, 33(2): 356-366.

[324] de Bernardi P, Bertello A, Venuti F. Online and on-site interactions within alternative food networks: sustainability impact of knowledge-sharing practices[J]. Sustainability, 2019, 11(5): 1457.

[325] Hawlitschek F, Notheisen B, Teubner T. The limits of trust-free systems: a literature review on blockchain technology and trust in the sharing economy[J]. Electronic Commerce Research and Applications, 2018, 29: 50-63.

[326] Keymolen E. Trust and technology in collaborative consumption: why it is not just about you and me[C]//Leenes R E, Kosta E. Bridging distances in technology and regulation. Oisterwijk: Wolf Legal Publishers, 2013: 135-150.

[327] Tussyadiah I P. An exploratory study on drivers and deterrents of collaborative consumption in travel[C]//Tussyadiah I, Inversini A. Information and Communication Technologies in Tourism 2015. Cham: Springer International Publishing, 2014: 817-830.

[328] Korsgaard M A, Brower H H, Lester S W. It isn't always mutual: a critical review of dyadic trust[J]. Journal of Management, 2015, 41(1): 47-70.

[329] Ali Ahmed Y, Ahmad M N, Ahmad N, et al. Social media for knowledge-sharing: a systematic literature review[J]. Telematics and Informatics, 2019, 37: 72-112.

[330] Yang S C, Farn C K. Social capital, behavioural control, and tacit knowledge sharing-a multi-informant design[J]. International Journal of Information Management, 2009, 29(3): 210-218.

[331] Soliman F, Spooner K. Strategies for implementing knowledge management: role of human resources management[J]. Journal of Knowledge Management, 2000, 4(4): 337-345.

[332] Hsu M H, Ju T L, Yen C H, et al. Knowledge sharing behavior in virtual communities: the relationship between trust, self-efficacy, and outcome expectations[J]. International Journal of Human-Computer Studies, 2007, 65(2): 153-169.

[333] Tang J L, Gao H J, Liu H, et al. eTrust: understanding trust evolution in an online world[C]//Proceedings of the 18th ACM SIGKDD international conference on Knowledge discovery and data mining. Beijing: ACM, 2012: 253-261.

[334] Papadopoulos T, Stamati T, Nopparuch P. Exploring the determinants of knowledge sharing via

employee weblogs[J]. International Journal of Information Management, 2013, 33(1): 133-146.
[335] Lu B Z, Fan W G, Zhou M. Social presence, trust, and social commerce purchase intention: an empirical research[J]. Computers in Human Behavior, 2016, 56: 225-237.
[336] Pavlou, Fygenson. Understanding and predicting electronic commerce adoption: an extension of the theory of planned behavior[J]. MIS Quarterly, 2006, 30(1): 115.
[337] Qureshi A M A, Evans N. Deterrents to knowledge-sharing in the pharmaceutical industry: a case study[J]. Journal of Knowledge Management, 2015, 19(2): 296-314.
[338] 刘志迎, 陈青祥, 徐毅. 众创的概念模型及其理论解析[J]. 科学学与科学技术管理, 2015, 36(2): 52-61.
[339] Kankanhalli A, Tan B C Y, Wei K K. Contributing knowledge to electronic knowledge repositories: an empirical investigation[J]. MIS Quarterly, 2005, 29(1): 113-143.
[340] 李立威, 李丹丹. 分享经济中信任构建的双元路径: 从服务提供方视角[J]. 技术经济, 2019, 38(7): 63-70.
[341] 刘斌, 陶丽琴, 洪积庆. 电子商务领域知识产权保障机制研究[J]. 知识产权, 2015, 25(2): 64-68, 78.
[342] 贺明华, 梁晓蓓. 共享平台制度机制能促进消费者持续共享意愿吗?——共享平台制度信任的影响机理[J]. 财经论丛, 2018, (8): 75-84.
[343] 陈传红, 赵学锋, 张金隆. 电子商务信任制度框架构建研究[J]. 情报杂志, 2010, 29(11): 194-199.
[344] 戚玉觉, 杨东涛, 何玉梅. 组织中的制度信任: 概念、结构维度与测量[J]. 经济管理, 2018, 40(2): 192-208.
[345] Ridings C M, Gefen D, Arinze B. Some antecedents and effects of trust in virtual communities[J]. The Journal of Strategic Information Systems, 2002, 11(3/4): 271-295.
[346] 常亚平, 刘兴菊, 阎俊, 等. 虚拟社区知识共享之于消费者购买意向的研究[J]. 管理科学学报, 2011, 14(4): 86-96.
[347] Dahlberg T, Mallat N, Öörni A. Trust enhanced technology acceptance model-consumer acceptance of mobile payment solutions: tentative evidence[EB/OL]. https://www.researchgate.net/publication/267934058_Trust_enhanced_technology_acceptance_model-consumer_acceptance_of_mobile_payment_solutions_Tentative_evidence[2024-12-20].
[348] 王传清, 毕强. 泛在学术环境下科研人员知识共享行为影响因素研究[J]. 情报理论与实践, 2012, 35(7): 61-64, 55.
[349] 赵文军, 易明, 王学东. 社交问答平台用户持续参与意愿的实证研究: 感知价值的视角[J]. 情报科学, 2017, 35(2): 69-74, 91.
[350] Benjaafar S, Kong G W, Li X, et al. Peer-to-peer product sharing: implications for ownership, usage, and social welfare in the sharing economy[J]. Management Science, 2019, 65(2): 477-493.